港股

行为金融投资策略

郑 磊 著

经济管理出版社

ECONOMY & MANAGEMENT PUBLISHING HOUSE

图书在版编目（CIP）数据

港股行为金融投资策略/郑磊著. —北京：经济管理出版社，2018.7
ISBN 978-7-5096-5873-4

Ⅰ. ①港… Ⅱ. ①郑… Ⅲ. ①股票投资—香港 Ⅳ. ①F832.51

中国版本图书馆 CIP 数据核字（2018）第 143792 号

组稿编辑：勇　生
责任编辑：勇　生　王　聪
责任印制：黄章平
责任校对：陈　颖

出版发行：经济管理出版社
　　　　　（北京市海淀区北蜂窝 8 号中雅大厦 A 座 11 层　　100038）
网　　　址：www. E-mp. com. cn
电　　　话：(010) 51915602
印　　　刷：三河市延风印装有限公司
经　　　销：新华书店
开　　　本：720mm×1000mm/16
印　　　张：15
字　　　数：252 千字
版　　　次：2018 年 9 月第 1 版　　2018 年 9 月第 1 次印刷
书　　　号：ISBN 978-7-5096-5873-4
定　　　价：48.00 元

前 言

2008 年初，当时我已经在 A 股市场浸泡了 14 年，我从国家智库下属的资产管理公司，以优秀人才身份来到中国香港工作，入职某投资银行，开始实际操作港股。彼时正是美国"次贷危机"引发的全球金融动荡酝酿期。港股在 2007 年10 月 30 日恒生指数曾达到 31638 点高位，而在 2008 年 9 月 16 日和 17 日却分别跌了 1052 点和 663 点，10 月 27 日恒指报收 11015 点。之后是中央政府宣布 4万亿元的大规模经济刺激政策以及人民币国际化，带动港股在震荡中不断上扬。10 年过去了，港股在 2017 年 11 月恒生指数站上了 30000 点，而我也陪伴港股走过了从峰顶到谷底再到恢复的一个周期。

坦率地说，我对港股投资也有一段了解和适应过程。而我最初的做法，和在A 股投资无异，这几乎和所有熟悉 A 股再接触港股的投资者是一样的——容易受券商和财经媒体的影响及鼓动，做一些盲目投资。

虽然中国香港股市的主流仍是大机构主导的价值投资，但大众接触最多也最容易获得的信息却是来自新闻和社交媒体。从散户层面看，虽然中国香港本地散户的投资与 A 股的风格比较接近，但他们基本不会影响到市场趋势和主要投资对象。

对于习惯于 A 股的中国内地投资者而言，细价股（低价股）和小型股都很有吸引力。有些人甚至对仙股（股价只有几港分到几十港分）跃跃欲试。因为 A股投资者习惯于把股票当作筹码，所以自然觉得市值小、股价低的股票会和 A股一样容易将指数点位炒高，而实际情况正好相反。

中国香港股市的投资者可以清晰地划分为两个群体：机构投资者和散户。区分两个群体的一个简单方式是，前者主要通过证券研究报告和彭博社、路透社这类专业财经终端收集信息和做出投资决策，而后者则跟中国内地投资者一样偏向从大众媒体（包括网络）获得投资"灵感"和建议。中国香港股市和中国内地股市最大的不同是，机构投资者占绝对优势。

如果你留意一下中国香港的媒体，就会看到有很多专门推荐小市值股票的专栏，而且它们的风格也一直是不断推介各个投机性的小股票。中国香港《经济日报》和《信报》的内容则照顾的读者面较广，但文章也基本面向非专业投资群体。由于中国内地投资者在投资A股时一直是非常小心，所以很容易不知不觉地在投资港股时也这么做。

接触过港股一段时间后，有些中国内地投资者可能会产生"港股是标准的赌场，除了一些国企作筹码，还有大量垃圾细价股当老虎机……"坦率地说，我真的觉得这算不上是个事儿。对于经历了20多年A股洗礼的中国内地投资者来说，赌场其实是个更讲规矩的地方，除了老千股公然损害小投资者利益的事情，还是控制在一定范围之内，发生的频次也不会非常高。

除非你自己愿意掉进"老千股"（绝大多数多是小市值股票）的陷阱里。作为一个善意的提醒，建议中国内地投资者绕开市值低于10亿港元和股价低于1港元的股票。那是"丛林世界"，尽管你已经在A股身经百战，也千万不要赴此险地，因为很可能会万劫不复。

其实中国香港股市中还是有很多值得中国内地投资者关注的投资标的。中国香港股市近10年受到中国内地的影响很大，而且这是一个渐变的过程：中国内地H股和境外红筹股逐渐占据超过港股市场半壁以上江山，恒生指数从前与美股高度相关，现在日益受中国内地股市越来越大的影响，恒生国企指数和红筹指数的重要性越来越大。而中国香港媒体上那些股市预言家们也公开承认A股对港股市场的影响力不低于美股，甚至有人认为已经超过了美股。

本书重点向读者介绍的是H股和红筹股中的佼佼者，这两者都属于中资概念股，此外，还有中国香港和国外大型蓝筹股以及中国内地投资者在A股无法投资的证券标的，如濠赌股和区域性国际市场挂钩的ETF等特色投资标的。在进行这类投资时，我们会重点介绍国际成熟股市，也是香港股市通行的以价值为核心，被机构投资者广泛使用的投资评估体系。

我把中国内地投资者划分为"大众投资者"，其含义是投资者具有典型的从众特征，容易受到情绪和心理因素影响，大多数属于投资周期非常短的投机型散户投资者。即便是中国内地的机构投资者，也长期受A股投资环境的影响，具有散户思维定势，对"机构价值投资"风格缺乏了解和认知。A股的所谓"机构投资者"其实类似资金更为雄厚的大散户，与国际投资机构在风格上相去甚远。

因此，中国内地投资者需要站在圈外重新审视自己，了解香港股市主流投资理念、风格和特征，克服先入为主的偏见，才能较顺利地进入这个市场。同时，我们注意到港股的 A 股化趋势，本书的操作风格实际上兼顾了中国内地投资者的习惯做法，但是毕竟港股是一个基于上市公司基本面的投资市场，我们希望尽量通过列举的方法，介绍中国内地和中国香港两地投资者对于类似（仅在中国内地或中国香港一地上市的同行业可比公司）甚至相同股票（如 A 股+H 股）的判断差异和走势上的区别，以凸显两个市场截然不同的投资风格。

我相信这种对比是非常有趣的，从企业估值到市场流动性，到买卖时点，种种差异表明，尽管同属于一个种族和文化，两个市场的差别之大，都足以让对方重新审视自己，从中获取收益。中国内地投资者将借由熟悉中国香港这一国际化市场，逐步打开直接投资其他国际化区域市场之门。

本书的操作体系融合了行为金融理论和国内流行的价值投资及波段投资，通过中国内地投资者熟悉的几种技术指标，讲解港股的投资技巧。理解和掌握本书内容，并不需要额外知识和专门软件。

随着中国金融和资本市场日益开放，对于不断"走出去"的中国资本和中国投资者来说，中国香港是一个很好的试验场。港股市场已经成为中国经济的"晴雨表"，而且更少受到监管、干预，没有涨、跌停限制，执行 T+0 交易，这些特点都深受中国内地投资者喜爱。当投资者了解和适应了港股市场的投资风格之后，结合本书的操作方法，尽可以在港股上一试身手。

目　录

第1章　同种文化，不一样的世界

不同市场的差异，要比不同厨师做出同一道菜的味道差异大得多。

在不同的股市，为什么人们总是不自觉地会用自己习惯的方法去操作呢？这其实在心理学上早有研究，就是思维定势和好走捷径的"快思维"方式。因为这样做最省力、最直接。

中国内地（以下简称"内地"）投资者，尤其是广大的散户投资者，刚接触港股，往往会不假思索地抡起自家惯用的"三板斧"。可惜的是，在港股市场上，这样做太危险。

在A股市场上叱咤风云，而在港股市场上屡遭"滑铁卢惨败"的例子，实在是数不胜数。有些人是冲着AH股的价差去的，也有人是冲着港股的T+0、不设涨跌幅限制、可以买空卖空等去的。还有人看中的是港股市场上遍地的小市值、出奇便宜的股票。要知道，这样的股票，如果是放在内地股市，早已经可以涨高几十倍了。这么便宜好用的筹码，为什么在港股就没有利用呢？这些疑问，本书将逐一给出回答。我们先说说大部分内地投资港股的人的投资结果，那就是大多都满怀希望而去，但多数人都交了惨重的学费。有些人发现港股要比A股凶险得多，还有人吃过大苦头，发誓再也不涉足这个市场。

这就是思维定势的错误，而不是港股问题。从中国内地股市到中国香港股市，要清醒地认识到，这是两个完全不同的市场。如果抱着万事不变的心态操作，中国内地投资者不仅会在港股上碰得头破血流，在任何一个境外市场，结局都不会有太大差别。

为什么比A股整体估值更低、市场更成熟的港股市场，反而让很多内地投资者摸不着头脑呢？尽管都是中国人，而且很多都是中资上市公司的股票，但它们的估值方式和实际估值确实与内地股市不同。港股具有不同于内地股市的投资文化和风格，其中一个主要原因是市场参与者的结构不同。

中国内地股市和中国香港股市的最大差异在于分别是由散户主导和机构主导，甚至可以说是相反的投资风格。熟悉其中之一的投资者，非常难以理解和适应正好相反的另一个市场。以同类（只在其中一个市场上市，比如腾讯、贵州茅台）甚至完全一样的中资股票（A+H）为例，对比两地投资者看法和操作上的异同，我们会看到，同样的公司居然长期具有不同的估值，甚至还会发生走势上的背离，这在同宗同种都是使用汉语的两个市场上似乎是一个很奇异的现象。

这样的对比，更能深刻地揭示两个市场投资文化和风格的不同。也只有投资者充分领会这种差异性，才能够随时转换视角，游刃有余地调整操作手法，甚至实现两个市场之间跨境套利。

1.1　AH 股价格差距

中国内地和中国香港两地投资者对同样一家上市公司的估值也可能差别巨大。解释这种"同股不同市场不同价"现象的因素很多，比如两地市场规则不同、资金来源和成本不同、流动性不同、对行业基本面的判断不同、可选择的投资机会不同等，AH 股价格差距在一段时间里还不太可能大幅度收窄，价格分化走势还会存在。

即便有了内地和香港的互通，如沪港通、深港通，两地投资者对同样一家上市公司的估值也可能差别巨大。

A 股和 H 股的差价，要远比两地加收的手续费之间的差距大。尽管投资者可以在本地开个股票户口，然后只需动动指头，足不出户就可以网上买卖对方的股票，AH 股之间的差价还会存在，而且短期内不会缩小。2015 年 1 月 2 日至 2017 年 11 月 15 日，第一拖拉机股份（00038. HK，601038. SH）AH 股价格比如图 1-1 所示。

就在 2017 年 11 月初，我们可以观察到 AH 股的相对价格，没有一只 H 股的价格超过对应的 A 股，有些甚至只有 A 股价格的 1/3 或者 1/2 不到。如果港股真的是中国内地投资者占有绝对优势和掌握定价权的话，这种情况本就不应该发生，如图 1-2 所示，恒生 AH 股溢价指数见图 1-3。

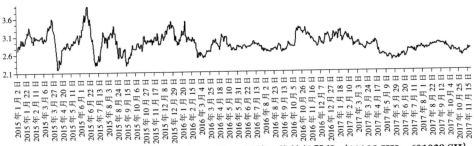

图 1-1　2015 年 1 月 2 日至 2017 年 11 月 15 日第一拖拉机股份（00038.HK，601038.SH）AH 股价格比

资料来源：Wind 资讯。

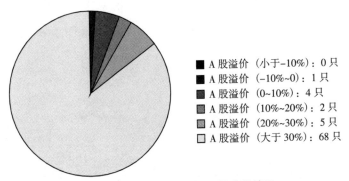

■ A 股溢价（小于-10%）：0 只
■ A 股溢价（-10%~0）：1 只
■ A 股溢价（0~10%）：4 只
■ A 股溢价（10%~20%）：2 只
■ A 股溢价（20%~30%）：5 只
□ A 股溢价（大于 30%）：68 只

图 1-2　2017 年 11 月初 A 股溢价情况

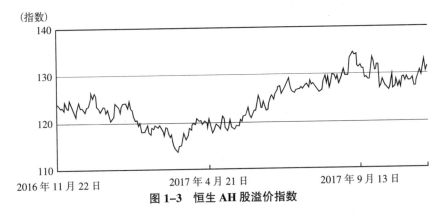

图 1-3　恒生 AH 股溢价指数

这种 AH 股差价在 1 倍以上的情况并不少见。在近百对 AH 股中，两地股价相差在 10% 以内的寥寥无几，比如海螺水泥、中国平安、福耀玻璃、宁沪高速等少数几对，海螺水泥 AH 股价格比如图 1-4 所示。

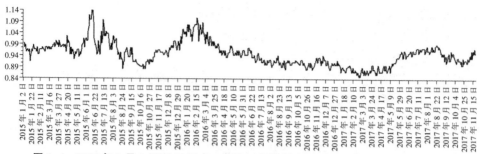

图 1-4　2015 年 1 月 2 日至 2017 年 11 月 15 日海螺水泥（00914.HK，600585.SH）AH 股价格比

资料来源：Wind 资讯。

这种认知和估值接近的情况并不是以行业来划分的，同一个行业的经营业务和模式类似的上市公司股票，在港股和 A 股的价格差异也很大，而且长期存在。比如，我们看看高速公路企业的两对 AH 股，如图 1-5 和图 1-6 所示。

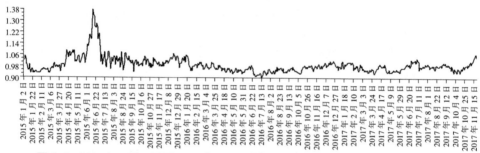

图 1-5　2015 年 1 月 2 日至 2017 年 11 月 15 日宁沪高速（00177.HK，600377.SH）AH 股价格比

资料来源：Wind 资讯。

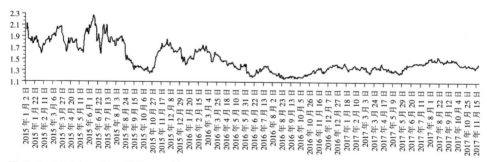

图 1-6　2015 年 1 月 2 日至 2017 年 11 月 15 日深高速（00548.HK，600548.SH）AH 股价格比

资料来源：Wind 资讯。

AH 股价格上的差距，无法用两地资金成本差异解释。其根本原因还在于估值不同，流动性不同。比如深高速［600548.SH］的一致预期价格（Wind）是11.28 元，而其 H 股被境外投资者确定的一致预期价格只有 9.49 港元。

不仅 AH 股存在明显差价，而且走势也相当不同，如图 1-7 所示。

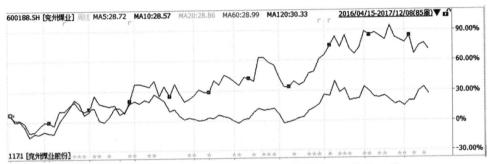

图 1-7　2016 年 4 月至 2017 年 12 月兖州煤业 AH 股周 K 线

我们看到对于这个周期性行业股票，从中长期看，大多数时间的走势是不同的，而且有拉大的趋势。当然，这可能与行业经济基本面特点有关。在非周期性且防御性较强的行业，比如医药、食品饮料等行业的 AH 股，走势的协同情况略好。

解释这种"同股不同市场不同价"现象的因素很多，比如两地市场规则不同、资金来源和成本不同、流动性不同、对行业基本面的判断不同、可选择的投资机会不同等，这些都指向同一个结论，就是 A 股市场和港股市场其实是完全不同的两个"世界"。

不一样是因为主导两个市场的主流投资力量不同。中国香港是一个成熟的国际市场，而 A 股基本上还是一个成长初期的不规范市场。港股投资者中，主流为机构投资者、大户及基金，约占 80%，而散户只占约 20%。这与 A 股正好相反，A 股投资者是 20% 和 80%，而且前面已经提到，这仅占两成的"机构投资者"的投资风格，仍然具有高度的"散户化"特征。不夸张地讲，A 股市场是散户说了算，港股市场则是机构投资者掌握话语权。

中国内地和中国香港股市的融合过程已经进行了 3 年，尤其深港通运行一年来，被香港投资界称为"北水"的从内地南下香港股市的资金流量不断放大，内地股市的投资特色也正在变得越来越浓厚。这就是"港股 A 股化"现象。一般来说，随着港股的 A 股化程度越来越高，在 AH 股的价格上应该有所反映。但是，目前看来，由于港股实际交易量还有很大的增长空间，而南下资金乃至来自内地在香港开户的个人投资者资金，仍不足以覆盖更多股票，所以 AH 股价差在一段时间里还不太可能大幅度收窄，价格分化走势还会存在。从理论上讲，AH 股价差收窄的两个重要条件是：一是港股流动性大幅提高，或者说，大量资金进入港股市场，尤其是内地背景的资金，这可以从港股每日成交量上间接反映出来；二是港股仍保持基本面投资的特征，从长期来看，这种价差将会缩小。但是由于两地资金成本不同以及汇率存在差异，可以说永远都不具备同股同价的条件。

1.2　大盘股与中小盘股的不同境遇

港股中有大量的中小盘股票成交量低，少有大量资金关注，除了一些带有明显操纵迹象的小盘股，港股市场的优质中小盘股实际上是被低估的，处于边缘地带。由于成交量低和流动性差，尽管一些中小盘股的市盈率不低，但实际上却是投资陷阱，很难兑现收益。在港股 A 股化程度较高时，不排除其中有一部分会像内地一样被当作筹码炒作起来。

港股市场和 A 股市场的另一个主要不同也非常明显，就是市场对大盘股和中小盘股的态度差别很大。A 股中的中小盘股非常受大多数内地投资者欢迎，因而市盈率也远高于大盘股，这可以从图 1-8 中看出。大盘股的"活力"远没有中小

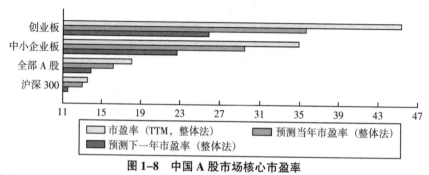

图 1-8　中国 A 股市场核心市盈率

资料来源：Wind 资讯。

盘股活跃。尽管2017年出现了所谓的大盘蓝筹股的"结构性牛市"，但真正参与了这一波大盘股投资的散户其实并不多。相反，港股市场对于大盘股和中小盘股的态度，正好和内地股市相反：港股中有大量的中小盘股票成交量低，少有大量资金关注，除了一些带有明显操纵迹象的小盘股，无论交易还是估值，都远低于内地甚至其他的国际成熟市场。港股市场的优质中小盘股实际上是被低估的，处于边缘地带，如图1-9所示。

由于港股创业板的市值比较小，所以我们比较一下主板和创业板的每日平均成交金额，同样情况也存在于大盘股和大多数中小盘股之间，如图1-9所示。

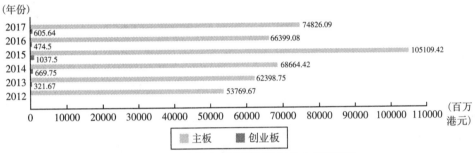

图1-9　港股主板和创业板每日平均交易额对比

资料来源：Wind资讯。

由于成交量低和流动性差，尽管一些中小盘股的市盈率不低，但实际上却是投资陷阱，很难兑现收益。

交易量和市值过小，进一步导致很少有人做这类公司研究，因而也不容易较准确判断其价值。这就形成了一个恶性循环。许多内地投资者以A股习惯思维看待港股，误以为中小盘股票较容易被炒作起来。这样想，本身没有错。但由于港股的投资者主要以机构为主，受种种限制，难以投资这些股票。所以造成了港股便宜"筹码"遍地，而少有人加以利用的情况。

在港股A股化程度较高时，不排除其中有一部分会像内地一样被当作筹码炒作起来。但可能和AH股差价现象一样，在一段时间里，仍然继续存在。另外，港股中的那些"吃人不眨眼"的老千股，也都潜伏在中小盘股票里，而且大多市值在100亿港元之下，这个话题我们在最后一部分将更详细地讨论。

我们在本书的一开篇就先把AH股差价和中小盘股流动性陷阱这两个问题提了出来，就是要提醒内地投资者，千万不要先入为主地套用在内地股市的观点、思维模式和操作方法。后面我们再深入介绍港股的交易风格和技巧。

第2章 香港股市的主流投资风格

相比 A 股市场，港股市场就显得正规多了。港股的正统性表现为这是一个机构投资者的市场，而且资金进出无限制，没有涨停板限制，也没有行政指导和干预，这是一个完全国际化的市场。港股的上市条例和监管，也与国际标准接轨。这是一个西方投资者看得懂而且完全能够适应的市场。

然而，对于在 A 股市场如鱼得水的内地投资者来说，这个市场却并不那么容易理解和适应。内地股民会觉得在港股市场上很"孤独"，因为大多数资金控制人的想法和思路是和他们不同的。如果跟不上机构投资者的思路，就难以捕捉股价变化的方向和节奏。散户资金相比机构投资者来说，难以对股价变化趋势产生太大影响。

带着大笔资金南下的散户，寻找的操作标的可能符合 A 股投资者的眼光，但极有可能完全不是机构投资者的"菜"。A 股的操盘方法如果没有足够多的同类型散户投资者的跟随，也很难像在内地股市那样，把小盘题材股炒得顺风顺水。港股中的垃圾股和小盘股的"长相"，A 股散户似曾熟悉，因此，内地投资者喜欢按照自己熟悉的方式买卖低价港股，但是可能忽略了更好的投资机会。

2.1　机构投资者的天下

真正的投资者一般不会跟风，通常谋定而动，对于价值面不好或规模较小的上市公司不关注，短期股价波动对其投资组合价值的影响有限。港股散户只能算是偶尔玩玩股票，属于正常的理财行为，而 A 股散户更为投入，炒股成为谋利甚至被当作主要的谋生手段。如果 A 股投资者仍使用自己原来的方式投资港股，在大部分时间里，他们选择的投资对象是和机构投资者不同的。

如果说港股是机构投资者的天下，可能略显抽象。有读者会提出挑战，A股的机构投资者也很多，为什么不是机构投资者的天下。其实，我的意思是说，这个概念在这里不是一个身份属性，而是按照投资行为特征分类的。

我所指的机构投资者，有以下四个主要特征：

（1）因为资金规模较大和投资约束条件，只能选择中大规模的上市公司作为投资对象。

（2）以上市公司的基本面为主要投资依据，目标是通过投资而非价格波动获取收益。

（3）采用对冲手段，因此对价格短期波动不敏感。

（4）收益目标较为理性，不会期望获得超出市场平均水平太多的收益。

这类投资者一般不会跟风，通常谋定而动，对于价值面不好或规模较小的上市公司不关注，短期股价波动对其投资组合价值的影响有限，在这样的投资环境中，他们自然表现得要"镇定"得多，不大会追涨杀跌，也更有绅士风度。说句题外话，为什么在内地总感到什么秩序都没有呢？因为到处都在争抢，不管是否真有那个必要，总之是人人争先，唯恐落后。所以，我们日常生活在一个"羊群环境"里，浮躁便难免如影随形了。

中国香港的机构投资者对市场的贡献，有专门的研究报告做过统计分析。[①]在市场交易量这一项上，海外机构投资者和本地机构投资者都有增长，合计占比53.4%。而海外和本地个人投资者的占比都有下跌，这个比例是22.8%，可以说，中国香港股市的机构和个人结构仍然是"80/20"分配，和中国内地股市的市场结构正好相反，如图2-1所示。

我们可以从图2-2中看到投资者结构和贡献的变化，机构投资者的占比在上升，而个人投资者占比在下降。海外投资者占比在上升，本地投资者占比在下降，表明中国香港股票市场的国际化趋势明显。我们看到机构投资者中，海外投资机构占比在上升，本地投资机构占比在下降，进一步印证了海外投资者占据主要地位的判断。海外机构投资者也主要是机构投资者，这个比例在上升

---

① 见中国香港联交所发布的 CASH MARKETTRANSACTION SURVEY 2016。

（82.76%），而海外个人投资者占比在下降（17.24%）。

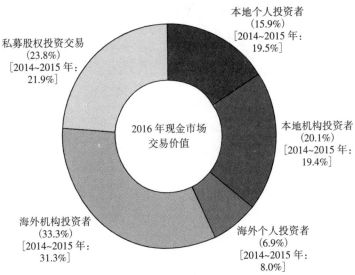

图2-1　2016年港股各类交易者交易量占比

资料来源：CMTS2016。

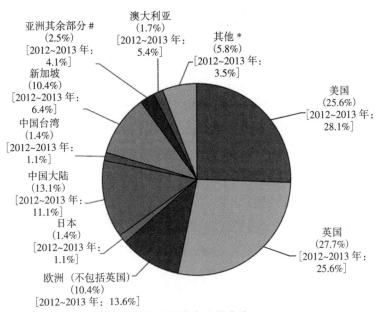

图2-2　2016年港股海外投资者交易占比

资料来源：CMTS2016。

从海外投资者来源地分布看，真正中国内地风格占13%（其中机构投资者占62.1%），而欧美风格仍占2/3。当然不能忽略的是，中国香港本地投资者也占了总市值的 36%（其中机构投资者比散户略多）。不难看出，港股市场的主流投资特征是偏向正统的欧美机构投资风格。但这是 2016 年的数据，这种趋势正在加速改变，如表 2-1 所示。

表 2-1　2014~2016 年各类投资者分类统计

投资者交易	2014 年	2015 年	2016 年
个人	30.40	35.16	29.89
机构	69.60	64.84	70.11
	100.00	100.00	100.00
投资者交易			
本地	53.73	49.72	47.22
海外	46.27	50.28	52.78
	100.00	100.00	100.00
本地投资者交易			
本地	80.66	70.96	69.56
海外	19.34	29.04	30.44
	100.00	100.00	100.00
机构投资者交易			
本地	41.96	38.21	37.69
海外	58.04	61.79	62.31
	100.00	100.00	100.00
本地投资者交易			
个人	45.64	50.18	44.04
机构	54.36	49.82	55.96
	100.00	100.00	100.00
海外投资者交易			
个人	12.70	20.31	17.24
机构	87.30	79.69	82.76
	100.00	100.00	100.00

资料来源：CMTS2016。

对于个人投资者这个较弱势的群体，我们看到本地投资者虽然占了 2/3 以上，但比例在下降，而海外个人投资者的比例却在上升。本地投资者中的个人投资者比机构投资者占比略低，如图 2-3 所示。

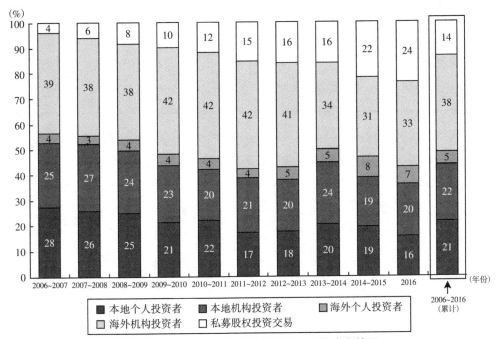

图 2-3　2006~2016 年各类机构交易占比变化情况

资料来源：CMTS2016。

图 2-3 显示了 2006~2016 年，港股市场不同类别的投资群体占交易的比重。我们看到本地个人投资者和海外个人投资者的增长是比较明显的。这反映了港股的散户化程度是在增强。但从整体上看，机构投资者仍占大半的市场交易份额。

此处要特别留意的是，由于统计上的原因，凡在中国香港开户的内地投资者，都视为本地投资者。按照我们的预测，越来越多的内地投资者将在深港通和沪港通之外参与到港股中来。港股不仅变得更加散户化，而且也更加 A 股化了。港股网上交易占比上升到接近 50%，而换手率也在同步上涨。虽然暂时还没有 2017 年的数据，我们相信散户在每天交易量中的占比会越来越大，但是港股距离纯粹的 A 股那样的市场环境还很遥远。

尽管港股目前是一个机构投资者主导的市场，但仍有一些本地散户投资者。根据香港交易所发布的《个人投资者调查报告（2011）》，中国香港成年人口中有 35% 的人是股市散户投资者（200 多万人），人数其实不少，当然与 A 股数千万的活跃散户数量还无法相提并论。典型的中国香港股市散户的年龄特点是 47 岁，八成以上的散户是 30 岁以上的人士，男女比例基本各占一半，男士稍多一些，有高中或以上学历。个人月平均收入 16250 港元，家庭月平均收入 35000 港元。在中国香港，这些人已经属于中产阶层。大多数炒股散户持有的股票不超过 10 只，每年交易次数也不到 10 次。这与内地散户情况差别也很明显，尽管这一波"改革牛市"吸引了一大批 80 后、90 后的新股民，这些人很年轻，很多具有高中以上学历，但平均收入水平还是远低于香港散户，而且有些人还没有正式就业。从炒股频次上看，港股散户只能算是偶尔玩玩股票，属于正常的理财行为，而 A 股散户更为投入，炒股成为谋利甚至被当作主要的谋生手段。

既然如此，习惯于 A 股市场风格的投资者恐怕得重新学习了，而且是触及灵魂、洗心革面式的学习。为什么这么说呢？因为欧美机构投资风格与 A 股的主流投资风格之间，可谓存在着天壤之别。我们列举一些重要的差别，见表 2-2。

表 2-2　A 股投资风格与欧美机构投资风格对比

表现	A 股投资风格	欧美机构投资风格
价值投资	几乎没人坚持价值投资，相信价值投资的人也不多，A 股奉行"工具论"，即股票只是用来炒作和交易的载体	主流投资风格，以市盈率、市净率、ROE、成长速度和空间、核心竞争力、政策支持等作为投资重要依据
股价波动	交易的触发点，作为追涨杀跌的主要信号之一。所以盯盘和观察价格走势及各种技术分析是主要投资活动	有一定参考价值，但由于投资组合普遍有对冲仓位，因此波动对于投资组合价值变化的影响不大，不是调整投资组合的主要依据，无须追涨杀跌
投资标的偏好	小就是美，因为小市值股票容易产生价格波动，或者被高度控盘的股票，都属于股性活跃的理想投资标的	只投资大中市值的股票，因为投资比例和额度和精力等方面的限制，无法覆盖小市值股票
对概念和事件的反应	事件和概念是造成股价波动的催化剂，对股价影响较大，时间较长	对股价有一定的影响，但通常持续时间短，只对可能产生长期影响甚至导致产业或企业基本面发生改变的事件做出反应
投资周期	短线和超短线，持股 1 年以上已经比较少见（被套牢的情况除外）	中线和长线，1 年内调仓换股的情况较少
期望回报	希望 50% 以上的回报	在跑赢市场平均水平的基础上，获得合理回报，如超过市场平均 10%

我们可以看到，两种风格几乎水火不容。A 股奉行的是非常原始草莽的投资理念，期望是买入就涨，快速致富，追涨杀跌，因此，越有概念、越容易翻炒的股票，越是投资者的心爱之物。A 股投资者指望靠买卖差价赚钱，而不是股票分红或账面升值。炒股就是为了赚现金、赚快钱和大钱，所以分红根本看不在眼里。在 A 股投资者眼里，如果一只股票在短期不能兑现成更多现金，就毫无价

值，哪怕 3 年后的账面值是现在的 3 倍，从当下来说，也是不值得投资的对象。当然，这种股票在 3 年内必然会有一段股价快速上涨期，A 股投资者看中的是参与那一段的投资，但是更可能出现的情况是抓不住那段上涨行情。所以，如果 A 股投资者仍使用自己原来的方式投资港股，在大部分时间里，他们选择的投资对象是和机构投资者不同的。那么哪些港股符合 A 股投资者的标准呢？后面我们会详细回答这个问题。

2.2　重要港股指数

中国香港是一个开放的国际资本市场，欧美资金占有较大比重，因此资金进出中国香港，对于恒生指数的影响非常明显，换句话说，可以将这个指数看作是国际市场对港股影响的"晴雨表"。恒生国企指数可以体现香港投资者对于中资上市公司的估值看法。投资者应重点关注上证综指和恒生指数，深证成指和恒生国企系列指数之间的联动关系。

股票指数是市场的"晴雨表"，这个说法有点类似"股市是经济的'晴雨表'"，只可惜 A 股确实和经济基本面关系不大，而和股票指数的关联度更高。A 股大家最关注的是上证综指、深证成指、创业板指数和与股指期货挂钩的上证 50 指数、沪深 300 指数。

中国香港股票市场也有主板和创业板之分，但是创业板比较边缘化，这点和 A 股也是大相径庭。香港的创业板随着主板引入"同股不同权"，以后可能越发被边缘化。

港股主板的几个重要指数，是根据上市公司主要经营地和市值规模等因素设立的。在中国香港挂牌交易的股票，首先按照市值分为大、中、小型。另外，按照主要业务经营地域分为国际、本地和中资。中资又可以根据上市公司注册地分为 H 股和红筹股。

有一个涵盖港股全体股票的代表性指数，就是恒生指数。恒生指数包括根据中国香港股市全流通的上市公司市值大小，其成份股囊括了按成交额排在前

90%~95%的股票，数量大约在 460 只，基本可以代表中国香港股票整体的市场表现。

恒生指数最重要的特点在于能够表现中国香港股市的流动性水平或者资金水平，而不是它所代表的价值水平。由于中国香港是一个开放的国际资本市场，而欧美资金占有较大比重，因此资金进出中国香港，对于恒生指数的影响非常明显，换句话说，可以将这个指数看作是国际市场对港股影响的"晴雨表"，如图2-4 所示。

图 2-4　2014 年 7 月至 2017 年 12 月恒生指数周线图

如果想观察大、中、小型港股的表现，可以看看恒生综合大型股指数（HSLI）、恒生综合中型股指数（HSMI）和恒生综合小型股指数（HSSI）。对于中资股，H 股要看恒生中国企业指数（HSCEI）。目前，中国香港市场还没有衡量国际股和本地股的专门指数，大概是因为这两类上市公司无论市值、数量都未构成很大规模的原因。和中国内地股市一样，中国香港也有一些行业分类指数和部分优选股指数，如图 2-5 所示。

恒生综合大型股指数（蜡烛图、周线）与恒生综合中型股指数（折线、周线）比较。可以看出两类股票的走势相似点不多，经常出现相反的走势，在出现同样走势时，也有时间上的差异。但与小型股相比，相似点略多。

恒生综合中型股指数（折线、周线）与恒生综合小型股指数（蜡烛图、周线）比较如图 2-6 所示。

小型股票则走势比较"另类"，跟市场主流趋势不一致。我们仅仅比较中型股和小型股就可以看出，大中型股上涨时，小型股是下跌的，而真正主导港股大市的是大中型上市公司。这种趋势是否会在深港通开通之后改变呢？我认为有这个可能，但是改变的过程也许相当漫长。

恒生国企指数可以体现中国香港投资者对于中资上市公司的估值看法。前面我们已经介绍过，前者是 H 股，其成份股主要是国内注册的企业，由于 H 股过

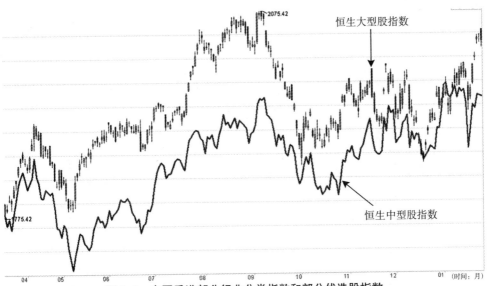

图 2-5　中国香港部分行业分类指数和部分优选股指数

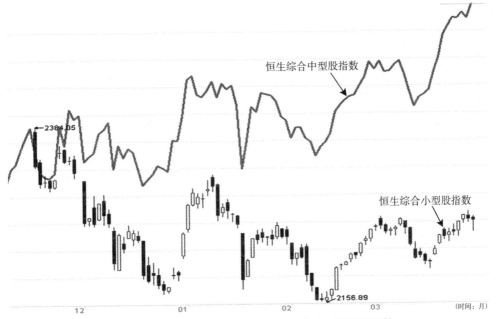

图 2-6　恒生综合中型股指数与恒生综合小型股指数比较

去通常是开放给国内的大型企业，特别是国有企业，所以这个指数暂时可以看作是中国香港投资者对中国大中型国有企业的估值指标，如图 2-7 所示。

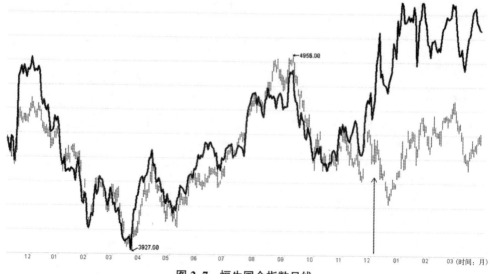

图 2-7　恒生国企指数日线

图 2-7 的折线是恒生国企指数日线，蜡烛线是红筹股指数日线图。箭头处是 2014 年 11 月底和 12 月初，那时正是 A 股狂飙突起的时段，可以看到恒生国企指数上行，而红筹股指数则继续波动调整，两者走势截然不同。其中一个解释可能是因为恒生国企指数成份股里金融股占很大比重（数量近一半，市值超过一半），而当时确实出现了金融股估值修复和领涨的情况。而红筹股指数的成份股主要分布在石油化工、房地产、港口运输、汽车、科技及综合类行业等。另外就是红筹股指数权重股可能代表性不充分。

对于熟悉中国内地股票指数的投资者来说，可以重点参考恒生国企指数和上证综指、上证 50 指数、沪深 300 指数等指数的关联性，对于港股中的 H 股整体走势做出预判。

2.3　国际市场的影响

中国香港是全球资金流动的一个重要节点和资金池。在市场策略分析层面，对于全球资金会向哪里走，资金是否会流入或流出中国香港，必须具备一个国际化的全球分析视角。估算资金将要流入还是流出，对于预测恒生指数有较大参考价值。除了与基本面相关的指数之外，中国香港还有一个表示市场情绪的预测性指标——恒指波幅指数，这是反映对股票市场短期波幅的投资情绪的香港最先指标，可以用于预测恒生指数的走势。

前面已经分析过，中国香港股市的主流是欧美机构投资者传统风格，这是港股受到国际市场影响的一个方面，影响到对股票的选择偏好和估值，以及投资期限等（将在第 3 章进行详细讨论）。另一种影响来自资金层面。这个道理不难理解，世界上无论哪个市场，最终都是资金在推动价格变化。

中国香港与中国内地的一个非常大的不同之处是，中国香港是一个完全开放和流动的全球资金市场，资金进出中国香港不会受到任何限制。因此，中国香港也成了全球资金流动的一个重要节点和资金池。这也就意味着，当资金大量进入中国香港时，股市通常会出现水涨船高的现象；反之，资金退潮，股市也难免低走。我们从图 2-8 中可以看出这种关联性。所以，在市场策略分析层面，对于全球资金会向哪里走，资金是否会流入或流出中国香港，必须具备一个国际化的全

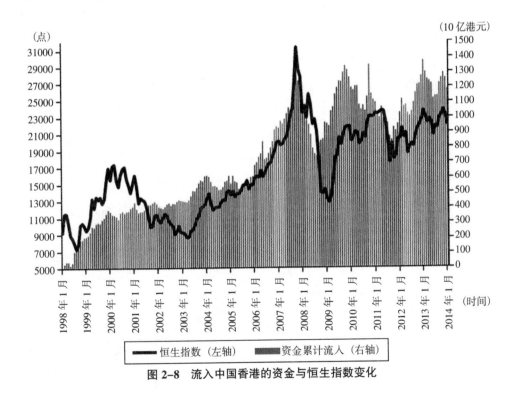

图 2-8　流入中国香港的资金与恒生指数变化

球分析视角。[1]

因此估算资金将要流入还是流出，对于预测恒生指数有较大参考价值。

有人做过研究，分析港元对美元汇率波动与恒生指数的关系，未发现两者有明显的关联性。[2] 其实 HIBOR（中国香港银行同行业拆借利率）的变化，可以更及时反映中国香港的资金面是宽裕还是紧张，宽裕的资金面会导致银行间拆借利率回落，另外要考虑外汇与货币市场中的交易活动对资金面的影响。比如美元、日元、欧元、瑞士法郎、澳元等的汇率波动，对于资金流向和流动数量都有很大影响。

货币套息交易[3] 规模对于中国香港股市的影响非常大，特别是日元这一传统的套利货币的汇率变化，直接导致了借、还日元贷款引发的股市资金流动。有研究发现，长达十几年的低息甚至是零息政策使得日元成为全球最主要的套息交易的资金来源。对于全球金融和资本市场而言，日本一直是最大的资金"输出国"，即"热钱"的来源地。对于中国香港这类开放的资本市场，投机资金中有相当大的一部分是日元这样的套息货币。例如，日元汇率不断上升，投资者进行日元套利交易的收益有所下降，一些投资者开始偿还日元贷款，引发市场对资金流动性的担忧，资金撤出中国香港股市。日本再次启动量化宽松，因此日元汇率和利率变化对中国香港股市的影响将长期存在。

美元也曾经是重要的套息货币，但随着美国推出量化宽松政策，美元开始走强，加息也将开始，其套息货币的角色已经弱化。而欧元区现在开始了量化宽松，有可能成为新的套息货币。除了金融和资本市场的投机活动，吸引资金流变化的还有其他投资机会，资金总会自发地向投资收益最大的外汇无管制区域流动，如美国企业返回本土的投资，其他国家可能出现比投资港股更好的收益机会等，甚至是一些突发事件，如局部战争，都会造成中国香港市场的资金面波动，导致港股大市跟随波动。

---

① 有券商开始发布跟踪香港资金流动的指标，如用香港存款利率、港元汇率、息差、人民币升值预期、美元指数、VIX 指数以及其他新兴市场资金流动的状况 7 大类指标构建的招商香港资金流动指数。

② 中金研究报告：如何判断香港资金流动，2008 年 11 月 10 日。

③ 套息交易，就是投资者通过低息货币融资，然后投资于高息货币为标的的高收益资产，以获得更高的投资回报率。股票一向被视为高收益资产，所以套息货币也钟情于投资股票。另外有些货币也是被追逐的传统的高息货币，如新西兰元、澳元、加元和挪威克朗，当这些国家降息和加息时，会对全球资金流产生一定的影响。一些新兴市场货币，如印度、印度尼西亚、巴西等国，也有可能变成新的套息货币流入地。

除了与基本面相关的指数之外，中国香港还有一个表示市场情绪的预测性指标——恒指波幅指数，这是反映对股票市场短期波幅的投资情绪的香港最先指标，恒指波幅指数旨在按期权价格量度下一期恒生指数的 30 日预期波幅。[①] 恒指波幅指数较高表示市场预期恒生指数大幅波动，反映投资气氛不明朗。相反，恒指波幅指数较低表示市场预期恒生指数于未来 30 日的变动相对稳定，如图 2-9 所示。

图 2-9　恒指波幅指数

资料来源：恒生指数公司。

恒指波幅指数及恒生指数按相反方向变动的可能性远高于 50%，这个特点尤其在港股大市低迷时非常明显。在恒生指数下跌超过 2% 的日子，恒指波幅指数上扬的情况接近 90%，一般能够有 7~9 成的预测准确度。

恒指波幅指数的正常波动范围是 10%~30%。读数越小，说明市场参与者承受风险的倾向越高。但在 2008 年市场低迷时，恒生指数于 9 月至 12 月下跌 33%，而同期的恒指波幅指数上升 73%，并于 10 月一度因雷曼兄弟破产而急剧升至 104 点，升幅为 235%。在 2008 年初出现次贷危机及 2010 年下半年爆发的欧洲债务危机时，恒指波幅指数分别升至 65% 和 52%。尽管如此，这个指标处于低位的时间可能也不能表明市场即将发生重大变化。我们一般可以将其作为了解当前市场参与者恐慌情绪的一个参考。

以上我们只讨论了国外市场对港股宏观上的影响，这种影响可能持续几天或数周时间。其实，由于世界各地股市开市时间不同，在交易日内也会对港股产生影响，因此我们放在下一节讨论。

---

① 采纳芝加哥期权交易所波幅指数（Volatility Index of the Chicago Board Options Exchange）（"CBOE 波幅指数"）的计算方法，恒指波幅指数采用最近期及下一期合约的期权价格得出恒生指数的 30 日预期波幅。

2.4 受中国内地股市影响

目前港股恒生指数开盘是受前晚美国股市大盘的影响和夜间港股指数期货的影响，在开市 1 小时之后，到收市前 1 小时，受 A 股影响，如果 A 股不大跌，港股基本会按照自身节奏运行。在 A 股收市后 1 小时，港股走势向原来节奏回归，但会受到欧股开市市况的影响，主要关注欧股大跌的负面影响。我们不难估计出，A 股的影响力应该至少达到了 60% 的影响，如果 A 股较大幅度下跌，这个影响系数可能高达 90% 以上。港股受到中国内地股市影响的另一个表现是投资者整体上明白 A 股属于政策市，中国香港市场的机构投资者也和中国内地股市投资者一样，对于国家出台的政策具有较强的反馈。

记得我在 2008 年去香港的时候，那时候的港股市场走势和内地股市没有太多的直接关联。人们谈论最多的是美国和欧洲金融和资本市场的动态，因为港股大市基本跟随前一天下午和前晚欧美市场的走势而动。港股在美国的 ADR 前晚收市价格，会对第二天该港股的价格产生明显影响。

中国香港曾有过短暂的受中国内地股市影响的时候，比如 2007 年曾盛传将开通"港股直通车"，导致不少资金提前炒作港股，特别是 AH 股的联动效应非常明显，但几个月后被叫停，影响也就很快消失了。

2009 年 5 月，中国香港金管局公布了一份在金融危机下，美国及中国内地金融市场对中国香港股票、货币及外汇市场的影响的研究。该研究发现，中国内地股市对中国香港股市的影响显著增强，但与美国股市相比仍属较次要因素，并且美国股市对 H 股的影响比对中国香港本地股的影响大。而据我观察，中国香港股市在欧债危机期间，受到拖累很大。整个金融危机过程，港股基本是跟着美国和欧盟市场在变化。

沪港通开通之后，尽管中国内地、中国香港两地的每日额度使用比例都不大，但是，从 2014 年 11 月开始，中企指数已经明显出现了上证综指关联的现象。从业界观点和财经媒体引述的股市专家意见来看，人们已经开始将 A 股走势对港股的影响考虑进去。有一些业内人士认为 A 股当时对港股的影响已经达到了 50%~70%，而此前是美股对港股影响高达 70%~80%。

在深港通开通一年之后，A 股对港股市场起到了主要引导作用。我们在大多交易日可以观察到，港股会跟随 A 股下跌。而在港股的下跌过程中，如果 A 股强劲上涨，港股也会很快止跌。这种特征在恒生指数上表现得尤为明显。但是，港股和 A 股的整体走势之间没有这样的关系。所以在实战的时候，只有通过 A 股走势预测港股当天的走势。有趣的是，由于 A 股提前 1 小时收市，而港股之后的 1 小时走势往往能够摆脱之前 A 股的影响。在这段时间，由于欧洲部分股市正好开市，港股也会受到欧股的一些影响。

根据经验观察，目前港股恒生指数开盘是受前晚美国股市大盘的影响和夜间港股指数期货的影响，在开市 1 小时之后，到收市前 1 小时，受 A 股影响，如果 A 股不大跌，港股基本会按照自身节奏运行。在 A 股收市后 1 小时，港股走势向原来节奏回归，但会受到欧股开市市况的影响，主要关注欧股大跌的负面影响。我们不难估计出，A 股的影响力应该至少达到了 60%，如果 A 股较大幅度下跌，这个影响系数可能高达 90% 以上。

我们另外比较一下上证综指和中国香港几个中资股指数的日 K 线图，发现中华 280 指数① 和上证综指的走势正向关联比较强，如图 2-10 所示。

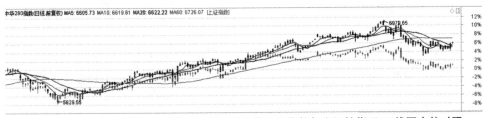

图 2-10　2017 年 4 月至 2017 年 12 月香港中华 280 指数与上证综指日 K 线图走势对照

我们预计随着港股 A 股化程度的加深，A 股的小型企业或创业板企业，也将会增强对港股中小型股的引导作用，届时应该也能够从恒生指数上反映中国内地、中国香港两地市场越来越强的关联性。

目前来看，虽然中国香港投资者比较关注沪深 300 指数，但是这个指数和恒

① 由中华指数服务公司（港交所、上海证券交易所和深圳证券交易所三家平等出资的合资公司）设计的包含上海、深圳、香港三地有代表性的大中型上市企业的指数。

生指数以及恒生国企指数的走势仍有较大差别。这种差别要大于恒生指数和恒生国企指数之间的差别。

恒生国企指数的波动要比上证综指更大。有券商研究发现，人民币升值预期与国企指数的走势具有高度相关性。[①] 但是在中国香港市场，目前还很少能够找到由中国香港上市公司构造的非常贴近 A 股走势的指数。这是中国内地和中国香港股市完全是两个市场的又一个证据。

港股受到中国内地股市影响的另一个表现是投资者整体上明白 A 股属于政策市，A 股经济基本面受到经济政策的影响很大。因此，中国香港股市的机构投资者也和中国内地股市投资者一样，对于国家出台的政策具有较强的反馈。

同样都是重视政策的影响，中国内地、中国香港两地投资者的反应还是略有不同。A 股投资者希望把任何政策动向都解读为对哪些股票利好，对哪些股票利空。哪怕是个有关政策改变的小道消息，都会借题发挥，大炒特炒。

而中国香港机构投资者则会更深入地探讨新政策对于行业或企业是否具有中长期的实质性影响，即能否改变行业经营环境、竞争态势和企业的基本面。在中国香港，大家有一个耳熟能详的术语就是"国策股"，指的就是跟随国家政策变化最明显的股票。

除了政策，事件消息的影响对于港股的影响要轻微一些。单纯的所谓"利好"或"利空"即便能够引发股价波动，这种影响力也会在极短时间，甚至 1 天内失去效力。对于 AH 股票来说，A 股当天即对消息做出反应，会炒作一波，哪怕是几天，而 H 股基本没有反应。例如，墨西哥搁置高铁项目对 A 股和港股高铁股的影响明显不同，A 股犹如过山车，而 H 股相当理性。对于只在中国香港上市的中资公司，对政策或者事件消息的反馈会更慢，可能先是经过券商研究员的仔细分析，才会给出相应的投资建议。

港股 A 股化几乎是一个不争的事实。关键是这种变化的进程处于什么阶段，这对于中国内地投资者确定在港股的投资风格非常重要。我们会在后面的投资策略部分，再深入讨论这个问题。

---

① 招商证券（香港）研究报告：香港股票市场资金流动状况月度报告。

第3章 港股如何估值

股票估值本来是成熟股市上进行股票投资的基础工作。但是，由于 A 股发展尚不成熟以及历史原因所限，A 股估值不是一个重要的投资考虑因素。尽管所有券商研究员都需要在分析报告中提出估值建议，但是作为买方的投资者在很大程度上并不看重这方面的建议。A 股作为以散户为主的市场，散户更不会考虑估值因素。这方面的知识和意识欠缺，是中国内地投资者参与港股投资的一个主要障碍。

因此，本章必须适当补充这方面的内容，当然，我们不会系统地讲授股票估值方法。本章从港股投资的实际出发，在提供必要和基础的估值知识的同时，给出了简易可行的替代方法。

3.1 港股大盘估值

港股市场的机构投资者目前还主要是海外机构投资者，因此整体估值水平仍以成熟市场的 15 倍为平均水平或者估值中枢。10~18 倍是一个正常的估值区间，超过这两个限度，都会导致估值回调，而且，超过的幅度越大，回调也越剧烈。港股的投资理念是建立在上市公司基本面上的中长期投资，我们可以用这个简单的双因素模型，建立港股的估值框架。对于中资企业，估值主要依据中国宏观经济、所在行业和企业经营层面，股价基本围绕在一个合理范围内波动，股价波动主要来自于资金方面的变化。

所谓给大盘做估值，实际包括两个方面：大盘指数涨跌的范围，各类股票和股票整体市盈率水平。其实它们是相关的。恒生指数覆盖的成份股最多，基本上可以反映港股的估值水平。同样，恒生国企指数和红筹指数，也能对应反映 H股和海外中资在中国香港上市的股票的估值水平。

A 股的估值虽然这两年已经有所回落，但均值仍高于 15 倍。恒生国企指数和红筹指数的估值水平都还没有看齐 A 股，说明市场变化趋同，会是一个较长期的演变过程，如图 3-1 所示。

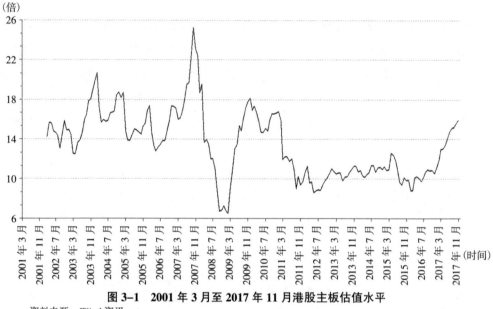

图 3-1　2001 年 3 月至 2017 年 11 月港股主板估值水平

资料来源：Wind 资讯。

造成中国港股市场和中国内地股市区别的因素可能有很多，但最关键的两个因素是市场投资理念、资金来源的不同。简言之，港股的投资理念是建立在上市公司基本面上的中长期投资，资金来源主要是以欧美为主的国际金融和资本市场。我们可以用这个简单的双因素模型，建立港股的估值框架。对于中资企业，估值主要依据中国宏观经济、所在行业和企业经营层面，而股价基本围绕在一个合理范围内波动，股价波动主要来自于资金方面的变化。如果大量资金涌入中国香港股市，则借助水涨船高的效应，股价会向高限范围变动，反之则跌向股价的低限区间。估值中枢的抬高，会反映出市场对于整个行业的看法改善，以及企业是否具有龙头和优势竞争地位。

毕竟港股估值水平和欧美其他成熟市场相似，均值在 15 倍左右。我们可以看到整体估值在 18 倍左右，就基本达到了正常时间的估值区间上边沿。10~18 倍是一个正常的估值区间，超过这两个限度，都会导致估值回调，而且，超过的幅度越大，回调也越剧烈。尽管港股 A 股化会对港股估值水平有影响，但是随着 A 股市场的成熟，A 股整体估值水平也会逐步回落到 20 倍左右。两个市场的整体估值水平不会相差太大。

但是，不同板块之间的估值还是相当明显的。例如，与资讯通信、中国消费市场相关的股票，整体估值水平大约是平均估值的 2 倍，其中一些业务和经营有特色的股票，市盈率甚至是平均估值水平的数倍。当然也有一些行业的股票估值常年徘徊在个位数上，如表 3-1 所示。

表 3-1　港股板块市盈率和典型龙头公司股票①

板块指数	平均市盈率（TTM）	部分龙头公司股票	龙头公司股票市盈率（TTM）
恒生资讯科技	47.5	腾讯控股等	53.5
恒生消费者服务	26	永利澳门、银河娱乐、金沙中国等	28.7~66.7
恒生消费品制造	20.4	吉利、中生制药、三生制药、石药集团、华润啤酒、比亚迪股份、微创医疗等	26.5~67.6
恒生原材料	19.1	洛阳钼业、中国铝业等	43~45.6
恒生能源	16.3	昆仑能源、中石油、中石化、中海油、中集安瑞科等	17.4~75
恒生公用事业	16	中国燃气、新奥能源、华润燃气、中国光大国际、协鑫新能源等	17~24

资料来源：Wind 资讯，2017 年 12 月 21 日数据。

港股的另一个板块创业板的平均估值较主板高。但是，创业板股票最大的问题是交易不活跃、流动性极差。而且随着更多创新企业进入中国香港股市主板上市，而创业板股票转主板标准收紧，创业板的边缘化问题会更为突出。有价无市的市场不值得关注，如图 3-2 所示。

---

① 只列举了龙头股中部分超过行业平均市盈率的公司。

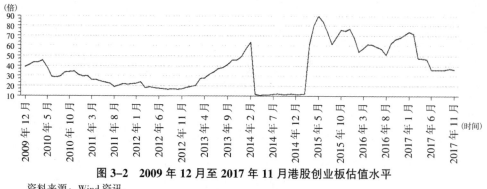

图 3-2 2009 年 12 月至 2017 年 11 月港股创业板估值水平

资料来源：Wind 资讯。

3.2 港股机构估值

港股估值有两个"流派"，即欧美投资机构和中资投资机构。欧美投资机构，特别是卖方估值，一般分为两个层面：资金面（市场面）和基本面。欧美投资机构与中资投资机构不同点主要在于对政策和信息的反应方面。欧美投资机构对于中国出台的政策，会先进行分析研究，看政策在宏观和行业层面会造成何种影响，很少直接将政策和上市公司经营联系起来。因此，政策方面的变化很难即时反映在具体的港股价格上，即便有，持续的时间也非常短。欧美对股票的正统分析方法是不包括技术分析的。对于个股趋势变化，机构投资者的正统看法是价格会围绕估值波动，不会偏差太远，否则应出现向均值回归的现象。

前面我们讲到过，目前中国香港股市仍以机构投资者为主，最大的机构投资者分别是英资、中资和美资，但是欧美加在一起的份额接近 60%。因此，对港股估值，出现了两个"流派"，即欧美投资机构和中资投资机构。

欧美投资机构，特别是卖方估值，一般分为两个层面：资金面（市场面）和基本面。其中资金面的紧张和丰裕，决定了大市是上涨、盘整还是下跌，对于所有股票都有影响。基本面的考虑也是从大到小，依次为区域宏观经济、行业景气度、行业周期、行业竞争格局、企业经营状况。

以中国内地为例，中国的 GDP 增长率设定目标决定了各项经济政策的作用范围和强度，特别是货币政策和财政政策，会影响到中国内地行业发展和企业经营环境，对企业的微观经营产生间接作用。

行业景气度和行业周期决定了企业盈利和发展的空间有多大，处于下行周期或不景气阶段的行业，即便龙头企业也难以有出色表现，所以板块估值限制了企业估值。竞争激烈的行业，平均利润率较低，企业经营不确定性高，发展潜力小，难以获得投资者青睐。

企业经营基本面则重点关注收入增长、利润率变化、股东回报率以及独特的竞争优势和发展机会。

例如，让我们看一下中国香港投资者对沪港通消息的市场反应。2014 年 4 月 10 日（即沪港通公布日），几乎所有溢价指数成份股的 AH 股价格比率都向贴近 100 点的方向移动，不同成份股公司的 A 股与 H 股之间的溢价或折让普遍收窄。2014 年 4 月 11 日，大部分溢价指数成份股的 AH 股价格比率仍然向贴近 100 点的方向移动，但幅度不如 2014 年 4 月 10 日大。之后很快继续回到原来的走势。

欧美对股票的正统分析方法是不包括技术分析的。对于个股趋势变化，机构投资者的正统看法是价格会围绕估值波动，不会偏差太远，否则应出现向均值回归的现象。所以政策、信息和事件，如果不能对行业或企业估值产生持续性影响，也会被当作暂时的冲击对待。这也是为何事件驱动对于港股的影响时间短暂的一个原因，当出现这样的消息时，大多数机构投资者并不急于采取应对措施，而是通过自己或第三方的分析研究，确认是否会形成持续影响以及是否会改变行业和企业基本面，才会采取行动。

我们以读者熟悉的 A 股为例，介绍一下正统的港股投资者是怎样看待的。[①] 例如对沪股通的成份股，先将其按行业分成 33 类。

大市值板块包括金融服务、石油化工、信息科技、生物制药、交通运输、房地产、汽车、机械制造、电子、食品制造、公用事业、建筑建材、有色金属、煤炭、家电及电气设备、农业以及工业。

中小市值板块则包括商业百货、钢铁、发电设备、媒体、飞机制造、环保、服装鞋类、造纸/印刷、水泥、酒店旅游、综合企业、船舶制造、纺织、医疗器

———————————

① 此处引用了信报研究部的研究成果。

械、批发贸易以及玻璃。

以巴菲特价值投资策略对沪股通 568 只股票进行筛选分析，[①] 根据 9 项价值选股量化指标，结果没有一只沪股通股票可以达标（这对于广大 A 股投资者来说，可能一点都不会觉得奇怪）。[②] 降低条件只用其中 7 个指标重新筛选一遍，得出符合标准的 A 股沪股通股票如表 3-2 所示（排名不分先后）。

表 3-2　符合条件 1~7 的"沪股通"股份

股票代号	股票名称	所属板块	市值(亿元)	经营溢利(亿元)	股本回报率(%)	债务与股东收益比率(%)	营业利润率(%)	净利率(%)
600809	山西汾酒	食品	143.30	14.44	26	5	28	19
601088	中国神华	煤炭	3007.84	712.63	17	41	25	16
601117	中国化学	建筑建材	309.30	39.41	17	8	7	6
600436	片仔癀	生物制药	142.64	4.92	21	14	36	31
600816	安信信托	金融	125.02	4.17	37	0	47	32
600741	华域汽车	汽车	336.85	44.40	18	45	6	5
600578	京能电力	公用事业	183.31	28.77	20	69	29	22
601369	陕鼓动力	机械制造	110.78	7.34	16	19	12	15
600276	恒瑞药业	生物制药	595.73	14.26	21	0	23	20
601006	大秦铁路	交通运输	1183.40	141.65	17	17	28	25
600315	上海家化	石油化工	246.09	7.52	27	0	17	18

据不完全统计，沪股通中被港股投资者看中的有大秦铁路（601006）、贵州茅台（600519）、中国平安（601318）、上汽集团（600104）、中信证券

---

① AAII（American Association of Individual Investors）以巴菲特的投资标准，建立了一套以价值投资为基础的股票筛选方法，包括 9 项量化准则：

条件一，企业市值大于或等于 10 亿美元。

条件二，每过去 7 个财年，企业的连续 12 个月（四个季度的总和）经营溢利。

条件三，当前的股本回报率（ROE）超过 15%。

条件四，最近 3 个会计年度的股本回报率（ROE）均大于 15%。

条件五，债务与股东权益比率（Debt to Equity）低于行业平均。

条件六，经营利润率（Operating Margin）高于行业平均。

条件七，净利率（Net Profit Margin）高于行业平均。

条件八，过去 5 年的股价变动较账面价值（Book Value）变动大。

条件九，价格/自由现金流（Free Cash Flow）增长比例最低的 30 家企业。

② 无法通过测试的主要原因，大多是由于条件八，即过去 5 年的股价变动较账面价值变动大一项，未能完全符合筛选条件，要求大致可归咎于上市年份不足或环球经济在金融海啸后被人为扭曲所致。

（600030）、工商银行（601398）、招商银行（600036）、中国太保（601601）、浦发银行（600000）、青岛海尔（600690）、宇通客车（600066）、伊利股份（600887）、海螺水泥（600585）、海通证券（600837）、交通银行（601328）、中国银行（601988）、建设银行（601939）、光大银行（601818）、中国国旅（601888）、北方导航（600435）、恒瑞医药（600276）等。其中还是以中国香港投资者最了解和看好的金融股最多，还有一些是被券商研究员推荐以及中国香港市场没有同类股的 A 股。

对于股价波动，机构投资者也会参考市宽（大市）、超买/超卖和轮动等情况，但并不一定会成为调整仓位或买卖操作的主要参考。比如轮动，很少有见到机构会对此进行专门研究。相对而言，对于市宽（大市）和超买/超卖的跟踪，与均值回归的正统观点是相符的。对于投资者来说，出现过度偏离估值中心的情况时，可能会采取一定的仓位调整或对冲。对于 A 股投资者而言，永远是偏离之外还可以不断偏离，上不封顶，下不言底。

按照欧美对港股投资的估值体系，我们可以"从上而下"的思路选择投资标的。

首先，应该选择具有增长潜力的行业。金融服务、综合企业、银行、保险、公用事业、科技、工业、医疗保健、航空、建筑及物流运输，有些行业的升幅相当不错，这对经济处于减速和转型阶段的中国内地而言，是难能可贵的，理论上仍值得重点关注。

其次，其他可看好的行业还包括医疗保健、物流运输和基建。对于已经持续两年以上低谷的行业，可以适当关注，如电子、零售贸易、汽车、食品制造、媒体、煤炭等。

最后，锁定了行业，再从企业基本面看，一些市值较大、全年销售及盈利增长较为突出的股票，可以继续关注。

投资股票，估值是基础。大部分 A 股投资者不太信任 A 股上市公司估值，但无论怎么说，如果没有估值这个基础，就不会有定价和交易。我们只需承认的是，其实散户心里同样也有一杆秤。当然，这杆秤有自己的衡量标准。而大多数港股投资者的逻辑起点是看估值，这个差异值得重视。

就目前情况来看，任何人都无法为中国企业做出较准确的估值。究其原因：首先，在于内外部掌握的上市公司信息极度不对称，分析师用于估值模型的绝大多数信息可能是错的；其次，中国企业管理不规范，账目上存在较多问题；最后，中国企业的经商环境多变，企业发展速度较快，即便公司最高管理层也很难预测当年的经营情况，更别提预知未来几年的发展。

当有人指出港股市场由于投资者主要依靠分析师的估值分析和预测，因此会比较客观和不容易估错时，我只能报以嘿嘿一笑的回应了。如果用来估值的信息是错的，为何要相信估值的结果呢？中国香港机构投资者确实有一套系统的方法论对上市公司先作分析，确定股票的"合理价格"之后再做投资，并不意味着他们所做的估值就是"科学"或者更为"准确"的。但是，我们应该承认，中国香港投资者确实形成了这种根据估值进行投资的习惯或者投资行为方式，得到了主流投资群体的认同和遵从。对于A股散户来说（其实中国香港散户也大多如此），投资决策多数不是建立在一套估值模型或方法之上，如果中国香港投资者喜欢使用市盈率、市账率、市销率、NAV这类指标体系作为估值的话，中国内地散户投资者大概使用的是常被人当作笑谈的"市梦率"，概言之，类似天马行空、不求准确的一个随着环境和时间而变的"模糊价格"。

3.3　财经新闻和消息对股票估值的影响

媒体上的荐股，往往是在最需要有人拉抬股价时出现在媒体上，不管是低位还是高位，作为一般读者，无法了解推荐人的动机以及分析的准确程度，这就是一个灰色空间。财经媒体的大部分荐股，在多数情况下，买入后有一半以上机会被套牢。换言之，因为市场主流参与者并不理会他们的建议，而小部分人听信的结果，可能就是和市场之后的走势正好相反。对于财经媒体的正确态度，建议将其视为信息和线索，不要作为炒股指南，否则很容易买入即被套牢。无论是何种建议，需要用你自己的投资系统进行梳理分析，得出你自己的结论。

刚进入一个新的市场，大多数人都会感觉陌生，需要寻找帮助。机构投资者一般会找专业机构咨询，阅读卖方券商的研究报告。散户投资者大多直接从媒体上了解哪些股票得到了专家推荐。

中国香港媒体行业十分发达，即便是娱乐或带有某些政治色彩的报纸，仍会有专门的财经版面。在中国香港，娱乐花边、股票这两大主题，永远是大众喜闻乐见的新闻，连免费赠阅的小报都会有至少一半的篇幅安排这两方面的话题。从股民到中环的金融白领，都可以找到适合他们阅读的财经媒体。

在中国内地，一旦市场走出熊市，所有媒体也都是铺天盖地的股票分析、推荐和信息。其中最引人注目者为三类：民间"股神"类荐股人士、券商各类分析师以及财经媒体。当市场长期陷入熊市时，第一类和第三类往往会逐渐淡出人们的视野。而在中国香港，这个链条多了一环，就是专业的财经公关公司。

在中国香港，能够在公开媒体推荐股票的人，大多会受到证监会或金管局等机构的监管，也就是所谓的"持牌人士"（拥有中国香港证监会发放的执业证书），并且在推荐意见之后，应该申明自己是否持有所推荐的股票。这些都是规则。但如果你真的听从了媒体上这些公开的推荐，那么投资责任由你自己负责。

实际上，在推荐股票的第一类人里，有人专门推荐冷门和低价股，也有人看似比较随大溜，推荐一些主流股票和大型股票。有些人会长篇大论地告知他的分析理论依据，还有更多的只是发表"豆腐块"大小的文字，其中还有一幅作者相片，所以推荐理由可能不过是一两句话，加上建议的买卖价位。我相信很多小股民会听从这类建议，甚至他们会是某些人的粉丝。这和中国内地利用微博、QQ、微信搞的炒股粉丝圈很类似。

我无意贬低或者指责这些人，因为这世界上存在一个公理：免费的东西不一定便宜。一些人开始时为了打响自己的个人荐股品牌而荐股，另一些人在自己成名之后而荐股，这之间可能存在天壤之别。而大家能够在公开媒体上看到的推荐人，其实多数是那些已经建立了一定的"江湖地位"的人士。所以，新进来的投资者最容易在这方面吃亏。

我个人在开始投资港股时，也有类似的经历。作为中环金融界人士，大家看的主要是《香港信报》和《香港经济日报》，但作为资产管理专业人士，比如基金投资经理，即便看，也只是随意翻翻，基本上不会受这类财经媒体的影响。媒体上的这类荐股，往往是在最需要有人拉抬股价时出现在媒体上，不管是低位还是高位，作为一般读者，无法了解推荐人的动机以及分析的准确程度，这就是一个灰色空间。当然也有专找上市公司麻烦的人，不会很多，因为在这个圈子里混，也有一套潜规则。

对于财经媒体的正确态度，建议将其视为信息和线索，不要作为炒股指南，否则很容易陷入买入即被套牢的境地。无论是何种建议，需要用你自己的投资系统进行梳理分析，得出你自己的结论。这和中国内地的情况有点不同，大概是因为中国内地散户太多，相信某个推荐的股民不少，而且具有一段时间的炒作，买入即被套牢的情况不是特别常见。但在中国香港，姜太公稳坐钓鱼台，愿者上钩。推荐人已经完成了他该做的工作，剩下的就是你自己的事情了。大家把规矩和责任分得很清，各自生活得有板有眼。相信那些推荐人不会傻到想借助推荐的力量，跟着浑水摸鱼，在推高股价中牟利。因为按照"行规"，那样做就是违法的，会被严厉处罚。

这样就不难理解为何中国香港的财经新闻对于股市有明显的滞后性了。因为只有付费的人，才会走在价格趋势的前面，而真正到了向公众免费推荐的时候，可能已经是行情的中后期了，这时散户进入，最多只能起到维持和延长的效果，甚至成为接盘人。

有人认为某财经大报很"专业"，可能是在说，该报请了一些确实比较专业的人士撰写文章，而且这类大报通常设有研究部门，提供的文章有较多数据、分析和见解，因此从中可以了解到专业人士的一些看法。其中有些媒体编辑或记者的水平较高，分析比较公允，但仍然主要是提供一种新闻视角而不是专业的分析，所以对市场的影响较小。对待财经媒体的荐股，在多数情况下，在买入后有一半以上机会被套牢。换言之，因为市场主流参与者并不理会他们的建议，而一小部分人听信的结果，可能就是和市场之后的走势正好相反。

第4章 港股通股票的投资

前面三章，我们主要是分析和介绍港股市场与 A 股市场的区别，所谓"知己知彼，百战不殆"，但理论上的讨论，毕竟代表不了实践中的磨砺。2008 年我去香港从事券商投行工作时，已经在内地有十多年的炒股经历了，但仍需花费四五年的时间，熟悉和适应港股市场。所以，了解基本特点和应重点规避问题之后，我们应该对中国香港的个股做一些深入的分析，并从实践中掌握投资港股的技能。

从实践角度看，建议读者从中国香港上市的中资股入手，特别是港股通投资标的股，道理很简单，这些企业的经营主体和主营收入主要在中国内地，有些甚至是在中国内地、中国香港两地都有上市。在这种情况下，需要注意的是，即便是同一家或者类似的上市公司，中国香港市场的投资者和中国内地投资者的看法都是有差异的。前面讲过的典型例子是 AH 股的价差不仅长期存在，而且差距还相当大，这就是估值差距。

为什么在 A 股以 20 元交易的金融股，在中国香港却被打了七折？为什么这只股票在 A 股市场已经出现向上拐点，而在中国香港市场仍在下跌？同一股票在不同市场的股价运动方向不同，是什么因素决定的。如果不搞清楚这些问题，难以抓住趋势性机会。

中国香港的好处还在于这里有更多的选择，有近一半的股票是中国香港和外国上市公司。其中有很多大蓝筹股票，如长和、九龙仓、AIG、PRADA 等和一些非常有特色的股票。这对于构造多样化投资组合、分散投资风险有帮助，而且通过中国香港这个市场，投资地域得到了拓展。

中国香港股市就是中国内地股市的明天，这是一个提高 A 股散户投资者的训练场，是面向未来、面向世界的窗口。相信随着中国资本"走出去"，会有越来越多的资金南下，本书的一个重要目标就是帮助大家更多地了解这个市场，理解其投资逻辑，协助投资者打造适合自己的投资系统。

4.1 大中型成份股的投资策略

大中型成份股的投资策略就是跟从大型投行的估值建议（审慎对待投行估值严重分歧的标的股），以长期投资为益，不宜频繁调整仓位，用这部分股票构建组合的稳健基础性投资。根据个人投资风格，这部分可占总仓位比重20%~40%。

成份股是中国内地股民比较熟悉的说法，前面已经介绍过中国香港比较典型的几只股票指数，比如恒生指数，囊括了大中小上市公司95%的市值，是最具有普遍代表性的指数。但是显然这么多成份股，其中有很多不一定具有投资价值。有些股票指数不一定具有市场指针的价值，但其成份股的选择是按照一定的标准的，比如恒生综合大、中、小型指数，就是按照上市公司市值规模划分的。[1] 而中国企业指数的成份股就是所有H股。

这一节我们重点介绍一些大型港股成份股。选择的标准是对相关指数有重大影响的，或者与指数的贝塔系数较高（如超过0.9）。这一类股票是港股投资者的主要投资标的。

中国香港股市大型股主要指的是恒生综合大型股指数的成份股，[2] 目前共有90家。这些是机构投资者最主要的投资标的，一些知名大型企业均包含在其中[3]，例如，腾讯、香港交易所、太古地产、周大福、国泰航空、碧桂园、恒大地产、高鑫零售、中国建筑、中银香港、蒙牛乳业、中国信达、海尔电器、九龙仓、电能实业、中电控股、华润置地、会德丰、恒安国际、长江基建、龙湖地产、澳博控股、世茂房地产、嘉里建设、复星国际、康师傅、中国旺旺、新世界

---

① 综合指数划分为三项市值指数，即恒生香港综合大型股指数、恒生香港综合中型股指数及恒生香港综合小型股指数（"小型股指数"），分别覆盖恒生香港综合指数总市值的80%、15%及5%。截至2014年5月底，由240只成份股组成的大型股指数及中型股指数，分别覆盖市场总市值和交投量的83.2%和84.4%。

② 成份股会有调整，最新成份股名单可以在恒生指数公司网站查找：http://sc.hangseng.com/gb/www.hsi.com.hk/HSI-Net/HSI-Net。

③ 汉能薄膜可能是个例外。后面我们还会谈到这家公司。

发展、新鸿基地产、长和、汇丰、中信集团、中国移动、中国联通、中石化等都包括在内。

由于这些股票是机构投资者重仓配置的资产，其投资风格是正统的价值投资模式，中国内地投资者应该了解这类股票的定价权一般掌握在国际大型投资银行手中，价格基本会围绕大行定期的研究报告波动，如果投资者看好其中上市公司所在行业的发展前景，适合作为长期投资标的。根据大型投资银行的建议，定期调整仓位即可。

这类股票不宜采取中国内地投资者炒概念的做法，频繁进出可能并不会有太大的收益。因为我们后边还会有分类介绍，由于这些股票多数属于长期投资品种，可能不会引起中国内地投资者太多青睐，这里只选择其中少数几只股票。

腾讯（00700）

腾讯是中国内地投资者最熟悉的中国香港上市的大型蓝筹股，是目前中国最大的互联网综合服务提供商之一，也是中国服务用户最多的互联网企业之一，在BAT 三巨头中收入规模和净利润方面居于领先地位，也是"互联网+"概念的提出者，一直受到国际大型投资银行追捧和推荐。

腾讯是香港恒生指数中的主要权重股，其股价变化趋势基本决定了恒生指数的变化方向。腾讯目前还是机构投资仓位较大的股票，投资者应关注机构的估值建议，如图 4-1 所示。

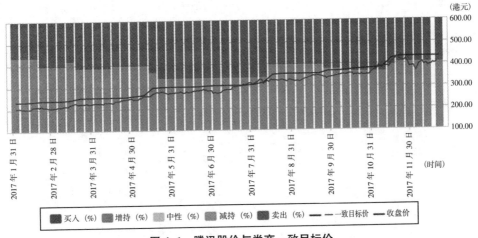

图 4-1　腾讯股价与券商一致目标价

这只股票有超过 20 家券商定期发布分析报告。我们很容易看到腾讯的股价实际是受到券商提出的一致目标价的引导逐步向上的。基本上，券商的目标价格都略高于腾讯实际股价，表明券商对这只股票的目标价格与实际价格接近。因此，这只股票适合长线持有，短线炒作只是增加了交易成本，而且目标价格可以参考券商的一致目标价格。

香港交易所（00388）

香港交易所是香港联合交易所有限公司、香港期货交易所有限公司和香港中央结算有限公司的控股公司。香港交易所已经发展成为亚洲吸引世界各地投资基金的一个国际证券市场。香港交易所于 2000 年 6 月，在香港的证券市场及期货市场完成合并之后上市。香港交易所（以下简称港交所）既是上市公司的平台，而它本身也是一家上市公司，这是很少见的情况。港交所拥有并经营香港唯一的股票交易所及期货交易所，具有垄断地位，并控股英国 LME，经营基本金属期货及期权合约买卖。国际大型投资银行对港交所的估值主要依据其日平均交易量。由于沪港通带来的交易量不稳定，且市场无法对深港通的影响做出评估，估值相差较大。投资者应重点关注其交易量的变化趋势以及亚洲大宗商品交易的进展。

港交所的经营有明显特点，即业务的垄断性、极低的计息负债率和极高的股息分派率。同时，港交所不断丰富衍生产品、固收类产品和商品业务，使其对现货股票交易收入的依赖度从 2000 年的 50%下降到 2016 年的 24%，业务波动性显著下降。香港交易所加强了同中国内地的互联互通。随着港交所进一步的改革，比如强化对创业板监管，加强对小股东的保护以及"同股不同权"，港交所的股票越来越被投资者看好。

港交所也是众多券商重点跟踪分析的股票之一，但是分歧一直存在。由于缺少可比股票，所以对于港交所的高估值，不同投资机构可能有不同的看法，如图 4-2 所示。

图 4-2　股价（上面）和北水持股比例（下面）对比

港交所近 5 年市盈率最高曾达到 70 倍，平均近 40 倍，所以 2017 年底 40 多倍的估值水平还算比较合理。我们看到中国内地资金开始涌入港交所的时间起点是在 2017 年 10 月，目前占比仍不算高，未来有较大提升空间。港交所作为中国香港股市独有的交易品种，随着 2018 年红利释放，应该有较大的上行空间。

中银香港（02388）

这是一家在中国香港注册的持牌银行，中国银行（香港）合并了原中银集团香港十二行中十家银行的业务，是三家港元发钞行之一。中银香港是中国香港和中国台湾人民币业务的清算行。过去 5 年是中国香港银行中具高度盈利能力、跨领域、较低风险的投资选择。

中国香港的全球现钞业务和人民币清算业务是新亮点，取得显著成效，成为国际性现钞批发银行，与多个国家中央银行建立现钞业务合作关系，全球现钞分销网络成功延展至中美洲、中亚及东南亚等新市场地域。中银香港将人民币清算服务延长至每天 20.5 小时，令中国香港的人民币清算系统成为全球首个覆盖欧洲、美洲和亚洲时区，而且营运时间最长的清算系统。中银香港获中国香港金管局委任为一级流动性提供行，以满足市场对人民币资金的需求。此项委任巩固了中银香港在离岸人民币市场的领先地位。中银香港的最大增长动力来自人民币国际化相关业务。目前该股的估值仍掌握在国际大型投资银行手中，未来可能受到中国内地客户人民币国际化概念的追捧。

这只股票的最大特点和预期是受益于"一带一路"倡议，东盟业务规模及盈利有望迎来强劲的增长期。"一带一路"倡议下，中国银行将继续发挥国内金融机构"走出去"的"领头羊"作用，而中银香港作为中国银行集团最优质海外资产，有望成为该集团带路战略的"排头兵"。从短期看，若东盟六国资产重组完成，2017 年中银香港东盟地区总资产将达 800 亿元左右，加之可能的后续收购和注资，地区外延性快速扩张可期；从中期看，预计未来五年中银香港东盟地区贷款有望保持 30% 的增速，有望进一步驱动地区资产内生性增长；根据中银香港管理层介绍，东盟地区利润贡献预计五年内将提升至 20%。

该股在 2017 年底已经达到近 5 年估值高位水平（14 倍，全年上涨 50%），中短期可能需要调整。一个可参考的合理估值水平是 10~14 倍市盈率，1 倍以上市净率。北水①在年初对这只股票的兴趣不大，2017年11月开始观察到有明显的北水流入，但占比仍比较低。

长和（000001）

长和是地产分拆之后的取代长江实业集团有限公司的上市公司。地产分拆之后，所有非地产业务集中于长和，将更有利于体现其国际化和清晰的主业价值。长和持有非地产类上市投资，飞机租赁，港口、出租物业及酒店、零售、基建、能源、电信等业务。长和将拥有遍布12个国家（地区）的电信业务，分布于26个国家（地区）的52个港口，全球25个市场的10800家零售店，基建业务包括英国水务与排污服务业务Northumbrian Water等五个项目，能源业务将增加对赫斯基6.24%的持股比例，以及60架飞机租赁业务。

李嘉诚近年来在房地产以外的业务方面进展有目共睹，已经获得资本市场认可，不再需要房地产业务作为补充和支撑，这是分拆之后继续看好的一个基本原因。另外，其房地产业务过往主要依赖在中国内地和中国香港的市场快速发展和强大支持，构成了一个房地产王国，未来可以独立发展，而且由于这两地的市场将趋于饱和，增速将放缓，需要挖掘潜力和协同，地产分拆不仅可以更好地实现协同效应，而且避免房地产业务增速放缓拖累公司整体表现。长和的未来发展在于其国际化经营和在新兴产业的投资表现。李嘉诚家族一直被中国内地人士看好，而其上市公司股票虽属于大型蓝筹股，但地产分拆之后更有成长故事和概念，有可能获得中国内地投资者青睐。

长和股票分红稳定，增长稳定，而且国际化程度较高，是个稳健股之选。该股由国际大型投资银行主导估值，2017年底的估值已经接近历史较高水平。但北水在其中的持股比例一直在减少，影响了其股价表现。

中国平安（02318）

中国平安是覆盖全国，以保险业务为核心，以统一的品牌向客户提供包括保险、银行、证券、信托等多元化金融服务的全国领先的综合性金融服务集团。旗下主要子公司即平安寿险、平安产险、平安养老险、平安健康险、平安银行、平安信托、平安证券、平安资产管理及平安资产管理（香港）通过多渠道分销网络以统一的品牌向客户提供多种金融产品和服务。

---

① 指中国内地资金通过深港通、沪港通和QDII等官方指定通道买入港股的那部分资金。

中国平安被国内价值投资派视为一只价值股，而在中国香港，中国平安也是大蓝筹股，深受大型投资银行的认同，其盈利能力和多元化经营效果都优于其他保险类上市公司。这和中国内地投资者眼中的"坏孩子"大不一样，其估值和股价走势主要以国际大型投资银行的研究报告作为指导。

中国平安的各细分保险业务稳居国内前三，平安银行在快速发展，未来将拆分上市，都可能带来更大的弹性。另外，中国平安拆股和员工持股计划也将为中国平安股价带来更大流动性。该股的合理估值是 25 倍左右市盈率。

友邦保险（01299）

友邦保险在亚太区 17 个市场营运，包括在中国香港、泰国、新加坡、马来西亚、中国内地、韩国、菲律宾、澳大利亚、印度尼西亚、中国台湾、越南、新西兰、中国澳门和文莱拥有全资的分公司及附属公司、斯里兰卡附属公司的 92% 权益，以及印度合资公司的 26% 权益，是亚太地区领先的保险企业。

友邦保险新业务保费中有 57% 来自中国内地和中国香港，将分享未来 10 年中国市场的高速增长，并受益于对中国外资保险限制的放开；友邦保险新业务保费中 43% 来自东南亚国家（包括泰国、印度尼西亚、新加坡等），这些市场的增长潜力将驱动公司在未来中国市场增长放缓后继续保持长期高增长。中国香港及中国内地业务成为主要增长点，该行认为集团的发展重点将自泛亚洲转移至中国香港市场。由于中国内地保险市场不断开放和发展空间巨大，友邦保险处于快速发展阶段。

友邦保险的合理估值是 20~25 倍市盈率，截至 2017 年底，北水占比处于低位，仍有向上空间。

昆仑能源（00135）

昆仑能源总部设于中国香港，是中国石油天然气股份有限公司控股的国际性能源公司。昆仑能源目前主要业务涵盖油气田勘探开发、天然气终端销售和综合利用等，其中油气田勘探开发业务分布在中国、哈萨克斯坦、阿曼、秘鲁、泰国、阿塞拜疆 6 个国家；天然气终端销售和综合利用业务主要分布于中国大陆。昆仑能源致力于发展成为中国最大的从事天然气终端销售业务的企业。昆仑能源运营全国 11 个储气库（总共 24 个），储气总能力达到 410 亿立方米。昆仑能源运营的陕京线是供应北京的唯一管道气源和华北地区天然气生命线，目前处于满负荷状态，于 2017 年 10 月投产的陕京四线将新增 200 亿立方米运输能力，释放业绩增长空间。

有券商认为昆仑能源是被低估的门站前天然气企业。考虑到 2016~2019 年油价上涨有望支撑上游板块利润贡献不断提升、干线管输费下调的风险已经释放，且未来有望被陕京四线新增盈利贡献充分抵消、LNG 加工板块有望在 2018 年实现扭亏等，预计昆仑能源旗下各业务板块有望全面复苏。

如果油价上涨，国内天然气需求逐步扩大，昆仑能源将进入一个新的上涨周期。截至 2017 年底，该股已经上涨了 40%。该股的合理估值范围是 10~12 倍市盈率。

中国光大国际（00257）

中国光大国际是多板块布局打造环境综合治理服务商，是一家以绿色环保和新能源为主业的投资集团。中国光大国际业务分为环保能源（垃圾发电厂、沼气发电厂、工业固体废物填埋场及危险废物填埋场）、环保水务（污水处理厂、中水回用处理厂及污水源热泵项目）及新能源（光伏发电项目及生物质能发电厂）3 个板块。

垃圾发电项目仍然是中国光大国际的重点发展业务。截至 2017 年，中国光大国际共有垃圾焚烧发电项目 74 个，已运营项目 43 个，日处理生活垃圾 39100吨，所有环保项目的建设和运行标准均全部达到行业最高水平，垃圾发电项目烟气排放指针均全面执行欧盟 2000 标准，经处理后的渗滤液达到国家一级排放标准，为集团于中国垃圾发电行业的领先地位奠定坚实的根基。中国光大国际自主研发的 750 吨/日大型炉排炉成功转化成果，达到国际标准。无论在吨垃圾发电量或系统运行的各项参数均获得巨大成功，新一代焚烧炉技术的诞生标志着中国光大国际焚烧炉技术跨入了世界先进行列。

2017 年 12 月，国家发改委、能源局发文，到 2020 年生物质热电联产装机容量超过 1200 万千瓦，年直接替代燃煤约 3000 万吨，生物质迎来发展新机遇。中国光大国际生物质及垃圾发电一体化和危废处理持续获得新项目，生物质和垃圾处理量快速增长，中国光大国际危废处理在华东地区竞争优势明显。

2017 年中国光大国际共有 11 个项目开工建设，13 个项目建成完工，创下历史新高。在深化及巩固环保能源与环保水务两大传统优势领域的同时，中国光大国际目前正积极推动包括生物质能源综合利用、环保产业园、环保设备制造在内的其他优势板块，中国光大国际在生活垃圾无害化处理、农林生物质、危废焚烧处理、烟气净化、污泥处理及处置技术和环境修复等技术的研究正在有条不紊地推进。2017 年，公司实现了一系列关键性技术的突破，包括生物除臭系统、污泥低温干化、曝气生物滤池、高效沉淀池、臭氧催化氧化、面源污染净化处理、雨水处理系统等方面，部分技术已成功应用在旗下项目，专利申请数量超过过去历年的总和，其中发明专利的申请占比为 34%。2017 年，中国光大国际共获得 21 项专利授权，总计拥有 58 项水务技术专利。技术的突破将有助于提升水环境综合治理工程项目的建设质量和进度，同时为运营项目提质增效。该股合理估价范围是 14~20 倍市盈率。

招商银行（03968）

招商银行是一家拥有商业银行、金融租赁、基金管理、人寿保险、境外投行等金融牌照的银行集团。招商银行始终坚持"因您而变"的经营服务理念，已成长为中国境内最具品牌影响力的商业银行之一。近年来，招商银行聚焦移动优先策略，拥抱金融科技（Fintech），率先推出闪电贷、刷脸取款、"一闪通"支付等创新服务，招商银行手机银行、掌上生活两大 App 已成行业翘楚，月活量均稳居金融行业前十。经过多年创新发展，招商银行部分业务领域已成为国内商业银行的标杆，连续多年获得境内外权威媒体评选的"中国最佳零售银行""中国最佳私人银行""中国最佳交易银行"等殊荣。

私人银行、消费金融与金融科技的结合提升公司估值溢价：①银行零售金融未来核心竞争力在私人银行。招商银行"1+N"体系打造了核心竞争优势，业务领跑同业。同时，招商银行借力金融科技搭建"网点+银行 App+场景"获客新模式；率先推出"摩羯智投"开启智能化理财新时代，预计招商银行 2021 年管理私行规模将达 5 万亿元。同时，资本市场也愿意给财富管理公司更高估值。②招商银行信用卡领跑同业进入存量变现阶段，信用卡价值待重估；招商银行借力金融科技推出"e 智贷"，掘金消费金融蓝海。

截至 2017 年底，该股市盈率仍仅有 10 倍，其合理估值为 10~12 倍，仍有较大上涨空间。

中国信达（01359）

中国信达在中国 30 个省设有 31 家分公司，主要从事不良资产经营、投资及资产管理和金融服务业务。其中不良资产经营是公司核心业务，收入占比超过一半，利润占比超过七成，投资和资产管理业务占到收入的二成，股权投资主要围绕公司的不良资产经营业务，从事财务性投资并获取股权分红及股权处置收益。

中国信达是唯一一家获准收购非金融类不良资产的金融资产管理公司，也为暂时出现财务和经营困难的企业提供债务重组支持，通过高效的业务协同手段，以问题实体为切入点，介入重点行业的并购及重组业务。此外，中国信达也借鉴国际领先资产管理公司的经验和业内通行做法，拓展第三方资产管理等新的业务模式。中国信达的特色在于其不仅具有常规的金融服务，其特色在于围绕不良资产处置而开展的金融服务，这是其他金融机构所没有的业务和公司优势所在。

市场对中国信达估值的瓶颈主要在于复杂的业务结构和较低的盈利透明度。截至 2017 年底，其估值也仅有个位数，而市净率不足 0.8（以 2016 年为基数计算）。以市净率的合理范围 1 倍计算，该股仍有较大的上升空间。类似的个股还有中国华融（02799）。

中国财险（02328）

中国财险是国内规模最大的财产保险公司，是中国人民保险集团公司（PICC）旗下标志性主业。中国财险主要从事机动车辆保险、企业财产保险、家庭财产保险、货物运输保险、责任保险、意外伤害保险、短期健康保险、船舶保险、农业保险、保证保险等人民币及外币保险业务，以及业务相关的再保险业务和投资。中国财险经营稳健，但增长较慢，受制于行业和市场影响，在中国香港上市的中资保险股中较少受到追捧。

行业竞争程度将进一步加剧。对于龙头财产保险公司而言，依托于规模经济优势＋数据积累优势＋领先的综合服务能力，有望扩大市场份额、提升优质客户黏性、实现精准定价并逐步改善综合成本率，而中小型财产险公司或将面临费用率和赔付率双升的困境，未来行业集中度预计将进一步提升，呈现强者恒强的竞争格局。

中国财险市场份额约为 34%，业务以车险为主，占比约为 70%。在非车业务领域，中国财险在农业保险领域有近 50% 的份额，在大病保险领域占市场 40% 的份额。非车领域新业务的开发会提高非车业务收入的占比，进而会促进更加均衡的业务组合。

中国财险农业保险盈利能力强，经营效率好，综合成本率 92% 左右。2017年，中国财险在农业保险网点方面做了较大的投入，导致费用率有所上升。中国财险拥有规模化养殖猪的芯片跟踪技术、全球保险公司最大无人机队以便测算水稻倒伏面积，并使用卫星遥感定损。中国财险投入大量资源，在农险经营方面构筑了较高的竞争壁垒。

4.2　中型股的投资策略

中小型港股投资应兼顾基本面和成长性。由于波动性较大，可以考虑在基本面确定的情况下，根据不同市场情况，采用"长期投资，波段操作"的策略，保持较高的操作灵活性。根据个人投资风格，这部分可占总仓位比重 30%~50%。

中国香港中型股主要指的是恒生综合中型股指数的成份股[①] 目前有近 190 只股票。中型股一般市值超过百亿港元，有些已经超过千亿港元，个股的情况比较多样，这个群体也是大型投资银行的研究和跟踪对象，机构投资者会选择其中较优质的股票进行资产配置，但调仓的频率通常高于大型股。对于中国内地投资者来说，这是有一定炒作空间的股票。

中型股群体包括了一些中国内地大型企业，这可能是因为无法截然分清大中型股票的边界，有些股票可以被看作是"大型股"。例如，中国交通建设、中国中铁、中国铝业、紫金矿业、中国建材、江西铜业、中集集团等。此外还包括中海油田服务、中集安瑞科、南车时代电气、金山软件、保利协鑫、中国食品、敏实集团、四环医药、万科企业、中航科工、潍柴动力、富智康、中国联塑、比亚迪电子、龙源电力、康哲药业、中芯国际、长城汽车等，如图 4-3 所示。

大型股指数和中型股指数的结构，其中仅有 61 家是非中资企业。

我们这里列举几只中型成份股。

潍柴动力　(02338)

国家内燃机研发、制造、销售重点骨干企业，也是中国柴油机行业首家在中国香港上市的公司，潍柴动力内燃机产品广泛应用于重型汽车、大客车、工程机械、船用、发电等大功率动力配套市场。潍柴动力始终坚持产品经营、资本运营

----

① 成份股会有调整，最新成份股名单可以在恒生指数公司网站查找。

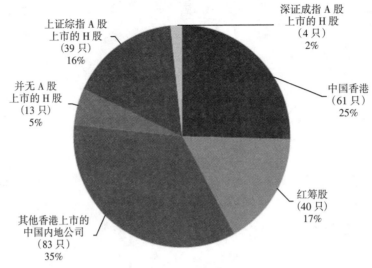

图 4-3　中型股群体

资料来源：Wind 资讯。

双轮驱动的运营策略，致力于打造最具成本、技术和品质三大核心竞争力的产品，成功构筑起了动力总成（发动机、变速箱、车桥）、整车整机、液压控制和汽车零部件四大产业板块协同发展的新格局，形成了全国汽车行业最完整、最富竞争力的产业链，拥有工程机械行业最核心的技术和产品，发展成为中国综合实力最强的汽车及装备制造产业集团之一。

重卡发动机中国市场占比 30%~40%，潍柴打造了以动力总成为核心的黄金产业链，陕汽重卡进入中国重型汽车行业前列。山东交通工业集团将与潍柴动力合并，潍柴动力要打造成为智能物流整体解决方案的全球领导者。未来将整合"林德液压＋潍柴发动机"，打造液压动力总成系统。加快突破氢燃料电池、固态氧化燃料电池、固态锂电池核心技术，实现工程化落地。到 2020 年，潍柴动力柴油机热效率从现在的 46% 提升到 50% 以上，趋近零排放标准。天然气发动机热效率从现在的 39% 提升到 42.5%，力争达到 45%。攻克 1 万千瓦海上动力核心技术，引领世界先进水平。重型汽车的智能驾驶技术要实现行业领先。陕汽重卡要进入全球前列。AT 变速箱、AMT 变速箱、电驱动桥要成为行业的主导配套产品。围绕向高端消费的转型升级，大力推进法拉帝游艇在全国沿海城市的消费落地。建设数字化工厂，智能制造走在全国装备制造行业前列。

2017 年潍柴动力海外业务全面向好发展，前期收购的凯傲、法拉帝、林德液压、博杜安全面实现盈利，潍柴动力打造了中国企业"走出去"发展的典范。2017年，潍柴动力又战略投资PSI，打通进入美国高端市场通道。潍柴动力在白俄罗斯实现境外建厂，潍柴—马兹合资公司在白俄罗斯中白工业园正式奠基，成为继印度工厂后潍柴又一海外发动机本地化制造基地；此外，潍柴动力通过出口贸易继续深耕东南亚、中东北非、南亚等市场。潍柴动力已经是一个国际化集团，收入的40%、利润的30%来自于海外业务。

截至2017年底，该股经过调整，估值为10倍，而合理估值应在13倍左右，短期仍存在上升空间。该股作为重型机械龙头，中长期有较好发展前景。该股距离其A股价格仍有较大差距，目前北水占比不高。

万科企业（02202）

中国最大的专业住宅开发企业，中国内地首批公开上市的企业之一。万科企业将继续受益行业集中度提升，深化"轨道+物业"发展模式、推进城市配套服务商转型。截至2017年6月，万科企业拥有土地储备达1.164亿平方米，这将支撑公司未来2~3年的房地产销售增长。潍柴动力已成功引入深圳地铁成为其战略股东（目前是最大股东，持股29%），这将为万科开辟一条崭新的可选土地储备渠道。深圳地铁计划在未来3~4年将其地铁线路延伸至惠州/东莞，并有超过40个地铁站上盖物业项目将可能被注入万科企业。万科企业还有另外290万平方米的城市旧改项目，这些项目也有可能在中长期内转化成为潍柴动力的土地储备。万科企业更换管理层之后，被市场普遍看好。截至2017年底，该股短期已经接近5年估值高点，需要调整，远期可参考港铁估值。

华泰证券（06886）

中国领先的综合性证券集团，具有庞大的客户基础、领先的互联网平台和敏捷协同的全业务链体系，是中国证监会首批批准的综合类券商，全国最早获得创新试点资格券商。目前，华泰证券在境内控股华泰联合证券有限责任公司、华泰期货有限公司、江苏股权交易中心有限责任公司；在境内外全资设立华泰金融控股（香港）有限公司、华泰紫金投资有限责任公司、华泰创新投资有限公司、华泰证券（上海）资产管理有限公司；参股南方基金管理有限公司、华泰柏瑞基金管理有限公司、江苏银行股份有限公司、金浦产业投资基金管理有限公司、证通股份有限公司。华泰证券2016年完成AssetMark股权收购，其管理的资产总规模达367.09亿元，较2016年末增长13.82%，市占率位居美国统包资产管理平台市场份额第三，华泰证券向财富管理转型的技术优势进一步增强。近年来，华泰证券着力为客户提供全生命周期综合金融服务，逐步形成了以投资银行业务为龙头，以经纪与财富管理业务为基础，以投资与交易业务和资产管理业务为两翼的全业务链业务体系。

在佣金率下行和监管趋严的环境下，倒逼着券商自下而上寻找新的商业模式。华泰证券拥有1170万客户基础，拥有涨乐财富通和AssetMark的技术平台。科技给华泰证券带来的成本优势，在2017年上半年A股市场交易额同比下降18.36%的不利环境中，华泰证券经纪业务营业利润率由59.58%提升至61.45%。未来有望看到的是：基于底层客户数据的挖掘，逐步实现千人千面的投资策略和产品的精准营销、AI辅助交易，以及资产配置的建议。华泰证券互联网业务强调以客户需求为出发，在对金融业务理解的基础上，运用技术提升效率。目前华泰证券以业务小组的形式向AssetMark学习，逐步将其模式复制到华泰财富管理业务体系，架起B2B平台，推动零售业务财富管理转型。

截至2017年底，该股已经调整基本到位，市盈率合理范围在15倍左右。

中国联塑 （02128）

中国联塑是中国领先的大型建材家居产业集团，产品及服务涵盖管道产品、卫浴洁具、整体厨房、型材门窗、装饰板材、消防器材及卫生材料等领域，是国内建材家居领域产品体系最为齐全的生产商之一。中国联塑旗下"联塑"品牌在中国塑料管道及管件市场处于领导地位，产品广泛应用于供水、排水、供气、电力通信、地暖、消防及农业等领域。

中国联塑自2012年拓展建材家居业务，为客户提供一体化门窗系统、水暖卫浴和整体厨房等，将继续伙拍大型房地产商，拓展经销商网络，为客户提供一体化建材家居产品及服务，相信将会成为集团另一盈利增长点。为巩固及利用集团的销售和分销渠道优势并扩大业务领域，中国联塑2015年初建立一个O2O展销平台"联塑商城"，全面展示五金、电气和建材等产品，为分销商提供包含采、供、销的一体化服务，这是中国内地最大的专业建材及房屋改善网站。其最新以胶喉管套用于养鱼业的创新，得到了政府的补贴。

截至2017年底，该股经过调整，已经接近底部，北水占比上升，合理估值区间10倍左右，有一定的上涨空间。

康哲药业（00867）

康哲药业是国内医药销售外包（CSO）行业龙头，专门从事处方药品的营销、推广及销售，拥有市场领先地位，拥有中国国内最大的第三方推广网络。康哲药业的推广网络遍布 30 个省份 6000 多家医院，通过成功的产品筛选策略及对中国医药市场的了解，引进具有竞争力的药品，并以专业推广服务为核心，为海外及国内的专业医药公司提供营销、推广及销售服务。

优秀的品种组合是康哲药业可持续发展的灵魂。康哲药业以购买品种、海外药厂的国内资产，对于国产品种，则以参与所在公司的股权合作形式引进产品，如持有西藏药业 26.61%的股份，成为其最大的股东，康哲药业的并购模式不仅有效提高了产品权利的稳定性和可控性，而且有力地保障了产品未来发展的利润空间。作为一个专业从事医药推广的公司，康哲药业的目标是发展全科产品在中国市场上的推广营销，有利于在产品的推广销售中更好地整合和调配资源，使产品的规模化效应得到更好体现。

截至 2017 年底，北水占比仍不高，而股价已经超过了一致预期，该股稳步上涨，合理估值范围为 25 倍左右。

龙源电力（00916）

这是国内最早从事新能源开发的电力企业之一，风电龙头企业。中国国电集团公司持股比例为 57%，为龙源电力控股股东。龙源电力主要从事风电场的设计、开发、建设、管理和运营，此外还经营火电、太阳能、潮汐、生物质、地热等其他发电项目，向风电场提供咨询、维修、保养、培训及其他专业服务，制造和销售用于电网、风电场及火电厂的电力设备。龙源电力风电资源储备、海上风电布局建设居全国首位，后续发展势头强劲。龙源电力广泛开展与中国国电集团分（子）公司的合作，充分发挥龙源风电专业核心平台的作用和国电分（子）公司的区域资源优势，强强联合，实现合作共赢。中国国电集团控股装机容量为 15697 兆瓦，其中风电控股装机容量 13543 兆瓦，覆盖区域增至 22 个，火电控股装机容量 1875 兆瓦，其他可再生能源控股装机容量 280 兆瓦。

龙源电力完成了江苏近海风电开发相关技术的研发，初步形成较为完整的近海风电开发成套技术。针对福建近海风电开发项目面临的海洋地质情况复杂等技术难题开展研究，目前研究工作进展顺利。同时，为应对国家调整风电电价的形势，采用气象虚拟测风技术，及时筛选出资源条件较好的风电项目，满足了集团风电开发的迫切需要。充分体现了技术对集团风电业务开发的基础和支撑作用，强化了集团在风电领域的技术领先优势。龙源电力开始尝试在海外建立和运营风电站，已经进入加拿大和南非市场。随着中国鼓励新能源上网和利息进入下行通道，以及海上风电资源的深入开发，龙源电力的增长和盈利前景受到国际大行认同。龙源电力在海上和海外风电项目的开拓已进入收获阶段，这是龙源电力明显区别于同业的经营亮点。

该股在 2017 年调整，截至 2017 年底已经接近完成调整，该股合理估值在 15 倍左右，有较大升值空间。

4.3　小型股的投资策略

对于真正好的小市值股票，往往可能在业绩爆发时，突然被市场发现，出现一轮暴涨行情。这种股票，可能几年里都表现平平甚至下跌，对于中国内地投资者来说，小型股票的投资，首先要留意定价话语权在谁手里。如果在某个时段里，是由中国内地资金掌控定价权的，可以按照中国内地的操作方式买卖交易，进行趋势投资。

小盘股中有一部分是恒生综合小型股指数的成份股，[①] 大概有 200 家，这类股票包括：联邦制药、康达环保、中国动向、慧聪网、李宁、京信通信、太平洋航运、中国龙工、中国机械工程、汇源果汁、天鸽互动、石四药集团、金隅股份、复星医药、金风科技、福寿园、丽珠医药、凤凰医疗、同仁堂科技、康臣药业、博耳电力、锦江酒店、网龙、华电福新、高阳科技、微创医疗、白云山、五龙电动车、京能清洁能源、蓝鼎国际、中国高速传动、北京首都机场、中国民航信息网络、越秀房产信托基金、博雅交互、协鑫新能源、东岳集团、金蝶国际、中国资源交通、百富环球等。

因为小型股只占市值和成交量的不到 10%，大多数很少被大型投资银行研究

---

① 可以在恒生指数公司网站上查到。

和覆盖，但中国香港有些本地中资券商会对其中一些股票提供建议。过去的情况是这类股票的股价波动一般不大，对于真正好的小市值股票，往往可能在业绩爆发时，突然被市场发现，出现一轮暴涨行情。这种股票，可能几年里都表现平平甚至下跌，这也是投资者不看好这类股票的原因。内地投资者可能更看重这类股票的题材炒作价值，但还应注意小型股也更容易演变为"老千股"（尤其是一些主业不明确的本地小型股），只有一些庄股才会时不时有些动静，但又陷阱重重，投资者很容易吃亏上当。我们在后面还会再谈到这类"有题材"的小股票。

小型股票的投资（不包括仙股，后面我们专门讨论市值在 20 亿港元以内或股价低于 1 港元的股票），对于中国内地投资者来说，首先要留意定价话语权在谁手里。换言之，大型投资银行的证券分析师是否覆盖了这只股票，投资者是否以大型投资银行的建议作为主要投资参考。如果不是这样，或者在某个时段里，是由中国内地资金掌控定价权的，比如中国内地资金大量流入港股市场，或投资者倾向以同类 A 股的估值水平作为参考，则可以按照内地的操作方式买卖交易，进行趋势投资。

鞍钢股份（00347）

鞍钢股份是央企大型钢铁集团鞍钢集团下属子公司，拥有集团全部焦化、烧结、炼铁、炼钢、轧钢等整套现代化钢铁生产工艺流程及相关配套设施，并拥有了与之配套的能源动力系统，实现了钢铁生产工艺流程的完整性、系统性。鞍钢股份以汽车板、家电板、集装箱板、造船板、管线钢、冷轧硅钢等为主导产品的精品板材基地。

鞍钢股份产品主要包括热轧板、冷轧板、镀锌板及彩涂板、中厚板、大型材、线材、无缝钢管、冷轧硅钢等钢材产品，其中汽车板、家电板、集装箱板、造船板、高速重轨等产品在国内居于主要地位，70%左右的产品质量已达国际先进水平。2017 年鞍钢股份突破民用球扁钢中具有代表性的难轧品种 26 号球扁钢试轧成功，标志着鞍钢股份已具备民用球扁钢的全品种供货能力，成为国内唯一具备民用球扁钢全品种供货能力的国有企业。同时鞍钢股份多个产品牌号通过了菲亚特克莱斯勒汽车集团全球认证，正式成为广汽菲亚特克莱斯勒汽车有限公司供应商，产品线逐步扩张。

鞍钢股份目前最小的高炉是 2580 立方米，生产设备符合大型化的要求，属于先进优势产能，不在去产能之列，鞍钢股份受益于供给侧改革及采暖季限产。

按照 46 号文规划，未来将形成 3~4 家 8000 万吨级钢企，鞍钢股份 2016 年产量排名第 4，有望成为 3~4 家 8000 万吨级钢企之一。目前，鞍钢股份产能约 4700 万吨，离 8000 万吨级尚有差距，不排除鞍钢股份通过兼并重组获得产能扩张机会。

鞍钢股份估值合理范围在 10~12 倍，目前北水占比仍较低。

马鞍山钢铁（00323）

马鞍山钢铁是中国特大型钢铁联合企业和重要的钢材生产基地。马鞍山钢铁主营业务为黑色金属冶炼及其压延加工与产品销售、钢铁产品延伸加工、矿产品采选、建筑、设计、钢结构、设备制造及安装、技术咨询及劳务服务等。马鞍山钢铁以结构调整、创新驱动为主线，以令人注目的"马钢速度"完成了总投资 400 多亿元的两轮大规模结构调整，拥有世界先进的冷热轧薄板、彩涂板、镀锌板、H 型钢、高速线材、高速棒材和车轮轮箍等生产线，长材、板带、轮轴三大系列产品全面升级换代，车轮、H 型钢、冷镦钢、管线钢等产品拥有自主知识产权和核心技术。

马鞍山钢铁特色优势钢材产品多，2016 年汽车板产量突破 200 万吨，市场占有率位于全国第四位，同时还是全国第三大 H 型钢生产企业，马鞍山钢铁拥有世界上最大的火车车轮轮箍生产线，是我国动车组车轮研发生产基地，马鞍山钢铁生产的客车车轮在国内市场占有率达 90% 以上。不论是政策意愿还是环保需求，钢铁企业此轮的盈利周期预计都将持续 3~5 年。

该股目前中国内地资金占比较低，市盈率只有 6 倍左右，在此轮盈利周期中仍有较大上涨空间。

中化化肥（00297）

中化化肥是中国最大的产供销一体化经营的综合型化肥企业，是中国化肥行业首家在香港上市的企业。中化化肥的主要业务包括化肥原材料、化肥成品的生产、进出口、分销、零售，以及与化肥相关的业务和产品的技术研发与服务。"中化"品牌是唯一在"商品"和"服务"两个领域入选"中国驰名商标"的农资品牌。中化化肥实行"以分销为龙头，向产业链上下游延伸"的发展战略，已经形成以化肥生产、采购及分销为主，上下游一体化协同发展的运营模式。

中化化肥正积极实行战略转型，从化肥供应商转型为农业化肥服务商。认为：①销售终端改革发力，稳固公司化肥分销商龙头地位；②化肥行业供给侧改革继续，行业盈利能力改善；③公司积极向农化服务提供商战略转型，顺应国内农业改革历史机遇。

该股主要受周期复苏和化肥价格影响较大，经营处于拐点。截至 2017 年底，股价基本调整到位，北水占比处于低位，未来需要有新的利好消息推动。

中国软件国际（00354）

中国软件国际是中国大型综合性软件与信息服务企业，提供从咨询、解决方案、外包服务到 IT 人才培养的"端到端"软件及信息服务，目前已经覆盖政府、制造流通、金融银行、保险证券、移动应用、电信、高科技、公用事业、能源等多个行业。中国软件国际服务遍布全球，业务覆盖包括中国内地、中国香港、美国普林斯顿、西雅图、奥斯汀、休斯顿和达拉斯、英国伦敦、爱尔兰都柏林和日本东京在内的数十个城市，服务于 100 余家跨国企业客户。目前中国软件国际提供的服务主要包括：专业服务包括咨询服务、解决方案和集成与服务三大类。中国软件国际拥有自主知识产权 SOA 中间件平台产品 Resource One（R1），该产品经过十年研发，历经四大版本，目前已具备云计算和物联网平台能力，为中国软件国际解决方案业务提供了强大的应用基础平台支撑。

在中国软件国际战略计划中，传统大客户服务、云服务和解放号业务未来收入体量将达到同一量级，共同支持公司成长。其中传统大客户业务稳定增长，中国软件国际和华为合作密切，计划通过华为的渠道，让部分华为客户同时成为公司的客户；解放号和云服务是公司未来业务重心，有望实现高速成长，未来中国软件国际计划大力推进平台需求方的发展，持续扩大平台业务量。

中国软件国际和百度达成战略合作。双方将携手推进 AI 与 IT 服务融合发展，围绕 AI 技术赋能、行业拓展、技术创新等领域展开全方位合作。在制造、能源等行业，通过引入百度知识图谱，中国软件国际可为客户提供更完善的数据管理及分析方案；在金融、交通领域，通过融合人脸识别、深度学习等技术，着力开发新一代系统。随着中国软件国际与百度合作及 AI 布局逐步深化，预计 2018 年中国软件国际来自 AI 及百度的收入将快速释放，成为新的盈利增长点。

该股的合理估值范围在 25~30 倍，北水占比较大，截至 2017 年底，接近一致预测价格水平。未来主要驱动力在于和华为、百度合作带来的成长性。

中外运航运（00368）

中外运航运是中国最大的船务公司之一，拥有并经营一支以散货船为主，并辅以集装箱船和超大型油轮的船队。中外运航运提供船舶出租服务，同时亦为大部分自由船舶提供技术管理服务，中外运航运的客户包括国内及跨国承租人、大型船舶营运商及船务公司。中外运航运与客户密切合作，为其提供全面及具成本效益的海上运输解决方案。中外运航运总部位于中国香港，身处于这有利的地位，能够以优惠价格及时获得商机及金融服务。

中外运航运迎来多重利好。①干散货运输有望带来盈利上行空间：预计2018年BDI均值约为1500点（历史均值为1900点），BDI每提升100个点位，盈利增厚约700~900万美元；此外，BDI为TCE运价的平均值，已经扣除燃油成本的影响；②集装箱运输有望实现稳定增长（亚洲区域内市场竞争格局好，需求增速高于全球平均）；③LNG运输有望提供稳定收益（预计2017~2019年分别为1200万美元、2600万美元和3000万美元）；④有望受益于招商局集团内部的整合。

截至2017年底，该股市净率不到0.6倍，调整基本到位，等待周期转好的利好消息，仍有上涨空间。

华电国际（01071）

华电国际是中国最大型的上市发电公司之一，也是中国最具竞争力的独立发电公司之一。自上市以来，本公司通过新建和收购，装机容量不断扩大，年均增长率超过15%。华电国际主要业务为建设、经营发电厂和其他与发电相关的产业。

华电国际属于比较典型的火电公司，发电量中93.52%是火力发电，88.59%的发电机组是火电，因此火电电价及煤炭成本对公司盈利有非常大的影响。按照国家发展改革委2015年发布的《关于完善煤电价格联动机制有关事项的通知》以及2016年对煤电联动的补充说明，2016年11月至2017年10月期间的煤价将作为2018年电价调整的基准。通过测算这个时间段内的中国电煤价格指数，计算出2018年电价有超过0.03元/千瓦时的上调空间，预计2018年大概率会上调电价。

截至2017年底，该股市净率不到0.6倍，调整基本到位，等待煤电联动的利好消息，仍有上涨空间。

天能动力（00819），超威动力（00951）

这两家企业是中国铅酸电池行业的龙头企业，是当地响当当的纳税大户和拉动经济的主力。两家企业80%左右的收入来源是电动自行车电池（包括电动三轮车或特殊用途电动车电池）。近年来这两家企业都在积极寻求转型，超威切入启停电池和锂电池，天能则主攻锂电池和铅回收，但目前新业务尚未达到理想规模。铅酸动力电池行业的集中度越来越高，形成超威和天能双寡头垄断的情形。2017 年末天能财务投资超威，提升了两股的估值。未来几年，铅酸电池处于较稳定状态，但利润空间受到铅价影响，供给侧改革是利好因素，估值有望提高到10 倍市盈率，两公司的新能源电池产品需要开发，股价可能出现阶段性波动。

智美体育 （01661）

智美体育是集体育互动娱乐和影视娱乐业务于一体的文化产业集团，旗下智美体育互动娱乐事业部，是中国最大的体育赛事运营商，全力打造的中国体育健康数据平台，将各类赛事、体育俱乐部、流动健身房与网上体育社区、移动体育应用、智能运动健康终端等进行关联互动，形成体育社交网络，实现真正 O2O 的融合发展模式。智美体育影视娱乐事业部，是影视制作、发行、广告服务一体化的传媒运营商。该股仍处于筑底阶段，是港股目前唯一的体育娱乐股，行业有较大发展空间，在经营重新加速之后，估值有望提升。

洛阳钼业 （03993）

洛阳钼业主要从事铜、钼、钨、钴等金属的采选、冶炼、深加工等业务。2016 年，洛阳钼业出资 41.5 亿美元收购海外铌磷和铜钴资产，实现了企业的快速扩张，成为了全球多金属矿业龙头企业。洛阳钼业钼、钨、钴、铌品种生产规模在全球名列前茅。洛阳钼业是全球排名第二，全国排名第一的钴矿供应商，产品充分受益钴价上涨，业绩增长确定性高。下游需求逐步放量，钴板块未来或将贡献巨额业绩增量。供给增量有限，三元正极材料产能大幅扩张带动钴需求爆发，全球钴供需缺口将逐步扩大，钴价未来有望继续走高。券商给出 40~50 倍估值，值得关注。

中国龙工 （03339），三一国际 （00631）

中国龙工是中国主要轮式装载机及基建机械制造商，主要业务为制造及分销轮式装载机、压路机、挖掘机、起重叉车及其他工程机器以及为工程机器提供融资租约。中国龙工经营稳健，内控能力强，2017 年的净利润将大幅提升，主要由于营业收入增长、综合毛利率有所提高及成本费用得到有效控制。2017 年主要业务全面开花，装载机保持了业内龙头地位并继续扩大优势，叉车得益于物流业的发展，挖掘部门受"行业神话再临"而满载运行。

挖掘机、汽车起重机、混凝土机械等重要品种将陆续迎来更换高峰期。挖掘机寿命较短,将率先迎来更换高峰,挖掘机有望在 2018~2019 年迎来更换高峰期;混凝土机械、汽车起重机有望在 2020~2021 年迎来更换高峰期,这使得这一轮工程机械行业的复苏持续性可能更长。中国龙工与三一国际是行业两大龙头,合理估值为 20 倍左右。

第5章 国策股

港股市场作为成熟的资本市场，在选股方面尤其注重自上而下地选定会持续两三年以上景气的行业，而其中的大中型龙头股，会得到机构投资者的青睐。我们这一章重点介绍港股中一些国内和国际投资者认同行业的中国概念股。

从图 5-1 中，我们可以看到港股中市值最大的行业板块，其中金融、资讯科技、消费品、公用事业等板块，都有不少好标的，我们再结合国策主题，从中挑选出一些值得关注的中资概念股。

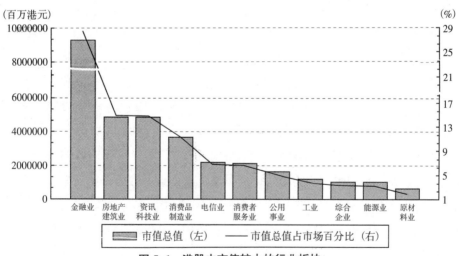

图 5-1 港股中市值较大的行业板块

5.1 "一带一路"概念股

在贯彻"一带一路"倡议过程中，央企和国企仍是主力，会出现央企和国企整合后，组建更强大的"出海"主力企业，因此上述领域会出现国有企业整合+产业输出的共振效应。投资者应该关注具有这两种机会的上市公司。在当前这个阶段，应该关注以上领域的设备出口、基础设施建造和企业整合相关的港股标的。随着"一带一路"输出的还有钢铁、资源类企业，初期特别是煤电、水电和核电，"一带一路"相关的其他股票可以关注远洋运输、港口及港口建设和运营类股票。

"一带一路"倡议对于中国经济最大的推动作用是让中国企业"走出去"，在互联互通中寻找机遇，同时扩大中国优势和过剩产业的输出。根据国务院的规划，将把装备和产能契合度高、合作愿望强烈、合作条件和基础好的发展中国家作为重点国别，并积极开拓发达国家市场，将钢铁、有色、建材、铁路、电力、石油化工、轻纺、汽车、通信、工程机械、航空航天、船舶和海洋工程等作为重点行业，分类实施，有序推进。中共十九大将"一带一路"倡议提升到了一个新高度，2018年推进节奏有望加快。

在贯彻这一倡议过程中，央企和国企仍是主力，会出现央企和国企整合后，组建更强大的"出海"主力企业，因此上述领域会出现国有企业整合+产业输出的共振效应。投资者应该关注具有这两种机会的上市公司。

商务部资料显示，2016年，中国企业对"一带一路"相关的53个国家非金融类直接投资145.3亿美元，新签对外承包工程项目合同8158份，新签合同额1260.3亿美元，同比增长36%；完成营业额759.7亿美元，同比增长9.7%。2018年"一带一路"加快推进将有望带动海外工程业务保持复苏态势，预计工程基建的海外业务占比或较目前8%有明显提升，并带动行业的整体ROE水平逐步修复。Wind一致预测，2018年工程基建行业ROE或升至13%，意味着该行业未来有望获得更高的市场估值。

在当前这个阶段，应该关注以上领域的设备出口、基础设施建设和企业整合相关的港股标的。如三一国际（00631）、中联重科（01157）、中车时代电气（03898）、中国机械工程（01829）、中集集团（02039）、中集安瑞科（03899）、中国建筑（03311）、中国交通建设（01800）、中国中冶（01618）、中国中车、中国中铁（00390）、中国铁建（01186）、中航科工（02357）、中国通讯服务（00552）、中国光纤（03777）等。

随着"一带一路"输出的还有钢铁、资源类企业，初期特别是煤电、水电和核电，这类股票可关注马钢（01618）、中广核（01816）、东方电气（01072）、上海电气（02727）、哈尔滨电气（01133）、重庆机电（02722）、华电国际（01700）、中国电力（02380）、中国神华（01088）等。

"一带一路"相关的其他股票可以关注远洋运输和港口及港口建设和运营类股票：中海发展（01138）、中海集运（02866）、中外运（00368）、中国远洋（01919）、招商局国际（00144）、中远太平洋（01199）、大连港（02880）、天津港发展（03382）①、厦门港务（03378）等。

下面我们看看其中部分股票的基本面和表现。

中国机械工程（01829）

中国机械工程是中国第一家大型工贸企业，是中国机械工业集团控股的附属公司。中国机械工程主要专注于EPC项目，特别专长于电力能源行业，能够提供一站式定制及综合工程承包方案及服务。中国机械工程也从事贸易业务及其他业务。

国际工程承包业务：中国机械工程在国际工程承包业务方面拥有逾30年经验，能够为项目业主提供管理及实施工程承包项目的一站式定制及综合交钥匙方案及服务，尤其是对于发展中国家，并已在超过48个国家承接工程承包项目，主要于亚洲、非洲、欧洲及南美洲。中国机械工程也从事非核心行业，如供水及水处理项目、房屋及建筑项目、制造和加工工厂项目以及采矿和资源开采项目。这部分业务约占总收入的60%。

贸易业务：中国机械工程通过覆盖已超过150个国家及地区的销售及营销网络进行贸易业务。销售及市场营销网络是通过涉及向此等国家及地区出口和自此等国家及地区进口产品及服务的多年国际工程承包及贸易经验及业务交易而建立。这部分约占总收入的1/3。

收购中国电力工程有限公司有望扩大公司在全球市场的覆盖范围和竞争力。中国机械工程海外业务主要分布在中非、西非、东南亚和南亚等地区，其中部分区域可以对公司的海外市场覆盖形成有力的补充。此外，中国机械工程在工程设

---

① 同时关注在中国香港上市的该公司第2大股东天津发展（00882），不仅会和天津港呼应联动，该股还具有天津地方国企改革概念。

计咨询、工程监理和后期的运营、维护等领域均积累了丰富的项目经验，实力雄厚，此次收购有望进一步完善中国机械工程项目全周期的服务能力。

该股经过 2017 年调整已经基本到位，其合理估值区间为 9~13 倍。

股价催化因素：北水占比上升（2017 年底占比低）；国企改革资产注入，并购，"一带一路"政策利好等。

中国交通建设（01800）

中国交通建设是全球领先的特大型基础设施综合服务商，主要从事交通基础设施的投资建设运营、装备制造、房地产及城市综合开发等，为客户提供投资融资、咨询规划、设计建造、管理运营一揽子解决方案和一体化服务。目前，中国交通建设是目前世界上最大的港口设计建设公司、世界最大的公路与桥梁设计建设公司、世界最大的疏浚公司、世界最大的集装箱起重机制造公司、世界最大的海上石油钻井平台设计公司；是中国最大的国际工程承包公司、中国最大的设计公司、中国最大的高速公路投资商；拥有中国最大的民用船队。中国交通建设在"一带一路"沿线国家修建了 10320 公里的公路、95 个深水码头、10 座机场、152 座大桥以及 2080 公里的铁路。港珠澳大桥的成功将显著提升公司在海底隧道领域的竞争力。港珠澳大桥岛隧工程是世界难度最大的工程之一，而中国交通建设承担了港珠澳大桥整体 90% 的设计和 70% 的施工份额，在建设过程中积累了丰富的施工经验且研发了大量的先进技术，显著提升了公司在海底隧道领域的竞争力，对未来总投资 446 亿元的深中通道、总投资 1500 亿元的琼州海峡跨海隧道、总投资 2600 亿元的渤海湾跨海隧道等项目的竞标将起到有力的推动作用。

该股经过 2017 年调整已经基本到位，其合理估值区间为 9~11 倍。

股价催化因素：北水占比上升（2017 年底占比仍低）；"一带一路"倡议政策利好等。

中国中冶（01618）

中国冶金科工集团有限公司（简称中冶集团）是国务院国资委监管的特大型企业集团，是新中国最早一支钢铁工业建设力量，是全球最大最强的冶金建设承包商和冶金企业运营服务商，国家确定的重点资源类企业之一，国内产能最大的钢结构生产企业，是国务院国资委首批确定的以房地产开发为主业的 16 家中央企业之一。

中国中冶持续加大在市政基础设施、高端房建、成片区开发、高速公路、轨道交通、民用机场等非冶金领域的市场开拓力度，尤其是轨道交通市政方面。未来公司将继续转型非冶金业务，在基建领域保持竞争优势。

工程承包业务积极转型，新兴产业强化领跑优势。中国中冶定位"基本建设主力军、新兴产业领跑者"，积极参与新兴产业业务承包。在城市地下综合管廊领域，公司 2017 年相继中标郑州、昆明、孝感等一批重大综合管廊项目，持续打造"中冶管廊"品牌。在特色主题工程领域，中国中冶是国内唯一拥有主题公园设计施工资质的企业，目前已完成了新加坡圣淘沙环球影城、广东珠海长隆海洋世界、上海迪士尼度假区探险岛等主题项目的建设。在海绵城市领域，公司依托全产业链优势，2017 年中标云南省玉溪大河下游黑臭水体治理及海绵工程 EPC 总承包及贵安新区海绵城市试点两湖一河 PPP 项目。同时中国中冶积极涉足美丽乡村、智慧城市、水环境治理和康养领域，这些新兴产业领域的业务将持续优化公司产品结构，或将成为新的业绩增长极。

该股经过 2017 年调整已经基本到位，其合理估值区间为 8~10 倍。

股价催化因素：北水占比上升（2017 年底占比仍低）、转型市场拓展利好消息等。

中国中车（01766）

中国中车是全球规模最大、品种最全、技术领先的轨道交通装备供应商。中国中车在马来西亚、土耳其、印度、美国等一些国家都设有企业。以马来西亚为例，马来西亚这几年的订单源源不断，最近三年以来，中国中车共收到马来西亚近 100 亿元的订单。另外，由于马来西亚原先没有自己的装备制造企业，马来西亚中车也是东盟区第一家轨道交通装备的制造企业。

看好未来三年国铁/城轨景气及"一带一路"拓展。中国铁路总公司明确 2018 年全国铁路固定资产投资安排 7320 亿元；投产新线 4000 公里，相较于 2017 年初时规划 2100 公里大增超九成，远超市场预期。预计国铁增速 2018 年将开始实现反转，同时城轨景气度也将延续至 2020 年。每股净利润除外，预计公司受益于中老铁路、中泰铁路等"一带一路"每股净资产项目的推进，海外长期成长空间有望打开。

该股经过 2017 年股价基本到达合理价位，其合理估值区间为 12~15 倍。

股价催化因素：国铁招标、城轨建设进度、海外工程进度等。

中国中铁 （00390）

中国中铁是集勘察设计、施工安装、工业制造、房地产开发、资源矿产、金融投资和其他业务于一体的特大型企业集团。作为全球最大建筑工程承包商之一，中国中铁连续 11 年进入世界企业 500 强，2016 年在《财富》世界 500 强企业排名第 57 位。中国中铁具有中国国家住房和城乡建设部批准的铁路工程施工总承包特级资质、公路工程施工总承包一级资质、市政公用工程施工总承包一级资质以及桥梁工程、隧道工程、公路路基、路面工程专业承包一级资质，城市轨道交通工程专业承包资质。中国中铁业务范围涵盖了几乎所有基本建设领域，包括铁路、公路、市政、房建、城市轨道交通、水利水电、机场、港口、码头，等等，能够提供建筑业"纵向一体化"的一揽子交钥匙服务。

中国中铁改制完成后，资产质量和运营效率有望持续提升，后续混改等国改政策措施具备了先决条件。公司作为央企建筑龙头，不断深耕 PPP 及"一带一路"市场，在中泰铁路项目打开海外高铁市场，以及国内城市轨交建设进入高峰期的推动下，业绩成长动力十足。公司目前在手订单充沛，订单增速持续维持在高位，未来业绩成长有保障。考虑到国内轨交行业爆发叠加 PPP 建设热潮，"一带一路"下中国中铁加大海外业务布局前景广阔，看好中国中铁基建等业务的稳定增长。

该股经过 2017 年股价基本到达合理价位，其合理估值区间为 10 倍左右。

股价催化因素：北水占比仍有提升空间、央企混改、国家铁路建设进度、海外工程进度等。

中国铁建 （01186）

中国铁建是中国乃至全球最具实力、最具规模的特大型综合建设集团之一，2016 年《财富》世界 500 强企业排名第 62 位、2015 年度"全球 250 家最大承包商"排名第 3 位。中国铁建业务涵盖工程承包、勘察设计咨询、工业制造、房地产开发、物流与物资贸易及其他业务。经营范围遍及除中国台湾以外的全国 31 个省（市）、自治区、直辖市和中国香港、中国澳门以及世界近 100 个国家和地区。中国铁建是已经从以施工承包为主发展成为具有科研、规划、勘察、设计、施工、监理、维护、运营和投融资的完善的行业产业链，具备了为业主提供一站式综合服务的能力。在高原铁路、高速铁路、高速公路、桥梁、隧道和城市轨道交通工程设计及建设领域确立了行业领导地位。

中国铁建作为央企基建领域龙头企业，PPP 项目落地加速，在手订单充足，非工程承包板块高速增长，海外业务持续发力。该股合理估值区间为 10 倍左右。

股价催化因素：北水占比上升（2017 年底绝对值仍低）、央企混改、"一带一路"倡议政策利好等。

中国建筑国际（03311）

中国建筑国际是由中国海外集团公司控股，从事建筑业务，采用纵向综合业务模式的建筑企业，主要从事楼宇建筑及土木工程，同时包括地基工程、地盘勘测、机电工程、高速公路及桥梁工程、混凝土生产、混凝土预制件等周边业务。中国建筑国际是中国香港大型建筑商之一，持有五个由工务局发出的最高等级的 C 牌建造执照，可竞投标额不受限制的公共楼宇建筑、海港工程、道路与渠务、地盘开拓及水务工程。中国建筑国际也被纳入第二组打桩类别专业承建商名册，是中国香港房屋委员会最大 NW2 承建商之一。中国建筑国际积极介入国内 PPP 和安居房建设，其母企强大的支持被市场看好。

该股经过 2017 年调整已经基本到位，其合理估值区间为 11~13 倍。

股价催化因素：北水占比上升（2017 年底占比虽上升但绝对值仍低）；国内市场拓展，"一带一路"政策利好等。

中广核电力（01816）

中广核电力是目前全球唯一单一经营核电的上市公司。中广核电力是中国广核集团有限公司（以下简称"中广核"）核电发展的唯一平台，业务包括：运营及管理核电站，销售该等核电站所发电力，管理及监督核电站的工程建设。

中广核电力目前有 20 个在运营机组和 8 个在建机组，预计阳江 5 号机组和台山 2 号机组将在 2018 年投入商运，总装机量约为 2.8 十亿瓦特。预计 2019 年阳江 6 号机组投入运营，总装机容量约为 1.1 十亿瓦特。陆丰核电站初始准备工作已基本完成，政府恢复核电项目批复后，陆丰核电站大概率成功获批。

2017 年印发的《"十三五"核工业发展规划》《"十三五"核能开发科研规划》也再次提出了到 2020 年我国核电运行和在建装机容量达到 8800 万千瓦的目标。

截至 2017 年 8 月，我国在运核电机组 37 台，并网容量 3572 万千瓦，正在建设的核电机组 19 台，在建总装机容量约 2214 万千瓦，已商业运行和在建的总装机容量共计 5786 万千瓦，与《"十三五"核工业发展规划》中提到 8800 万千瓦目前仍有 3014 万千瓦的缺口。假设以每台核电机组 100 万千瓦计算，预计未来

3 年仍需要新开工 30 台核电机组才能达到目标，叠加我国新开工核电机组国产化率的提升，以及接手更多海外的核电项目，2017~2020 年有望成为我国核电材料和设备等企业的黄金发展期。在中国核电以"华龙一号"为主要载体，借助"一带一路"倡议，实现对外输出，同时又是煤电停建、缓建，以及没有大型水电投产的空窗期，再叠加 AP1000、"华龙一号"、CAP1400 等三代核电技术在国内示范项目落地等情况来看，2018 年、2019 年两年或将是核电实现突破的关键时期。

该股经过 2017 年调整已经基本到位，其合理估值区间为 11~13 倍。

股价催化因素：核电加速、新项目投入运行等。

中集安瑞科（03899）

中集安瑞科是中国顶尖专用燃气装备制造商之一，并且为国内燃气能源业的集成业务供货商。中集安瑞科主要从事于能源、化工及流体食品行业的各式运输、储存及加工设备的设计、开发、制造、工程及销售，并提供有关技术检测保养服务。中集安瑞科在河北石家庄、廊坊，安徽蚌埠，湖北荆门，江苏南通、张家港，荷兰 Emmen、Sneek，丹麦 Randers 及比利时 Menen 等多个城市拥有制造基地，建有一流的压力容器、罐式集装箱、液态食品生产储运及化工装备产品生产线，拥有功能齐全的研发中心，营销网络遍布全球。公司依托能源、食品和化工产业链，积极开拓海内外市场，致力于行业装备的现代化，经过多年来迅猛发展，已成为业内具有领先地位的集成业务服务商和关键设备制造商。

国家发展改革委连同 12 个政府机关于 2017 年 6 月发布了《加快推进天然气利用的意见》并指出，到 2020 年天然气在一次能源消费结构中所占比例将提高至 10% 左右，因此天然气产业未来发展空间巨大，预计 2015~2020 年天然气消费量的年均复合增速达到 15%，原油价格预测上涨，更加凸显天然气的经济性。市场看好天然气设备，以及中集安瑞科的长期前景。

该股经过 2017 年已经基本到位，受惠于年末天然气需求大增，股价上涨已经略超过一致预期价格，其合理估值区间为 15~20 倍。

股价催化因素：北水占比上升（目前仍处于相对低位）、天然气需求持续上升等。

中联重科（01157）

中联重科主导产品覆盖十大类别、73 个产品系列，1000 多个品种，工程机械、环卫机械均位居国内第一，农业机械位居国内前三。公司积极推进战略转型，打造集工程机械、环境产业、农业机械和金融服务多位一体的高端装备制造企业。

中联重科工程机械包括混凝土机械、起重机械、土方施工机械、基础施工机械、筑养路设备和叉车等，主要为基础设施及房地产建设服务；农业机械包括耕作机械、收获机械、烘干机械、农业机具等，主要为农业生产提供育种、整地、播种、田间管理、收割、烘干储存等生产全过程服务。

在工程机械领域，随着我国继续加大对重大项目、农村公共设施建设的投入以及"一带一路"项目启动，加上存量设备进入更新迭代高峰期，工程机械行业将持续回暖。同时，在农机领域，随着农业供给侧结构性改革的深入推进和农村土地流转的加快，农业全程机械化水平将进一步提高，带动农机行业规模的持续提升。中联重科一直以来都是工程机械和农用机械领域的龙头企业，前几年由于宏观经济影响，行业下滑明显，未来在经济增速换挡、行业复苏明朗的形势下，中联重科集中精力布局工程机械和农业领域，将进一步巩固公司的龙头地位，在行业增长中取得明显增长。

该股经过 2017 年扭亏，经过资产盘活和员工激励，股价重拾升势，已经基本到位，其合理估值区间为 15~20 倍。

股价催化因素：行业加速回暖、农机业务上升等。

招商局港口（00144）

招商局港口主要从事港口业务、保税物流及冷链业务、物业开发及投资。公司核心业务为从事内地、香港及海外的港口与相关业务，经过多年发展，招商局港口现已成为中国最大以至世界领先的公共码头运营商，招商局集团已经在全球 20 个国家和地区拥有 51 个港口，招商局港口所投资的海外港口均为门户港和枢纽港。未来 10 年，尤其是"十三五"期间，招商局港口将着眼于"大港口+大物流综合服务体系"的综合港口生态圈建设，目标定位于"世界一流的港口综合服务商"。

在海外，招商局港口以"巩固亚洲、完善非洲、拓展欧洲、突破美洲"为发展战略，把握"一带一路"机遇，在全球各个区域寻找潜在投资机会。从 2008 年开始实施海外拓展战略，2017 年收购巴西巴拉那瓜港口营运商 TCP90% 的股权，TCP 为巴西第二大集装箱码头，将业务拓展至拉丁美洲地区。2017 年斯里兰卡政府正式把斯里兰卡南部的汉班托塔港的资产和经营管理权移交给招商局集团。一些港口虽然扼守要道，但其本身的发展受限于所处国家的经济环境，部分基础设施等条件处于相对落后阶段，招商局港口接盘后需要较大的前期投入。还有一大难点在于集疏运体系，尤其是在一些基础设施相对落后的国家和地区。招商局集团提出"前港—中区—后城"核心商业模式，并积极将蛇口的成功经验复制到海外的项目上。在港口正式纳入招商局港口的运营管理体系，建设临港物流园区、工业园区和城市建设。

全球贸易回暖叠加"一带一路"，招商局港口迎来黄金发展期。国际贸易总量有望维持增长态势，未来三年增速仍将保持稳步提升。"一带一路"倡议推动港口行业焕发新的活力，随着"21世纪海上丝绸之路"沿线投资契机的不断增加，全球码头运营商纷纷扩大港口网络布局。在此大背景下，招商局港口迎来黄金发展期。

该股2017年调整已基本到达目标价位，其合理估值区间为10~15倍。

股价催化因素：北水占比处于低位、国际贸易回暖、并购整合、"一带一路"进展等。

中远海控 （01919）

中远海控原名中国远洋，曾是一家闻名于A股市场的航运业亏损公司。中远海控经过重组之后，中远海控定位为集装箱全球服务集群上市平台，除保留原有集装箱业务，还注入并经营中海集运的全部集装箱船舶和集装箱，并收购后者的网络资产。公司致力于成为"世界第一梯队集装箱运输和码头投资经营服务供应商"，目前拥有：①中远海运集装箱运输有限公司100%权益；②中远海运港口有限公司约43.92%权益。公司是以集装箱航运、码头业务为核心的企业，截至2016年6月底，通过"中远海运集运"控制自营集装箱船舶304艘，运力达161万标准箱，集装箱船队经营规模位居世界第四；中远海控共经营国际、国内航线330条，其中：国际航线207条（含国际支线）、国内航线36条及长江、珠江航线87条，船队挂靠全球76个国家和地区的242个港口，通过遍布全球的营销和服务网络，为客户提供优质的"门到门"服务。通过中远海运港口有限公司经营码头业务，在全球21个港口经营集装箱泊位达123个，年处理能力达6575万标准箱，以总吞吐量计算，占全球市场份额约11.6%，位居世界第二。

2017年全球经济回暖，带动集装箱货运需求走出低谷，运力供给增速有所放缓，市场运价同比上升明显，且波动趋稳。公司把握市场回暖机遇，持续推动深化改革，强化提质增效，协同效应日益显现，各项经营指标同比大幅改善，实现扭亏为盈。集装箱航运市场回暖，在市场企稳向好和改革重组成效的双重利好作用下，中远海控的整体经营状况保持良好态势。2017 年收购东方海外之后，中远海控集装箱船队运力规模飞跃式上升，跻身全球前三。

从中远海控 2017 年集运业务预测业务量及业务收入来看，海外业务运输量约占总运输量的 71%，海外业务收入约占总收入的 84% 以上；其中跨太平洋航线上，运输量占总运输量的 15.7%，收入占总收入的 28.5%。

BDI 指数其实已走出了底部区域，创下四年新高更是信号之一，其中虽有传统四季度的旺季因素推动，根据期货研究人士分析，（最近）BDI 指数的走势更多反映全球经济复苏加快，国际贸易活动增强，BDI 周期性上涨或者复苏的大趋势一般会维持 1 年半到 3 年左右。2018 年若全球经济保持稳定，全球贸易势必进一步向好，若要赌 BDI、CCFI 指数的上涨，集运行业内量价双受益的最大者非中远海控（1919.HK）莫属。

该股 2017 年调整已经基本到达目标价位，其合理估值区间为 10~15 倍。

股价催化因素：国际贸易回暖、并购整合、"一带一路"进展等。

中海油田服务（02883）

中海油田服务是中国近海最具规模的油田服务供应商，也是亚洲地区功能最全、服务链最完整、最具综合性的海上油田服务公司。中海油田服务的业务涉及石油及天然气勘探、开发及生产的各个阶段，主要分为钻井服务、油田技术服务、船舶服务、物探勘察服务四大板块。

受 OPEC 限产及全球经济复苏影响，原油供需再平衡可期，油价有望企稳回升。一方面，OPEC 减产协议执行率高，2017 年初至今各国总计减产 180 万桶/年，且大概率会延长协议执行期限，原油供给有望得到进一步收缩；另一方面，IMF 预计 2018 年全球 GDP 增速将上行至 3.7%，远超 2016 年的 3.21%，全球经济的复苏有望推动原油需求的增长；近期 ICE 石油持续上涨至 60 美元/桶左右，创 2016 年 1 月以来的新高，反映行业供需关系正在发生积极改变。与此同时，油价的企稳回升也推动了石油企业资本开支预算，在行业复苏及公司挖潜的双重驱动下，公司实现扭亏为盈。

中海油田服务战略性提出了"双 50%"的奋斗目标，即中长期实现技术板块和大型装备板块各贡献收入 50%；实现国内和海外各贡献收入 50%。技术板块方面，公司不断研究和推广低渗和稠油等高难度开发解决方案，增强公司在低油价水平下的市场竞争力，实现技术增值；海外方面，中海油田服务现有 5 座钻井平台在挪威北海、墨西哥、印度尼西亚等国际地区作业，占平台总数的 11.4%，2017 年上半年海外营收占比达到 26.77%，"双 50%"战略有望对冲依赖重资产装备和中海油单一客户的风险，公司未来发展将更加稳健。

该股 2017 年已经基本到达目标价位，其合理估值区间为 10~13 倍。

股价催化因素：油价上涨、国际经济回暖、"一带一路"进展等。

中石化油服（01033）

中石化油服是中国石化集团公司控股的中国最大的石油工程和油田技术综合服务提供商之一，也是国内最早的海洋油气勘探工程及技术服务提供商。中石化油服提供涵盖油气田勘探开发生命周期全程的综合一体化全产业链服务，业务范围主要包括地球物理、钻完井、测录井、井下特种作业、工程建设、油田综合服务及海洋石油工程等。中石化油服包括国际石油工程公司、地球物理公司、石油工程建设公司及海洋石油工程公司 4 家专业公司，胜利、中原、江汉、西南、华北、华东 6 家地区公司。

油服行业历经三年低迷，2017 年开始弱复苏。根据伍德麦肯兹预计，2017年全球上游油气勘探开发总投资将出现 2014 年以来的首次上涨，投资总额将达到逾 4500 亿美元，较 2016 年上涨 3%~5%。陆地复苏领先于海洋，北美领先于全球其余地区。龙头公司基本面开始逐步恢复。油服行业传导逻辑：油价上涨—油服公司资本支出提升—油服公司拿到订单—业绩提升，业绩滞后于油价一至两年，但股价表现一般会先于业绩改善。一方面由于 2018 年油价中枢有望提升5~10 美元，OPEC 减产带动全球库存下降，原油市场再平衡以及油价上涨的确定性相对于 2017 年更强，大概率全球 2018 年资本支出将明显高于 2017 年；另一方面虽然前期油服公司业绩好转，但 2017 年全年股价基本单边下跌，目前油服行业处于估值/股价底部。

该股 2017 年已经基本到达目标价位，具有扭亏和业绩拐点机会。

股价催化因素：油价上涨、AH 股增发、重组等。

5.2 人口政策与消费升级

新生人口红利可以持续到 2020 年左右。这一集中生育浪潮将带动妇女婴儿中高端产品需求。除了妇女儿童，从青年到老年，都存在明显的消费升级需求。中共十九大报告指出，现阶段我国社会的主要矛盾就是人民日益增长的美好生活需要和不平衡不充分的发展之间的矛盾，这与近几年出国消费和跨境电商快速增长，以及供给侧改革都有直接联系。在投资上，我们也可以遵循这一主线，从对消费品和服务的种类入手，确定消费升级领域，再从产业链角度锁定相应的龙头上市公司。在消费升级过程中，城镇化会推动中高档耐用消费品的普及，而一二线城市则会追求非耐用消费品升级，奢侈品将有巨大发展空间。

中国人口政策放宽"全面二孩"之后，从 2016 年起，约有 1 亿人可能生育第二胎，这种新生人口红利可以持续到 2020 年左右。这一集中生育浪潮将带动妇女婴儿中高端产品需求。据观察，首先响应国家号召生育的妇女，很多岁数较大，属于急于赶在绝经前生育的人。这部分育龄妇女大多数有良好的家庭财富积累和财力支持，消费需求和消费标准较高。这就确保了中高端妇婴消费品和服务的需求将在这段时间出现高峰。

好孩子国际（01086）

好孩子国际是一家总部位于中国的国际儿童耐用品有限公司，主要从事婴儿推车、儿童汽车安全座、自行车、三轮车、电动车、婴儿床和其他儿童耐用品的研究、开发、生产、营销和销售。好孩子是中国最著名的耐用儿童用品品牌，品牌知名度和市场份额遥遥领先于竞争对手。

好孩子国际也是全球最大的婴儿推车供应商，作为全球最大的婴儿推车供应商，其产品销往 70 个国家和地区，好孩子在中国销售额市占率达到 41%，在北美市占率为 34.2%，在欧洲市占率为 24.2%，均连续多年排名第一。2017 年"双11"，仅好孩子童车销售额就突破 3.5 亿元，排在童车第 1 位和热销母婴用品第 5 位。

2017 年好孩子国际以合理价格收购大股东持有的好孩子中国，该业务包含：①母婴护理用品/服装产品的开发、品牌管理和分销（好孩子/小龙哈彼/FamilybyGB）；②线上/线下领先的孕婴童产品的全渠道零售销售平台（以非耐用品为主）。自有平台网络 haohaizi.com、6 家第三方线上平台、4 家线上主要账户零售平台、182 家第三方零售商以及 977 家线下自营店，覆盖 148 个城市，2016 年实现收入 20 亿元（估测耐用品和非耐用品收入各占 10 亿元），净利润 1 亿元。

中国非耐用孕婴童产品市场规模远大于耐用品，且非耐用品未来 5 年复合增长率 15.3%，快于耐用品 14%的复合增长率。根据弗若斯特沙利文，按 2016 年销售额算，此次收购后，好孩子国际在国内孕婴童产品专业零售商中排前五，在线上孕婴童产品专业零售商中排前三。

该股合理估值为 30~35 倍。

股价催化因素：纳入港股通[①] 带来的北水关注、注入资产的并表、国际品牌业绩改善、人民币汇率升值等。

和美医疗 （01509）

和美医疗是中国最大的专业私立妇产科医疗集团，和美医疗主要通过向在集团医院寻求医疗保健及相关服务的患者提供妇产科及其他医疗保健服务创造收益。和美医疗的医院是营利性私立妇产科专科医院，专业提供医疗诊断与治疗及妇女与新生儿保健服务。和美医疗在逐步寻求转型，加快推进具备条件的医院进行升级改造，使其尽早地转向高端产科。

和美医疗 2015 年上市，和美医疗原定计划将动用全球营业所得款项的 60%在厦门、郑州、南京、杭州及苏州开设新的医院，现在已经拥有 12 家医院，随着新医院的落地和床位数的增加，转型整合后会对和美医疗带来积极的影响。2017 年经营业绩未达到预期，主要是因为部分地区的市场需求波动，而和美医疗短期应对措施缺乏针对性，部分医院收入下滑，导致公司毛利较 2016 年同期下降 8.1%。另外，当期新建医院及并购项目导致行政费用较 2016 年同期有所增加，导致集团经营利润大幅下降；因美元及港元对人民币的汇率贬值，导致和美医疗大额汇兑损失。

[①] 港股通跟随恒指的变动而调整。每年恒指分别在 3 月和 9 月进入检查期，6 个月后在 2 月和 8 月公布调入、调出和市值变动的股票。

和美医疗除了专注在高端妇儿专科连锁医院上之外，还通过并购包括产后康复、医美、辅助生殖这些上下游，扩展和美医疗的产业链，最终形成产业合力。之前和复旦合作搭建辅助生殖器诊疗服务的平台，就是和美医疗开启并购的一步，这次对北京华府的收购又进一步增加和美医疗的竞争力，新医院的落地和整合，将给和美医疗带来业务转机。

该股合理估值为 30~35 倍。

股价催化因素：转型进展和管理水平提升、协同效应和新医院的成熟等。

H&H 国际控股（01112）

H&H 国际控股（原合生元国际控股）创建于 1999 年，并于 2010 年登陆中国香港联交所主板上市。H&H 国际控股早期主打"益生菌"（一类对宿主有益的活性微生物，被用来膳食补充）业务，2008 年 H&H 国际控股进入婴幼儿配方奶粉行业，2015 年 H&H 国际控股通过收购控股了澳大利亚 VHMS（Vitamins，Herbs，Minerals & Supplements，即维生素、草本、矿物质和膳食补充剂）公司 Swisse，将业务拓展到成人营养护理。目前 H&H 国际控股的业务分为 BNC（Baby Nutrition & Care）和 ANC（Adult Nutrition & Care）两大类。

H&H 国际控股的 BNC 业务包括婴幼儿配方奶粉、益生菌和婴幼儿用品等业务。其中婴幼儿配方奶粉和益生菌业务占比较大。婴幼儿奶粉配方注册制的实施结构性利好合生元等国产品牌。退出市场的体量小的杂牌主要集中于低线城市，对国产高端奶粉认可度高，这些地方的渠道是海外巨头短期无法渗透的市场。在低线城市布局多年且走精准营销做大单品策略的合生元将会显著受益。H&H 国际控股的素加、合生元和 Healthy Times 分别定位中端、中高端和高端超高端。其中 HT 是中国较为稀缺的有机产品，市场需求高，渗透率低，毛利率高；H&H 国际控股的渠道集中在低线城市的母婴店，增速较高。

H&H 国际控股的 ANC 业务为 2015 年第四季度收购控股并表的 Swisse 业务。Swisse 是澳大利亚市场份额第一的 VHMS 品牌，主要产品为复合维生素、功效保健品等。Swisse 的销售结构分为确认在澳大利亚当地销售（包含出售给当地人和通过代购途径回流中国的中国被动销售）、确认在中国的主动销售（跨境电商和一般贸易）和其他海外地区销售。中国被动销售难以精确统计，据估算最终流向中国消费者的收入比例约为 Swisse 总收入的 50%。Swisse 的销售呈现一定的周期特征。澳大利亚保健品销售的两个高峰期在 6 月底和 12 月底的圣诞促销。2016 年 4 月跨境电商新政出台，几次延期至 2018 年底，对 H&H 国际控股的影响主要在产品 SKU 上。目前跨境电商保税模式的保健品按个人物品监管，2018 年底过渡期结束，如果过渡期不延期，那么 H&H 国际控股将无法通过跨境电商保税模式销售原有未注册 SKU。

该股合理估值区间为 25~30 倍。

股价催化因素：政策变化（婴幼儿配方奶粉，海淘政策），行业拐点，行业竞争等。

除了妇女儿童，从青年到老年，都存在明显的消费升级需求。在投资上，H&H 国际控股遵循这一主线，从对消费品和服务的种类入手，确定消费升级领域，再从产业链角度锁定相应的龙头上市公司。

家用电器和家具用品的大量需求在三四线城市和农村。因城施策进一步促进三四线城市地产去库存，农民工回流和农民进城，都能带动家用电器需求增长。家电渠道龙头加快农村电商市场布局，农村家电市场正呈现爆发式增长态势。我国家具人均消费基数低、成长性高，随着人均居住条件的改善、居民可支配收入的提高以及消费理念的变化，未来市场增长空间广阔。

海尔电器（01169）

海尔电器主要业务包括洗衣机、热水器、渠道服务、物流业务。海尔电器还大力发展以日日顺为品牌的渠道综合服务业务，从事多元化品牌家电和其他家居产品的渠道综合服务业务。渠道综合服务业务整合虚网、营销网、物流网、服务网四网优势，通过虚实融合战略，为全中国的用户提供全流程一体化良好的交互和配送体验。

在中国市场增速放缓、原材料成本上升的情况下，海尔电器 2017 年中国区的整体收入同比增长了 25%，远超行业水平；实现产品均价、市场份额的双增长，大家电的份额同比上升 1.2%~15.8%。海尔电器经营海尔中国区的洗衣机、热水器业务，以及通过日日顺经销海尔品牌的所有家电产品。

受益于家电消费升级，2017 年洗衣机零售均价强劲增长 11%，并有望延续。驱动力主要来自于滚筒替代波轮，以及带烘干功能的洗衣机渗透率快速提升。中国洗衣机零售均价低于全球平均水平的 27%，未来有望翻倍。得益于卡萨帝系列持续十年的投入，洗衣机产品竞争力引领市场，未来会继续挤占外资品牌市场份额。2017 年海尔洗衣机零售额线下、线上分别占比为 30%、28%，和美的系形成双寡头垄断格局。

海尔电器的渠道综合服务和物流业务收入占主营收入的 90%。日日顺物流是中国领先的大件商品电商物流供应商，并在探索家具物流、冷链物流。未来有望独立上市。

该股合理估值为 16~25 倍。

股价催化因素：北水占比提升、物流分拆上市，与青岛海尔的家电业务整合等。

国美零售（00493）

国美零售主要业务是在中国各指定城市经营及管理电器、电子消费品零售门店及电子产品在线销售网络。2017 年，国美零售提出将由"电器零售商"转变成以"家"为主导的方案服务商和提供商，借助"供应链""新场景""后服务"的强大支撑不断升级新零售战略，并更名为国美零售控股有限公司。国美零售深耕行业 30 年，已搭建起"门店＋国美在线/亚马逊/飞牛网 PC/移动端＋10 万微店"的流量入口，发力全渠道家庭生活系统解决方案提供商。

国美零售门店经过调整后数量近 1600 家，覆盖全国 424 个城市，是国内门店规模最大的电器零售商。国美零售依托家电零售的主业优势，业务范围逐渐向包括家电、家装、家居和家服务的家庭解决方案拓展，从而由 1.5 万亿元的家电市场进入市场容量达 10 万亿元的家庭服务市场，不仅将带来全新的收入来源，还将作为重要的流量入口为家电业务导入大量客流量。

国美零售持续提高门店经营效率，打造场景化运营模式以吸引更多的客流量，刺激顾客购买欲望，将流量转化为购买力。国美零售打造多元化娱乐休闲式卖场，包括电竞馆、VR 体验馆、动漫馆和烘焙教室等形式，前端门店差异化产品占比达 47%，认为丰富的个性化产品与良好的用户体验有助于客流量向成交量的有效转化。同时国美零售继续发展高毛利的家电后服务市场，延长产业链条，形成销售、安装、清洗、维修和回收的服务闭环，满足客户家修刚需，增强客户黏性，有效建立客户强链接。国美零售管家用户数已达 2000 万，覆盖了全国 29 个省份、476 个城市以及 2712 个区县。

在物流方面，国美零售配合家电运输的特点，主要采取大件中心仓的布局模式，全国约 300 个区域仓贴近"最后一公里"，而苏宁和京东则采取少量中心仓辐射全国的方式。国美零售大件中心仓的布局模式，具有中转次数低、运输距离短、单位成本低的优势，国美零售物流费用占销售费用的 1%~1.5%。国美零售将运输干线和支线结合，实现区域仓储共享，地级市、县区级、乡镇级物流覆盖率分别达 95.5%、91%和71%，有助于渠道下沉。目前已完成线上线下系统的打通，认为线上线下库存共享将有利于国美零售库存周转效率的提升，降低库存管理成本。

未来国美零售将聚焦"家庭"提供全渠道解决方案：①丰富商品及场景，如娱乐休闲、跨境进口、家装家居、定制商品、整体解决方案等；②优化服务，如送装一体、售后服务、智慧物联等；③开拓新市场，目标 2017~2019 年在四五线城市开设 2000 家 O2O 模式小店。

该股合理估值为 16~25 倍。

股价催化因素：北水占比提升、物流分拆上市、转型进度、黄光裕出山等。

TCL 多媒体（01070）

TCL 多媒体是全球最大的电视机生产及分销企业之一，其产品销售遍及全球各市场。TCL 多媒体主要从事生产及销售彩色电视机，以及买卖相关零件与生产及销售影音产品。TCL 多媒体总部设在中国，运营机构遍布全球各地，凭借在精品、AI 及海外的正面出击，TCL 电视 2017 年取得了总销量达 2377 万台的佳绩。其中，智能网络电视销量 1512.7 万台，同比增长 34.8%；LCD 电视产品销量 2377.4 万台，同比增长 15.9%，可谓全面开花。

奥维云网（AVC）预测数据显示，2018 年，彩电市场将回暖，规模将增长 3.1%，达到 4898 万台；销售额将达 1597 亿元，同比下降 2.1%；销售面积将达到 3454 万平方米，同比上升 9.4%。面板供需整体宽松，价格持续回落，随着需求端与供给端的向好，2018 年国内重点企业预计出货量将同比增长 23%。

产业链一体化优势明显，海外市场已连续第 7 个季度高增长。TCL 多媒体在北美地区的销售表现突出。2018 年，TCL 多媒体产业链一体化优势有望继续发挥，规模化优势逐渐取得，特别是海外的盈利能力预期会提升。此外，TCL 多媒体整体战略规划，未来白电等业务大概率会注入 TCL 多媒体。2017 年 TCL 多媒体销售空调 916.9 万台、冰箱 154.4 万台、洗衣机 191.6 万台。

该股合理估值区间为 20~30 倍，目前股价低于净资产。

股价催化因素：白电整合效应、市场回暖、北水占比提高等。

创维数码（00751）

创维数码是以研发制造消费类电子、显示器件、数字机顶盒、安防监视器、网络通信、半导体、冰洗、3C 数码、LED 照明等产品为主要产业的大型高科技集团公司，2000 年在中国香港主板上市。经过 20 多年的发展，创维数码已跻身世界十大彩电品牌市场口碑，出色、国内市场占有率领先、经营灵活性几乎业内最强，近年来国际市场拓展亦成绩不错，上游资源和 LG 关系紧密，且是 OLED 次世代产品国内市场第一玩家，销售占比超 50%，创维成为 OLED 电视普及先锋。

创维数码在 2017 年实现了新老团队的交替。新的领导层表现出更注重高品质、高端产品和创新技术，更重视基础上游能力建设的趋势。

该股合理估值区间为 20~30 倍，目前股价低于净资产。

股价催化因素：北水占比提升、OLED 市场占有率提升等。

我国居民的消费能力和消费意愿不断增强，消费结构持续升级，可选消费品在一二线城市家庭消费支出中的占比越来越大。随着人们消费能力的日益提高，未来国内高端消费市场潜力或将进一步释放。未来三四线城市基础设施的完善和就业机会的增多将促进当地经济发展，有望吸引人口流入，进而拉动消费结构升级。近年来农村居民人均可支配收入和实际消费支出相对城镇居民而言增速更快，农村消费升级逐步加速。线上线下的零售企业有望打通全渠道、实现优势互补。农业转移人口成为汽车消费新增动力。中国城乡家庭的汽车普及率滞后于其他耐用消费品。在三线及以下的低线城市中，首次购车占该地区汽车销量比重达36%，二三线及以下城市的首次购买需求远超一线城市。而一线城市换购及增购的需求比率趋于上升，占该区域销售过半以上，这些区域的汽车消费升级的趋势明显。

中国的汽车消费潮兴起于 2000 年，经历过萌芽期、起步期和爆发性增长期，刚性需求明显，未来几年是汽车普及率持续上升期，中国汽车市场规模庞大，给予优势整车厂足够大的成长空间，产品力上升的公司将持续扩大市场份额。

吉利汽车（00175）

吉利汽车是高速成长的自主品牌龙头车企。目前主力车型持续发力，2018~2019 年吉利汽车将有多款吉利 3.0 的产品投放市场，新车周期仍将持续。未来领克等高盈利车型销量爬坡后带动公司产品价格中枢上移，产品结构高端化升级。吉利汽车坚持轿车与 SUV 双轮驱动战略，2018 年全年销量目标 158 万辆。2018

年作为吉利的产品大年，吉利汽车将陆续推出轿车、SUV、跨界 SUV、MPV 等 10 款全新产品和改款车型。

吉利品牌，定位是大众化品牌，这个细分市场在 45%~50%，主要是与自主品牌和非主流的外资品牌展开竞争。沃尔沃是豪华品牌，它的主要市场是豪华车的细分市场。以中国为例，市场份额基本在 10% 左右，全球的比例也基本相近，未来这个比例可能会有所增长。领克品牌是进入以外资品牌为代表的细分市场，这部分市场以主流外资品牌为主，市场份额大概在 40% 以上，包括了大众、通用、丰田等品牌。

吉利汽车产品竞争力/研发能力强，与 Volvo 基于领克的长期协同合作，吉利汽车是自主品牌向上转型切换确定性最强的标的之一。借助沃尔沃，吉利建立了全球化的研发和供应体系；同时吉利汽车管理层强而有力，推动吉利汽车自 2016 年进入新一轮上升通道。未来，吉利汽车将凭借在模块化、电动、智能等未来核心竞争力上的战略布局；以及日渐积累的品牌力，继续拉开与竞争对手之间的差距。

该股合理估值区间为 20~30 倍。

股价催化因素：北水占比提升，新产品爬坡进度；规模效应，购置税政策退出等。

华晨汽车（01114）

华晨汽车是一个集整车、发动机、核心零部件研发、设计、制造、销售以及资本运作为一体的大型企业集团。华晨汽车的主要业务是从事制造及销售轻型客车及汽车零部件以及通过其主要共同控制实体华晨宝马汽车有限公司，在中国从事制造及销售宝马轿车业务。华晨汽车拥有华晨金杯、金杯车辆、华晨宝马三大整车生产线及四条发动机生产线。

受益于豪车市场需求回暖、国产改款与新车上市提振以及消费升级/汽车金融等因素驱动，国内豪车市场销量稳健增长前景可期。2016 年豪华车销量达 220 万台，5 年复合增长率高达 18.2%。预期 2017 年中国豪华车销量同比增长 17.4%，2018 年同比增长 15%，好于乘用车市场 2018 年 1.7% 的增速预期。宝马进入强产品周期，销量增长稳健，国产化率提升促进盈利水平将持续改善，车型竞争力持续提升。随着新 5 系产能爬坡，2018 年中国产 X3 上市，2019 年新 3 系换代，X2 国产上市，预期华晨宝马销量逐步攀升。

该股合理估值区间为 15~20 倍。

股价催化因素：北水占比提升、产品周期走强、规模效应、零配件国产化率提高等。

广汽集团（02238）

广汽集团成立于 2005 年 6 月，旗下共有广汽乘用车、广汽本田、广汽丰田、广汽三菱、广汽菲亚特克莱斯勒、广汽研究院等数十家知名企业与研发机构。主要业务包括乘用车、商用车、摩托车、汽车零部件的研发、制造、销售及售后服务以及汽车相关产品进出口贸易，汽车租赁、二手车、物流、拆解、资源再生、汽车信贷、融资租赁、商业保理、保险和保险经纪，股权投资等。经过多年的资源整合及产业重组，公司已经形成了立足华南，辐射华北、华中、华东和环渤海地区的产业布局和以整车制造为中心，覆盖上游汽车与零部件的研发和下游的汽车服务与金融投资的产业链闭环，是国内产业链最为完整、产业布局最为优化的汽车集团。

广汽集团的利润支柱车型主要是竞争力极强的高级别车型，旗下合资公司广汽本田和广汽丰田新产品周期强劲，价、量、利均将得到保障，预计自主广汽传祺 2018 年仍将保持 40% 左右的销量增长，是 2018 年优质的整车投资标的。预期 2018 年广汽集团将受益于产品结构改善及盈利水平提升，实现收入利润的稳健增长。

广汽集团控股股东广汽工业集团计划自当日起至 2018 年 12 月 31 日，以自有资金择机增持公司 A 股股份。广汽，从增长角度看，精准布局需求旺盛的中级轿车、家用中高端 MPV 和中型 SUV 细分市场，加大在新能源和智能网联方面的投入，未来增长动力足。从估值角度看，目前广汽—A/H 股价分别对应 2018 年 11 倍、7 倍市盈率，处于历史底部，同时低于行业平均。控股股东增持彰显对公司未来发展前景的充足信心。

该股合理估值区间为 15~20 倍。

股价催化因素：北水占比提升、估值恢复、产能扩大等。

在消费升级的大背景下，目前产品升级趋势表现较为明显的子行业主要为奶制品、酒类、调味品等烘焙行业，其中白酒企业利润增速显著，各种高端白酒产品不断推出，支撑未来业绩增长。白酒还具有出口潜力，特别是作为中国酒文化载体，与"一带一路"亚洲国家对于酒类的口感要求相近。奶制品和多种功能性饮料和休闲食品，都处于快速增长期。

蒙牛乳业（02319）

蒙牛乳业中国领先的乳制品生产商之一。蒙牛乳业提供多元化的产品，包括液体奶（如 UHT 奶、乳饮料及酸奶）、冰激凌及其他乳制品（如奶粉）。根据尼尔森统计目前零售渠道渗透率超过 50%。蒙牛乳业在液体奶上与行业龙头差距小，主要差别在奶粉和冰激凌。蒙牛乳业通过并购雅士利进入奶粉行业，但整合不利而且遭遇了三聚氰胺事件冲击。

推动收入加速增长的主要因素包括需求回暖、蒙牛乳业向低线城市和农村市场扩张及产品驱动战略推动收入增长和利润率改善。蒙牛乳业未来盈利的可持续提升空间相对确定，主要来自于冰激凌、奶粉业务盈利性的提升，以及联营子公司经营的好转。

蒙牛乳业受益于新产品的成功，虽然主要竞争对手自 2017 年第二季度以来价格竞争激烈。除了强大的新产品储备以进一步提升其已建立的核心品牌市场地位外，蒙牛也将通过：①启动巴氏奶业务；②在 2017 年底前重新推出高端植物蛋白饮料；③与阿拉和达能密切合作进军奶酪市场，并在低温酸奶和婴幼儿奶粉领域推出更多顶级产品理念来加速未来增长潜力。蒙牛近几年在海外市场销售增长迅速（年复合增长率超过 30%）。展望未来，公司可能会认真考虑在东盟等需求市场实现当地生产的可能性，因为近年来蒙牛的产品在出口国消费者中接受度良好，如印度尼西亚冰激凌产品的合资企业，在其首年贡献了 7 亿元的销售收入。

该股合理估值为 25~30 倍。

股价催化因素：奶粉（雅士利）、原奶（现代牧业）联营公司扭亏，渠道和产品创新效果，北水占比上升等。

中国旺旺（00151）

中国旺旺是中国领先的食品和饮料制造商之一，也是中国最大的米果生产厂商，同时有数项主要产品均是中国的市场领导者，中国旺旺拥有多元化的产品组合，主要产品为米果类；乳品和饮料，休闲食品及其他产品，主要是酒类。该公司大部分营运位于中国这个全球增长速度最快的经济体，同时在中国台湾、中国香港、新加坡及日本亦拥有业务，并将产品销往其他市场，包括泰国、韩国、美国及加拿大。

中国旺旺在组织架构、新品开发、渠道拓展等领域的改革努力会带来业绩积极变化，中国旺旺海外市场扩张与可能落地的收购兼并尚未录入我们现有盈利预测之中。因推出新产品，预期收入增长复苏将会延续至 2018 年，而电商及次级城市渗透率也会上升。中国旺旺已成立自动售货机运营中心，推出旺旺智能售货机，2018 年将于全国各地拓展上千台机器。旺旺表示，基于"新零售时代"来临，通过智能系统和云平台的运用，为传统自动售货机注入新技术，研发具有"自助零售、物联网硬件监控、进销存业务、互联网管理、大数据分析"的智能售货机及管理系统。据悉，售货机中的产品售价由中国旺旺自动售货机运营中心针对不同场景制定建议零售价。目前支持微信、支付宝、现金等主流支付方式，其他第三方支付陆续开通中。由于售货机的收入结构包括货物销售、流量转化、加盟费用等，可以快速切入"新零售"生意，因此成为食品企业青睐的销售渠道。

该股合理估值区间为 20~25 倍。

股价催化因素：渠道和产品创新效果、北水占比上升等。

达利食品（03799）

达利食品是中国领先的品牌休闲食品及饮料公司，拥有丰富、多品牌的产品组合，专注于高增长的产品类别。达利食品不断成功推出新产品的能力是令公司成为业内领先者的关键。达利食品拥有六大核心产品类别，即糕点类、薯类膨化食品、饼干、凉茶、复合蛋白饮料及功能饮料。且在其产品类别中均占据领先的市场地位。达利食品的五个核心品牌（达利园、可比克、好吃点、和其正及乐虎）深受消费者认可。2017 年，达利食品推出天然不添加的"豆本豆"豆奶。

达利食品起步于食品，2002 年从派类产品起步，2003 年即跨入膨化食品和饼干行列，2006 年进入面包与糕点市场，2007 年即延伸至饮料行业。进入凉茶和功能饮料行业增加了拓展餐饮和特通渠道的机会，短保类糕点市场介入还将会进一步丰富公司渠道组合。

达利食品通过高频率新品推出与老款改良保持销售业绩持续较快增长。以最近三年为例，2015 年达利食品推出肉松饼、果仁饼、焦糖曲奇、净悦纯净水；2016 年达利食品推出甄好曲奇、菓真面包，薯片推出新口味并改进规格，乐虎和凉茶推出罐装；2017 年达利食品启动饼干口味与包装升级，青梅绿茶推出新口味，豆本豆和早餐面包上市，并将于年底上市鲜切薯片。

近年来，达利食品产品策略正在从早年模仿与跟随为主逐渐向创新与引领市场方向转变。达利食品新品目标通常要求品类天花板高，即市场规模或未来发展潜力大。在定价策略上如果是跟随进入，而且品类成长前景依然看好，达利食品通常会采用低于主要竞品的定价，目的是提升市占率。但创新类产品或在市场并无强大竞争对手的情形下，达利食品定价至少不低于竞品。放弃过时的品类并挑选新兴品类。一直以来，达利食品在这方面都有不错的表现，在过去几年中达利能够抓住新产品的机遇，同时调整表现不佳的已有产品。

达利食品已在全国 16 个省建成 30 个生产基地。8 个行销大区、55 个省级分公司、近 900 位城市经理、4000 多家经销商和近 200 万个可控零售网点已将中国市场完整覆盖。达利食品产品已进入国内一至四线全部 300 多个城市，并且一二线城市收入占比达到 30%。商超占比已升至近 30%（饮料低于食品）。2017 年 9 月又从城市经理级别往下设立专门的豆本豆销售团队，估计 2018 年营养早餐系列产品也将被纳入该团队，内部称之为第三销售团队，专门致力于营养早餐系列推广，也为即将启动的短保类糕点产品做好准备。

达利食品豆奶产能布局始于 2016 年，目前已在全国 10 家饮料工厂 11 条产线（10 条利乐砖线和 1 条 PP 瓶线），采用湿法工艺，总产能达 50 万吨/年（按日产 20 小时计算）。达利食品的产能利用率提升需以吞并其他豆奶品牌份额及散装向包装化豆奶快速转变为前提。达利豆奶（取名豆本豆）定位主诉营养，与维他奶大豆+乳粉形成品质上的差异化，走纯非转基因大豆制成、不添加食用香精与防腐剂、低饱和脂肪、无胆固醇的健康品质路线。区隔于现有市场多数竞品的风味饮料定位，意在争夺部分牛奶消费群体，盯紧早餐消费场景。零售端定价完全比照牛奶，商超产品堆放努力争取挤入牛奶陈列区。

该股合理估值区间为 20~30 倍。

股价催化因素：豆奶和营养早餐系列销售达标、高毛利率新品推广、销售网络管理改善、北水占比上升等。

维他奶国际（00345）

维他奶国际是中国香港最大的非碳酸饮料和食品生产商，拥有超过 70 年的经营历史。主要从事生产及销售豆奶、茶及豆腐等产品，进入中国、北美、东南亚市场，维他奶是成功打入中国内地的中国香港本土品牌之一，如今其收入中近一半来自中国内地。维他奶从创立之初起走的是高性价比的中档路线，比如豆奶是由大豆和奶粉制成，如图 5-2 所示。

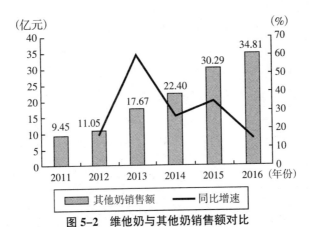

图 5-2　维他奶与其他奶销售额对比

资料来源：Euromonitor，中金公司研究部。

维他奶国际推出的产品，主要分为两大品牌，包括："维他奶"，包括大豆营养饮料及豆腐产品；以"维他"品牌推出茶类、果汁、健怡饮品、蒸馏水及牛奶类饮料。两大品牌产品均畅销中国香港、中国内地、澳大利亚、新西兰、北美、欧洲、东南亚及全球其他市场，如图 5-3 所示。

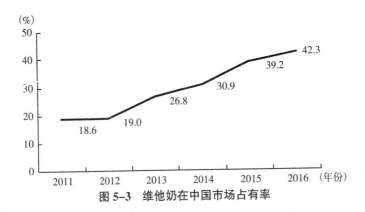

图 5-3　维他奶在中国市场占有率

维他奶国际在超过 40 个市场经营，但其在中国内地市场的表现最为亮眼，且远好于行业平均和其他主要上市的食品饮料企业。中国内地市场的快速增长主要归因于公司出色的产品，成功的品牌建设和创新的市场行为。维他奶国际在中国内地市场的渗透率远没到顶，对于维他奶来说还有广阔的市场空间去挖掘。股价从 2000 年开始走出长达 17 年的慢牛股。作为家族企业，维他奶国际以稳健经营的风格为主，长期保持良好的现金流与分红率。

该股合理估值区间为 30~35 倍。

股价催化因素：中国内地市场的增长和扩大超预期、东南亚市场进展、北水占比上升等。

华润啤酒（00291）

华润啤酒前身为华润创业，2015 年出售亏损的零售业务（收入占比 65%）和其他食品、饮品业务（共 15%），专注于啤酒业务，全资华润啤酒，整体盈利能力得到明显提升。华润"雪花"啤酒是中国啤酒市场龙头品牌之一，从 2005 年起一直占据国内销量第一位置，以数量计算，也是全球销量最大的单一品牌。98 家生产厂覆盖大部分人口多省区（缺少重庆和湖南、云南），具有多地优势，公司倾向于自建或收购当地啤酒厂的方式扩张。目前产能利用率仅超过一半。

国内啤酒消费量接近饱和水平，2014 年开始全国啤酒总产量开始下降，但市场集中度仍不够高，地方啤酒企业仍有待进一步整合。啤酒消费结构从低端啤酒逐渐向中高端啤酒发展，并出现多元化，经济型淡啤酒从 92% 下降到 78%。啤酒龙头企业开始上调价格，转移成本压力，也表明行业可能走出低谷，议价能力提高，提价空间较大。

在五大啤酒企业里，华润啤酒在辽宁、天津、山西、贵州、四川、安徽等重要基地市场，数量和质量都占有优势。目前主要在中端（占 50%）和低端市场布局。吨酒价格仍低于主要竞争对手。

该股合理估值区间为 30~35 倍。

股价催化因素：产品结构升级、吨酒价格上调、产能利用率提高、海外市场收购、北水占比上升等。

万洲国际（00288）

万洲国际是全球最大的猪肉食品企业，于中国、美国市场及欧洲的主要市场均名列首位。万洲国际持有美国最大的猪肉公司 Smithfield，在美国主要肉制品主要包括培根、香肠、火腿，Smithfield 产品均市占率排名第一，预测美国业务占公司盈利的 50%~55%。万洲国际拥有双汇发展 37% 的股权，万洲国际在波兰和罗马尼亚设有全资附属公司，万洲国际也持有 Campofrio Food Group, S.A. 37% 的股权。Campofrio Food Group 乃泛欧最大的肉制品公司以及全球加工肉制品行业的最大企业之一。

凭借独特的全球一体化平台涵盖了生猪养殖、生猪屠宰、肉制品和生鲜猪肉的加工和销售，万洲国际在猪肉行业的所有关键环节均独占鳌头。万洲国际目前通过三个主要分部经营业务，即肉制品分部、生鲜猪肉分部及生猪养殖分部。万洲国际可从中美猪肉价格差中受益。

该股合理估值区间为 10~15 倍。

股价催化因素：美国税改、猪肉出口价差、行业景气回升、北水占比上升等。

恒安国际 （01044）

恒安国际是中国知名的家庭生活用品企业，总部位于福建晋江，主要品牌包括心相印、七度空间、安尔乐、安儿乐、奇莫、安而康等。恒安国际创立于 1985 年，1998 年在港交所上市，2011 年进入恒生指数，上市以来近 20 年营业收入及净利润 CAGR 18%，是最早进入中国卫生巾市场的企业之一，是目前国内最大的妇女卫生巾和婴儿纸尿裤生产企业，经营领域涉及妇幼卫生用品和家庭生活用纸和纸尿裤三大块，销售和分销网络覆盖全国。恒安国际的目标是建设中国顶级的妇女卫生用品、纸尿裤和家庭卫生用品的生产企业。其中妇女卫生用品的利润贡献率超过 60%。

分析师认为 2013 年以来导致恒安国际发展缓慢的问题从 2017 年下半年逐渐开始得到改善。主要体现在产品升级，推出高端新品，扩大发展电商和微商，以及管理扁平化。恒安国际卫生巾经过一年的快速推新（包括功能新品以及升级新品），2018~2019 年的市场份额有望得到提升，预计 2018~2019 年卫生巾业务将实现高单位数到双位数的增长。

城市化发展和人民卫生意识提高，继续支援纸尿裤产品的需求上升。中国纸尿裤市场的渗透率仍然偏低，更大的市场增长潜力仍有待发掘。恒安国际旗下纸尿裤品牌主要有安儿乐与奇莫（Q.MO）双品牌，安儿乐在本土纸尿裤品牌中市占率第一。消费者追求更高品质的婴儿用品，价格仅为第二考虑要素，深得中国消费者所青睐的国际尤其是日本高品质个护产品得以快速在内地打开市场，中高端、高端品牌的市场份额快速崛起，而走中端的传统纸尿裤品牌包括恒安的安儿乐，由于产品品质不及前述中高端品牌，价格又高于其他众多走中低端路线的本土品牌，市场份额两头受挤。另外，消费者更多会从母婴店以及线上购买纸尿裤，因而在传统线下渠道有绝对优势的恒安，对于纸尿裤市场准备不足。恒安国际于 2017 年开始重新定位奇莫的高端品牌形象，平均售价两倍于其中端品牌安儿乐，凭借其全国的百万销售渠道网络，以及近两年开始加强线上、母婴店销售布局，其纸尿裤业务将在 2018 年重新步入增长轨道。

从纸巾消费结构来看，占主导地位的是卫生纸，所占份额由 2010 年的 66% 降至 2016 年的 56%，面巾纸、擦手纸以及厨房用纸为纸巾消费的主要增长点。随着消费者对品质生活的要求提升，我们认为人均纸巾消费将向发达国家靠拢，用纸场景将延展至厨房、化妆间等，用纸功能将衍生至杀菌、护肤、环保等。生活用纸行业产能过剩，将向龙头集中。但产品差异小，竞争仍过度。

该股合理估值区间为 20~25 倍。

股价催化因素：产品结构升级、渠道调整、改革成效、纸尿裤和卫生巾高端产品竞争，北水占比上升等。

5.3 娱乐与教育

在人均 GDP 超过 8000 美元之后，中国进入到旅游、文化、娱乐和教育成为刚性需求的大消费时代。这些属于改善型服务业和中高端服务业。这是一个消费力长期增长和不断释放的领域，结合互联网和通信技术发展，未来将会出现十倍股甚至百倍股。

消费升级还体现在人们对文化娱乐和旅游、养生、体育、文化教育等方面的更多样化的需求。中国经济转型的另一大支柱就是大力发展服务业，一方面要促进改善型消费；另一方面要大力发展高端服务业发展，打造新经济增长极。医疗保健、食品饮料、耐用消费品和高档消费品、影视文化娱乐、旅游等，都是随着民众生活改善，需求非常大的产业。

锦江酒店 （02006）

锦江酒店是中国最大的综合性旅游企业集团之一。锦江酒店业务主要有四个部分：星级酒店运营及管理，经济型酒店运营及特许经营以及食品及餐厅营运（锦江股份 ［600754/900934.SH］；拥有 50.3% 的股份），客运及物流（锦江投资 ［600650/900914.SH］；拥有 39.3% 股份）和旅行社业务（锦旅 B 股 ［900929.SH］；持有 50.2% 股份）。锦江酒店是中国主要酒店服务供应商之一，主要从事星级酒店营运与管理、经济型酒店营运与特许经营以及餐厅营运等业务。锦江酒店的扩张速度非常快，作为全球前五大酒店集团，截至 2017 年底，开业酒店数量高达约 6600 家，约 64 万间客房，签约酒店客房 80 万~90 万间。在已开业酒店中，中国地区与欧洲地区的占比为 5∶1。自营与加盟酒店的比例为 1∶9。

锦江酒店价值被低估，股息率高达 3%~4%，未来净利润将迎来快速增长，并保持高分红；大股东入选国企改革试点单位，机制或许改善，不排除相关资产整合可能。

该股合理估值区间为 20~25 倍。

股价催化因素：酒店升级改造、H 股全流通、管理层激励等。

香港中旅 （00308）

香港中旅是港中旅集团控股中发展旅游主业的上市公司，主要从事旅行社及相关业务、酒店业务、景区业务、度假区业务、客运服务、高尔夫球会所业务、演艺业务及发电业务。香港中旅具有完善的现代旅游产业链和较强的旅游综合投资能力，旗下拥有香港中国旅行社有限公司、深圳世界之窗有限公司、深圳锦绣中华发展有限公司、北京港中旅维景国际大酒店、深圳芒果网有限公司、港中旅（珠海）海洋温泉有限公司、深圳聚豪会高尔夫球会有限公司、香港中旅汽车服务有限公司、北京天创国际演艺制作交流有限公司等一批在业界影响广泛、声誉良好的著名企业。

作为拥有 25 年上市历史的红筹公司，香港中旅的物业、厂房及设备（PP&E）涉及广泛的香港物业组合。这些资产是按成本计价的，并不反映其市场价值。由于这些物业多年来已大幅升值，香港中旅正计划出售它们以体现价值。香港中旅的酒店资产可能有巨大的重估潜力。

该股合理估值为 20 倍，市净率不低于 1 倍。

股价催化因素：处置资产、价值重估、管理层激励、北水占比上升等。

海昌控股 （02255）

海昌控股是中国领先的主题公园开发及运营商。海昌控股于 2014 年 3 月于香港联合交易所有限公司主板上市，目前海昌控股在大连、青岛、天津、烟台、武汉、成都及重庆分别经营着八个主题公园，包括六座海洋主题公园、一座冒险主题游乐园及一座水世界。海昌控股在海洋动物繁殖保育、开发及运营方面拥有超过 15 年经验，海昌控股连续数年入围全球十大主题公园运营商。

游客在主题公园内除了观赏各种海洋动物之外，还可通过园内游乐项目以及主题公园周边的配套商用物业所提供的一站式游览、娱乐休闲、餐饮及购物。所以海昌控股的公园收入就分为门票收入和非门票收入。

上海海昌海洋公园分为 5 大主题区和 1 个海洋度假酒店，在主题特色、项目品质、公园规模及建设水平方面，均达到国际一流水准。该公园计划在 2018 年中开业。上海海昌极地海洋公园建成后将是距离上海迪士尼最近的主题乐园，可以开通"迪士尼＋海昌海洋公园"的旅游线路。上海海昌极地海洋公园位于上海临港滴水湖畔，该项目距离浦东机场与上海迪士尼车程约半个小时。而且海洋公园的消费群体与迪士尼相同，多为亲子游。在旅游内容方面两者相差较大，迪士尼偏向器械类，核心竞争力在于强品牌 IP，而海昌属于生物类主题乐园，核心竞争力在于珍稀动物储备和驯养保育。两者内容不仅不会冲突，还能产生协同效应。

2018 年下半年海昌控股步入发展新时期，一跃成为海洋主题公园巨头：海昌控股计划在 2018 年 8 月 1 日上海项目开业运营，将极大享受上海迪士尼的溢出效应。三亚海棠湾项目 2018 年底开业，与周边免税店、亚特兰蒂斯形成区域旅游热点。郑州海昌海洋公园预计将在 2019 年下半年开业。从海昌控股项目投入运营的时间点可以看出，2018 年下半年海昌的业务与业绩开始起飞，2019 年将是丰收年。

该股合理估值为 30 倍。

股价催化因素：项目按期开业、北水占比上升等。

随着网民人数的增加，中国网络游戏的市场规模也逐渐扩大。预计至 2018 年产值可达 1970 亿元。从产业格局上分析，手游市场份额有望在 2018 年扩大至 43.1%，首超网游。

根据消费者需求调查表明，消费者对于文化传媒娱乐的需求与其自身的财富和学历成正比。国民人均收入的提高、高净值和高学历人群数量增加都会刺激文化传媒行业的内在需求。

随着政策扶持不断深化和行业内在需求进一步被释放，文化娱乐传媒行业未来的发展空间或进一步被打开。中国居民在消费升级背景下对传媒娱乐行业的市场需求或进一步扩大，预计其仍然可保持高增长，至 2018 年传媒产业总产值有望突破 2 万亿元。

IGG（00799）

IGG 成立于 2006 年，是一家网络游戏开发商和运营商。IGG 为全球玩家提供多语言的浏览器游戏、客户端游戏和手机游戏。IGG 总部设在新加坡，并于全球各地包括美国、中国内地、加拿大、日本、韩国、白俄罗斯、泰国、菲律宾和中国香港等地设有分支机构。IGG 最著名的游戏是《王国纪元》《城堡争霸》和《领主战争》。IGG 于 2013 年 10 月 18 日在香港联交所上市，随后于 2015 年 7 月 7 日正式由创业板转至主板上市。IGG 在全球 200 多个国家和地区拥有 4.3 亿名注册用户，总月活跃用户超过 1800 万名。就地区而言，IGG 48% 的收入来自亚洲、27% 来自北美、22% 来自欧洲。

2017 年中国移动游戏区域市场收入达 146.36 亿美元，几乎是第二名美国市场 77 亿美元的两倍，以绝对优势成为全球最大的移动游戏市场。排名三、四、五位的分别为日本、韩国和英国。2017 年 IGG 旗下的两款手游出海成绩显著，双双进入海外收入榜单前十，其中《王国纪元》全年海外收入取得第二的成绩，而《城堡争霸》也排到了第七。在海外下载榜单上，《王国纪元》排名第五，《城堡争霸》排名第十一。

IGG 目前公布的 2018 新游储备 4~5 款：预计 3 月上线 Madland，3Q18 上线城堡争霸 2 及 Galaxy Ⅲ，9 月上线 Reborn。IGG 对新游贡献无指引，目标希望冲击 500 万~1000 万美元月流水。新游主要先由东南亚市场推广，后期根据玩家反馈逐步推广至欧美及中国。目前产品研发线主要集中在策略类游戏，暂时未有生存类游戏计划。

该股合理估值区间是 10~15 倍。

股价催化因素：北水占比提升、新游戏上线和表现等。

天鸽互动（1980）

天鸽互动 2008 年成立，是中国直播行业的开创者之一，早在 PC 时代旗下的 9158 就是国内最大的直播秀场。2014 年 7 月 9 日天鸽互动成功在香港主板上市；2015 年 3 月纳入恒生 5 指数；2016 年 12 月深港通开通，天鸽成为深港通唯一"移动娱乐"股。天鸽互动聚焦三四线城市直播市场，着力移动端的布局，与花椒直播强强联合，并进军手游行业，充分发挥协同效应，推动业绩稳步增长。

据 iMedia Research 数据显示，2017 年中国在线直播用户规模达到 3.92 亿，较 2016 年增长 26.5%，至 2019 年预计用户规模达到 4.95 亿。行业从 2016 年至今整体盈利能力显著提升。天鸽互动经调整毛利率则升至 90.4%。目前天鸽互动的营收中 10% 来自海外，在中国台湾的市场份额是第二，在泰国的市场份额与

YY 相当，此外在新加坡、中国香港也发展不错。

天鸽互动的中长期策略是进一步通过"移动+PC"双平台，通过"互动＋陪伴"去刺激用户参与感和黏度。嵌入短视频补足直播内容生态，再布局手游、金融科技等领域做大"直播+"。同时向海外市场拓展，除泰国、中国台湾等地外，有意在东南亚、中东、南美洲等开展多元化业务，提升全球渗透率。以直播业务为主，每年 30%~40%的增长，在这个基本面上，希望天鸽互动能再做出一两款游戏爆款。随着直播行业逐渐发展成熟，"直播+"开始成为行业发展的趋势之一，天鸽互动也不断探索直播与其他各行业的融合，以期利用自身用户规模和影响力等优势，拓宽直播业务的想象空间。

该股合理估值区间为 30~35 倍。

股价催化因素：政策风险、投资风险、海外市场拓展、北水占比上升等。

IMAX CHINA（01970）

IMAX CHINA 是全球领先的娱乐影视技术公司之一，遍布全球的 IMAX 影院网络是好莱坞电影最重要且最成功的影片发行平台。IMAX 影院利用专有的 IMAX、IMAX 3D 和 IMAX DMR 技术，提供全球顶级的电影体验。IMAX 影院在世界各地的选址包括商业化的多厅式影城、知名的顶级教育机构以及专业影视娱乐中心。自 1970 年首家 IMAX 影院开业以来，全球已有超过 10 亿人体验过 IMAX 电影的魅力。IMAX CHINA 的不断发展也推动了其商业市场潜力的不断增强。

IMAX CHINA 是 IMAX 在大中华区（中国内地、中国香港、中国澳门、中国台湾）的业务分支，IMAX CHINA 主营包括提供 IMAX 电影技术、影院及影片业务。在外部环境景气、公司经营能力不断提高的推动下，IMAX CHINA 业务增长迅猛。在中国运营的 IMAX 影院数量自 128 家增至 499 家，目前还有 350 家影院已签约但尚未开业，预计至 2019 年 IMAX CHINA 渠道布局将逐步落地，影院数量将达 761 家。IMAX 影院有 43%位于三线及以下城市，渠道逐渐下沉符合行业大势，渗透率远高于同业竞争者。

IMAX CHINA 独特的产品供应和强大的执行能力为其提供了竞争优势，利用这些优势可以在三四线城市获得更高的议价能力。IMAX CHINA 的基本面改善表现为：①公司新的多影片策略改进了国产电影选片和发行流程，提高了高票房电影命中率，并将在不久的将来提升公司的票房市场份额和单屏幕产出（PSA）；

②新屏幕安装速度较快，签约储备屏幕丰富，支撑公司快速向三四线城市渗透，扩张速度快于行业；③由于国产电影在公司选片比重中提高和电影分成比例折扣结束，公司分成比例有望从 2018 年起有所攀升。（中金研报）IMAX CHINA 股票自 2017 年 3 月以来已经回调超过 45%，目前 IMAX CHINA 股价对应 2018 年大约 18 倍市盈率，低于历史股价和行业平均水平。

该股估值合理价格区间是 30 倍左右。

股价催化因素：北水占比提升、片源增加、基本面改善等。

华谊腾讯娱乐 （00419）

华谊腾讯娱乐的控股股东为华谊兄弟及腾讯，目前华谊兄弟持股占比为 18.17%，腾讯关联公司 Mount Qinling Investment Limited 持股占比为 15.68%。作为一家结合文化及娱乐的新媒体业务公司，华谊腾讯娱乐主要是希冀通过投资及制作具质素的电影、动画、电视剧等内容，以及对国际化的娱乐公司进行并购和资源整合，搭建一个集内容制作及线上线下娱乐渠道的综合平台。市场一直预期华谊腾讯娱乐未来应该会有不少项目注入，一边将娱乐及媒体业务做大、一边注资，最终达到华谊兄弟及腾讯最初的构想。该股仍处于亏损状态，但已经与韩国影视企业合作了一些成功项目。

股价催化因素：资产剥离和注入、北水占比上升等。

预计到 2025 年，中国体育产业规模将达到 5 万亿元，超出目前规模的 5 倍，成为未来国家支柱性产业。与其他国家相比，我国体育产业占 GDP 比重仅为 0.6%，远低于全球平均水平的 2%，现在的贡献力不高也代表体育产业提升空间较大。目前我国体育产业发展还未成熟，产业结构失衡。中国体育产业主要以体育用品为主，约占 80%，而在美国作为主体产业（57%）的体育服务业只占 18%，预计我国体育产业未来会逐渐向体育服务业转移。

安踏体育 （02020）

安踏体育主要是设计、开发、制造及营销运动服饰，包括为专业运动员及大众设计的安踏品牌的运动鞋类及服装。安踏体育在国内专业体育服饰的市场占有率为第一名，有 7000 多家门店。强大的渠道管控力，完备的供应链体系，快速的补单和生产流程，精准的产品定位，渠道建设加品牌营销，决定了安踏体育短期内龙头地位很难撼动，每年维持高派息率。

安踏体育是国内运动市场龙头。安踏体育于 1991 年成立，2007 年在中国香港上市，2011 年在市场份额上超越了当时的本土第一品牌李宁。安踏体育主品牌安踏始终坚持大众市场功能性产品的定位，并通过对 FILA、Descente 的收购或合作，以及自身童装子品牌和线上业务的发展实现了持续增长。

安踏体育主品牌将继续满足中低层级市场对高性价比产品的需求，有望实现中双位数的复合增速；以 FILA 为首的子品牌则可迎合中高层级市场对产品美观度的诉求，销售增速预期可超 30%，Descente 2020 年销售目标也有望达 25 亿元。此外，安踏体育电商将继续维持高增速，充裕现金及零售经验也给予了其拓展国际业务的潜力。

在经历过 2012~2013 年去库存影响后，中国运动服饰行业受全民健身、国家扶持等因素带动进入黄金十年，自 2014 年至今维持超 10% 的年均增速，同时行业未来年均增速预计将维持在 10% 左右。与发达经济体相比，在人均消费金额及数量上，中国运动服饰市场仍有提升空间。中国消费者平均每年购买的运动鞋数量仅 0.5 双，人均年消费额 16.9 美元；而美国消费者人均购买运动鞋数量为 4 双，人均年消费额达 284.9 美元。安踏体育是第一家在规模做大后在 2007 年时就采用 ERP 系统监控门店的公司，是第一家规定分销商如何进行产品组合和陈列的公司。安踏体育在中国市场是第一国内龙头，市场占有率排名仅次于耐克和阿迪达斯。安踏体育的可能方向是，学习耐克，掌控体育资源，立足大众，提供最优性价比的专业运动服饰。安踏体育财务数据优于同行。

该股合理估值区间是 25~30 倍。

股价催化因素：并购整合、北水占比提升、库存渠道管理等。

根据美国劳动统计局 1997~2017 年消费品和服务价格变化数据，美国大学学费和教育在 1997~2017 年累计增幅分别为 170% 和 151%，远超过医疗（100%）和生活能源消费（68%）等，说明教育消费在美国整个消费升级的进程中处于最重要的位置。同样地，我国的教育消费应该也会遵循这样的路径发展。

宇华教育 （06169）

宇华教育是中国最大提供由幼儿园至大学民办教育的教育集团，旗下现有从幼儿园到大学共 25 所，已进入的城市包括郑州、荥阳（郑州）、焦作、漯河、济源、许昌、开封、鹤壁、新乡等。2017 年 12 月，宇华教育公告拟以 14.3 亿元收购湖南猎鹰 70% 股权，湖南猎鹰旗下包括湖南涉外经济学院等资产，标志着宇华教育走出河南，迈向华中与全国。

中国民办学校行业规模 3000 亿元，华中地区为全国人口稠密地区，人口占全国的 16.1%，在校生人数 4245 万人，占全国 17.7%，2017 年高考报名人数合计 163 万人，占全国的 17.3%。以民办在校生比例看，华中地区整体民办教育发展好于全国平均。河南地区为全国人口大省、教育大省，在校学生总数 2177 万人，已连续三年回升，民办教育在校生人数为 547 万人，近 9 年复合增长率为 13.5%，占全国比例为 25%，远高于全国平均的 19%，2017 年河南省高考报名人数 86.6 万人，居全国第一。河南省各教育阶段生均教育经费全面落后于全国，作为全国人口大省、教育大省，财政负担较重，为民办学校发展留下了空间。

截至 2017 财年末，宇华教育整体学位容量 7.32 万个，近 3 年容量增速 10%；整体利用率 71.9%，其中：大学 89.2%、高中 72.9%、初中 46.6%、小学 65%、幼儿园 73.2%，除幼儿园外，各板块利用率持续上升。截至 2017 财年末，宇华教育在校学生 5.1 万人，近 3 年复合增长率 13%，高于容量的增速证明较强的招生能力。宇华教育近 3 年收入复合增速 12%，K12 收入复合增速为 12%，大学为 11%，幼儿园为 21%。从业务构成看，K12 业务占比 55%、大学占 38%、幼儿园占 7%，幼儿园业务收入占比有所增加。

该股上市时间较短，估计合理估值区间是 30 倍左右。

股价催化因素：北水占比提升、学费上涨、并购扩张等。

民生教育 (01569)

民生教育是国内最大的民办高校集团之一，近五年营业收入增长维持在 5% 左右，收入增长主要来自于入学人数和学费的增加，毛利率基本稳定在 60% 以上，民生教育扎根重庆。民生教育已经形成完善的教育体系，目前拥有四所高等院校，分别是重庆人文科技学院（本科、专科、专升本、少数民族预科）、重庆工商大学派斯学院（本科、专科）、重庆应用技术职业学院（专科）、内蒙古丰州职业学院青城分院（专科），同时公司还投资新加坡和香港学校，并已经在山东、安徽和重庆继续布局。民生教育主要以应用型人才的培养为主，提供以市场为导向且实用的专业及课程，并推进校企合作，使学生可以适应迅速变化的就业市场。截至 2017 年 6 月，在校生共计 32515 人，就读人数排名全国前十。

中国高等教育毛入学率为 42.7%，其中本科毛入学率仅 20%~25%，提升空间巨大。本科牌照具备极强的稀缺性，办学所需土地、资本开支、师资配备壁垒较高。中国共有民办高校 734 所，其中独立学院 275 所，独立设置的本科院校

150 所左右，但绝大部分学校各自为政，缺乏规模效应，行业集中度极低。率先上市的民办高等教育集团将成为行业整合者。

该股上市时间较短，估计合理估值区间是 20~30 倍。

股价催化因素：北水占比提升、学费上涨、并购扩张等。

睿见教育（06068）

睿见教育是华南地区最大的高端中小学民办教育集团，以广东省为中心在全国 3 省（市）开办 7 所学校。这 7 所学校以中产阶级家庭及以上阶级家庭的学生为主要对象，既有中国教育课程，也有国际教育课程。2017 学年，在校人数共 41180 人，同比增长 29.55%，过去 5 年年均复合增速达 24%。睿见教育布局广东省以及山东省。未来将定位为非营利性学校，来年会享有企业所得税的豁免权。

根据腾讯教育和《中国统计年鉴》的数据，2016 年中国教育市场总规模约超过 7.5 万亿元。预计到 2018 年，中国教育市场总规模将超过 9 万亿元，3 年 CAGR 为 12.2%。凭借中小学生的巨大数量、二胎政策的红利以及家庭收入的提升，三个因素共同为行业拓展出广阔空间。根据预测，我国 2017 年、2020 年 K12（基础教育）课外培训行业市场规模分别约 7000 亿元和 1.2 万亿元，5 年年复合增长率约 19%。

政府为了提高民办高校的整体教学质量，已经基本不再批准新建民办本科类院校，因此现有的民办本科学校的牌照成为稀缺资源。申请开办民办高等教育机构需要从高等职业学校起步，纳入所在地政府的五年规划。一般新建学校筹备期为 2 年，专科学校运营 7 年后才有资格申请转为本科。因此民办高等教育行业现在是存在政策门槛、资金门槛和很长的审批、建设、运作周期，准入壁垒很高。目前我国民办高校约有 730 家，集中度十分低。现在许多民办高校都已经或者正在谋划上市，而上市后获得的资金必定是用来收购同业的学校，通过跑马圈地来扩大自己的规模。

睿见教育目前学校利用率仅为 56%，有巨大提升空间。采用"2+2"模式扩张，即未来每年新增 2 所学校，新纳入 2 所学校筹备。预计 2018 年和 2019 年，云浮、广安和潮州将开设新学校，已在肇庆和广州规划新学校。在异地扩张时，政府会协助学校进行推广吸引新生源。就师资来看，教师有 1/3 来自成熟学校，1/3 来当地政府推荐的公办学校教师，1/3 来自公开招聘，校长则由睿见教育直派。通过这种方法，睿见教育能在保证教育质量的同时，确保学校及早步入正轨，并促进思维不断更新。睿见教育的学费在各学段均与同档学校有差距，说明睿见教育学费距离目标的中高端教育市场可接受价格还有一定距离，未来学费涨幅可期。

该股上市时间较短，估计合理估值区间是 30~40 倍。

股价催化因素：纳入港股通、学校利用率提高、学费上涨、并购扩张等。

新高教集团（02001）

新高教集团是中国领先民办高等学历教育集团。新高教集团提供各个领域的高质量应用型高等教育。新高教集团成立于 1999 年，总部位于北京，是一家从事高等教育投资与管理的专业教育机构。新高教集团旗下主要学校包括云南工商学院（位于昆明嵩明县）、贵州工商职业学院（位于贵阳市清镇市），投资了湖北民族学院科技学院（位于湖北省恩施市，尚待批准）、哈尔滨华德学院（位于黑龙江省哈尔滨市，尚待批准），并正在筹建西北工商职业学院（位于甘肃省兰州市）。新高教集团上市后又收购了新疆和洛阳两所高校。

新高教集团 2014~2016 年业绩保持快速增长，营业收入年复合增长率为28.5%，净利润年复合增长率为 43.2%。新高教集团目前主要收入来自云南和贵州的两所学校，其他学校将逐步并表。

应用型民营教育在国内前景良好，主要原因包括：①目前国内大学毛入学率为 42.7%，远低于美国等发达国家，政府希望提升；②中国将仿效发达国家，更加重视应用型人才培养。另外，通常来说高校规模、学生人数和学费等为公开资料，透明度较高。

该股上市时间较短，估计合理估值区间是 20~30 倍。

股价催化因素：纳入港股通、收购扩张、学费上涨、业绩并表等。

5.4　健康中国

医疗健康行业产业链涉及行业极为广泛，国内"健康中国"战略将开启一个10 万亿元的市场，医疗信息化、高端医疗器械和生物制药被确定为重点突破领域，中国的医药、医疗、保健、养老等相关行业将出现为期十年的快速增长的黄金发展阶段。其中的优质股票，在动荡市场中既具有防御性，同时又有增长性。未来 5~10 年，医药行业将彻底迈入新时代，药品回归疗效、药企回归研发导向、创新单抗、单抗生物类似药、小分子靶向药、糖尿病市场新型降糖药、疫苗、细胞治疗等未来大品种集中的研发方向。港股医药医疗板块有可能出现国际级企业，有丰富多样的标的可供选择。

"健康中国"战略是一项旨在全面提高全民健康水平的国家战略，是一项需求牵引型的国民健康发展战略。

无论中共十九大还是"十三五"规划，对于医药行业，都提出坚持中西医并重，促进中医药、民族医药发展。完善基本药物制度，健全药品供应保障机制，理顺药品价格，增加艾滋病防治等特殊药物免费供给。提高药品质量，确保用药安全。加强传染病、慢性病、地方病等重大疾病综合防治和职业病危害防治，通过多种方式降低大病慢性病医疗费用。倡导健康生活方式，加强心理健康服务。

由于医疗健康行业产业链涉及行业极为广泛，国内"健康中国"战略将开启一个 10 万亿元的市场，国内医疗行业将成为刺激经济新的增长点，从"十三五"规划建议来看，医疗信息化、高端医疗器械和生物制药被确定为重点突破领域，其中远程医疗信息系统和区域医疗信息平台可以有效改善患者看病难、时间长等问题，市场缺口巨大，互联网与医疗产业的联姻将带动行业快速发展。

在这样的背景下，中国的医药、医疗、保健、养老等相关行业将出现为期十年的快速增长的黄金发展阶段。这些行业既有刚性需求的持续性支撑，同时仍有相当巨大的发展空间，其中的优质股票，在动荡市场中既具有防御性，同时有增长性。

图 5-4 为 2014 年医药医疗各子行业收入分布情况。

通过从上至下的行业、分行业、市场竞争分析和政策解读，当前最有投资价值的细分领域如下：

化学药：慢性病和大病治疗用的仿制创新药、创新药。

生物制药：细胞和基因免疫治疗药物和治疗手段。

中药：中药颗粒和传统品牌、稀有资源类中药、民族药。

医疗服务：民营医院、医疗美容、妇产儿童等专科连锁医院、"互联网＋医疗"。

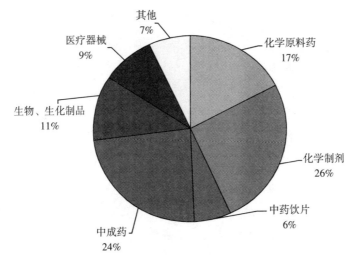

图 5-4　2014 年医药医疗各子行业收入分布

医疗器械：国产替代高端医疗器械、家用保健医疗器具。

下面我们分别介绍这些行业中一些基本面良好和有发展潜力的个股。

2011~2015 年为医保大控费下的医药行业，随着控费显效，2015 年行业见底，2016 年开始整体回升，内部结构变化剧烈。2016 年开始，在新政策导向引领下的医药行业走出不一样的趋势。未来 5~10 年，医药行业将彻底迈入新时代，药品回归疗效、药企回归研发导向，创新单抗、单抗生物类似药、小分子靶向药、糖尿病市场新型降糖药、疫苗、细胞治疗等未来大品种集中的研发方向。在新行业趋势下，治疗性用药有望爆发，2017 年 1~12 月医药制造业实现营业总收入约 28185 亿元，同比增长 17.80%，实现利润总额约 3314 亿元，同比增长 12.50%，较 2016 年增速继续提升。

丽珠医药（01513）

丽珠医药是国内领先的大型综合性制药企业。丽珠医药产品布局多元化，包括西药/中药制剂/原料药及中间体/诊断试剂及设备等。丽珠医药积极转型高端创新药企，在单抗、微球等市场潜力巨大的领域广泛布局。目前丽珠医药单抗品种在研 12 个，覆盖 TNF-α、HER-2、CD20 和 PD-1 等成熟靶点；长效微球在研 7 项；化药及中药有 7 项申报生产，26 项在研；6 项诊断试剂即将完成临床试验。原料药和中间体方面，丽珠医药将继续开展生物菌种选育和合成原料药的研发，并通过降低生产成本和提高市场覆盖来推动业务快速增长。精准医疗方面，丽珠医药将继续推进"试剂+单抗+检验+基因"的产业链布局。积极完成分子诊断、化学发光和液态活检技术、蛋白免疫荧光、荧光 PCR 等平台的搭建。

参芪扶正液是丽珠医药的主要产品之一。参芪扶正液是以党参、黄芪为主要成分的中药注射液，可提高免疫力，主要用于肿瘤的辅助治疗。得益于产品上市后进行大规模再评价工作，其安全性和有效性得到充分验证，增速仍高于平均行业水平。其软袋包装剂型获批上市，也再次印证 CFDA 对产品的认可度。目前产品在二级医院和基层机构覆盖率还很低，丽珠医药也正积极拓展该市场。艾普拉唑仍在快速成长，该品种为独家品种，受益于新版全国医保目录，且针剂上市将提供新动力，注射剂一般为口服剂型的 2~3 倍，预计艾普拉唑口服剂加注射剂销售潜力在 15 亿~20 亿元，将在短中期内为公司带来新增长。亮丙瑞林微球适应症包括子宫内膜异位、子宫肌瘤、前列腺癌、小儿性早熟和不孕不育症。市场潜力大，竞争格局良好，丽珠医药有望在 2018 年后，保持每年都会有一个重量级新品得到上市。随着多项原料药获得国际认证，国外市场销售额也有较快增长。

该股合理估值区间是 25~30 倍。

股价催化因素：新药按期上市、估值提升、北水占比提升等。

石药集团（01093）

石药集团是全国大型综合性医药企业。石药集团在最开始是以维生素 C、抗生素等原料药为主的企业，将这些传统原料药基本都做到了全球第一位置的市场份额。1999 年引入了恩必普，石药集团逐步开始向创新型制药企业转型。后来又逐步开发出其他的抗肿瘤药品种。发展至今，石药集团已经从一家传统的大宗原料药企业，变成一个以创新药为主的大型医药企业。目前产品研发重点覆盖心脑血管、神经、抗肿瘤、抗感染、内分泌及代谢等几大领域。

创新药方面，石药集团目前重磅品种恩必普的胶囊和注射剂都进入了国家医保，预计注射剂在未来还有一定成长空间；欧来宁的胶囊剂截至 2017 年中期已经进入 12 个省份医保，冻干粉针剂型已经进入 21 个省份医保；玄宁进入国家医保，主要治疗高血压和心绞痛，未来随着慢性病管理和分级诊疗制度等政策的完善，玄宁的销量有望稳定增长。抗肿瘤组合目前也是石药集团主推的业务，多美素和津优力的销售实现了大幅增长。多美素是石药集团自主研发的首个抗肿瘤脂质体新药，用于治疗淋巴瘤、多发性骨髓瘤、卵巢癌及乳腺癌等癌症，用药不良反应比传统药物更轻。多美素目前仅进入了 3 个省份医保目录，未来预期多美素进入更多省份医保后，销量有望进一步提升，年销售额有望达到 10 亿元级别。津优力 2017 年进入国家医保，是国内外指南一致推荐的临床用药，期待津优力随着医保进一步落地而销售放量。

临床急需品种——紫杉醇白蛋白为一种抗微管药物，用于治疗联合化疗失败的转移性乳腺癌或辅助化疗后 6 个月内复发的乳腺癌，以及治疗非小细胞肺癌、胰腺癌以及胃癌。注射用紫杉醇（白蛋白结合型），获得优先审评资格后，成功获批上市，将打破进口产品垄断的局面。石药集团拥有 170 多种在研产品，其中有 32 个已经完成临床试验，正在等待审批上市。

该股合理价格估值是 25~35 倍。

股价催化因素：新药按期上市、北水占比提升等。

三生制药（01530）

三生制药是中国生物制药领域的龙头公司，1993 年成立，促红素于 1998 年在中国上市，2002 年成为中国市场份额排名第一的促红素品牌。2014 年收购第二个促红素品牌，两个促红素品牌合计市场份额一直保持在 40%以上。三生制药另外一个核心品种叫特比澳，是治疗血小板减少的，2005~2006 年上市，到目前为止拥有了国内至少血小板减少治疗领域超过 50%的市场份额。通过并购国内领先的单抗药物龙头企业中信国健，同时积极与阿斯利康、礼来等跨国制药巨头展开产品授权等形式合作，迅速拓宽自身产品线切入到糖尿病等治疗领域。目前已有健尼哌（重组抗 CD25 人源化单克隆抗体注射液）和益赛普（注射用重组人 II 型肿瘤坏死因子受体—抗体融合蛋白）两款抗体类药物上市销售。其中益赛普是我国首个上市销售的融合蛋白类药物，目前市占率在 90%以上，市场格局良好。赛普汀（曲妥珠单抗类似物）和健妥昔（利妥昔单抗类似物）有望在 2019 年上市销售，成为首仿药物。三生制药的生物药生产规模和质控水平居国内行业领先地位。

并购成长性较高的海外生物药 CDMO 业务是三生制药发展全球业务的重要战略布局。有望整合双方在生物工程制药上下游产业链的互补优势，促使三生国健巨大产能未来能够有效对接国际外包需求，加快全球范围生物制药创新成果的转化与应用，将带来新的业绩增长点。现在拥有 31 个在研品种的产品线，主要覆盖的是肿瘤、风湿免疫、肾病、糖尿病、皮肤病。

该股合理估值区间是 25~30 倍。

股价催化因素：新药按期上市、并购整合、北水占比提升等。

绿叶制药（01066）

绿叶制药是一家以研发为基础的专业制药企业，专注于肿瘤科、心血管系统以及消化与代谢三个领域的创新药品开发、生产、营销以及销售。绿叶制药前身为 1994 年由烟台生物科技及胜利石油管理局烟台疗养院成立的烟台绿叶，主要产品为注射用七叶皂苷纳。2004 年以"AsiaPharm"公司名称在新加坡交易所主板上市，其先后收购抗癌注射剂希美纳、经营肿瘤科产品南京思科药业、心血管系统产品生产商北大维信以及糖尿病产品生产商四川绿叶宝光，并都取得不错的整合效果。产品覆盖的三个领域是中国规模最大以及增速最快的三个治疗领域。绿叶制药自我研发与并购并重，某种程度似乎更依赖后者。

绿叶制药的产品覆盖多个治疗领域，核心产品 6 种，其中 5 种享有专利保护并用于治疗或预防高发性疾病，包括癌症、心血管疾病、糖尿病及中枢神经系统。公司专注的研发项目不仅包括肿瘤科及消化代谢的核心领域，还扩展到中枢神经系统治疗领域。2003 年，力扑素在国内上市，相对传统剂型疗效高毒性低的优势，助力其迅速抢占国内市场，2016 年力扑素的市场占有率约为 54%。绿叶是我国排名第一的中药调脂药品生产商，血脂康和麦通纳这两大核心品种分别是 2016 年国内最普遍使用的降血脂中药及最畅销的国产血管保护类药品。在糖尿病领域，贝希是绿叶制药的核心产品，用于降低 II 型糖尿病患者的血糖水平。绿叶制药是国内唯一的阿卡波糖胶囊生产商，主要竞争对手是拜耳（原研）和中美华东。绿叶制药 2016 年完成了对欧洲 Acino 集团的透皮制剂和植物体业务的并购，收获了透皮贴剂产品线和植入体技术。Acino 集团是一家总部位于欧洲的全球领先的先进透皮释药系统生产商，且为欧洲最大的独立透皮释药系统制造商之一。透皮释药涉及给药一种活性剂，使其透过皮肤局部或系统分布地达到受疾病侵袭的组织，相对传统给药形式具有生物利用度高、使用便捷等优势。此次收购对绿叶制药业务形成协同效应，进一步增强了公司在核心领域的研发实力，并丰富了在研产品线。在研产品新化合物（NCE）及中国 1.1 类化学新药盐酸安舒法辛缓释片（LY03005）已于近日在华完成 II 期临床试验。试验数据显示，LY03005 在治疗抑郁症方面取得积极疗效。注射用罗替戈汀缓释微球（LY03003）已获美国 FDA 批准，免除开展 II 期剂量探索临床试验。按照与美国 FDA 沟通的方案，LY03003 将与目前唯一上市的罗替戈汀制剂 Neupro 透皮贴剂进行相对生物利用度试验，如果可以证明 LY03003 和 Neupro 生物等效，则可进一步免除开展Ⅲ期疗效确证临床试验。这将显著加快 LY03003 的研发进程及加速产品上市周期。

该股合理估值区间是 20~30 倍。

股价催化因素：新药加快上市、海外市场拓展等。

复星医药（02196）

复星医药是一家从事医药生物行业投资的控股型公司，其主要业务有医药研发制造和销售、医疗器械和医疗服务。复星医药已经取得肝病药物、妇科药物、糖尿病药物、临床诊断产品、口腔治疗机等细分市场领先地位。复星医药是国内单抗药龙头、一致性评价龙头、细胞治疗龙头和医疗服务龙头。该公司的核心竞争力主要表现为研发和并购。复星医药拥有国家级企业技术中心，并在上海、重庆、美国旧金山三地建立了高效的国际化研发团队，专注于代谢及消化系统、心血管、中枢神经系统、抗肿瘤及免疫调节、抗感染等治疗领域的研发，主要产品在各自细分市场占据领先地位。复星医药拥有数十项国内外专利。公司共有 8 个产品获批临床，包括 5 个生物类似药和 3 个生物创新药，是为数不多的同时拥有抗 PD-1 单抗和抗 PD-L1 单抗的企业。复星医药同步开拓国内和欧洲市场，丰富的产品组合协同性强。复星医药进行一致性评价的仿制药申报品种丰富，大部分品种目前市场份额不高，通过一致性评价后有很大的增长空间。

复星医药的并购分为境内和境外。复星医药目前已初步具备了国际化的制造能力，有数条生产线通过了相关国际认证，部分制剂和原料药产品已成规模地进入国际市场。在全球市场，已成为抗疟药物研发制造的领先者。重庆药友的固体制剂生产线已通过加拿大及美国 FDA 认证、湖北新生源的膳食补充剂类氨基酸通过 FDA 认证。

复星医药药品销售保持较快增长，特别是心血管系统、代谢及消化系统、抗感染和抗肿瘤等疾病治疗领域主要核心产品，其中：心血管系统疾病治疗领域核心产品销售收入同比增长 25.24%、代谢及消化系统疾病治疗领域核心产品销售收入同比增长 17.39%、抗感染疾病治疗领域核心产品销售收入同比增长 30.37%、抗肿瘤治疗领域核心产品销售收入同比增长 254.37%。新产品中，心血管系统疾病治疗领域的优帝尔（前列地尔干乳）和代谢治疗领域的优立通（非布司他片）的销售快速增长。2014 年，复星医药共有 17 个制剂单品或系列销售过亿元，西黄胶囊和复方芦荟胶囊等产品为首次过亿元，奥德金、阿托莫兰系列等产品销售额均超过 5 亿元。

在零售渠道方面，复星医药与国药控股签订股权转让协议，持有国药控股 30%股权，并对包括复星药业、复美大药房、金象大药房在内的药品分销与零售业务进行了整合、优化资源配置；此外，复星医药也在尝试通过微信及与挂号网合作，开拓 OTO 医疗线上线下模式。

复星医药在北京、上海、山东、浙江、江苏、湖南、安徽、广东、广西、四川等地布局约 20 个医院（集团），包括综合医院、肿瘤专科医院、老年病医院、妇儿医院、胸心专科医院、辅助生殖医院等，且大多为优质的三级甲等营利性医院。

该股合理估值区间是 30~35 倍。

股价催化因素：新药入市、一致性评价进度、并购整合、北水占比提升等。

白云山 （00874）

白云山是大型控股型企业，一直专注于医药健康产业，是中国最大的制药企业，也是广东省最大国企之一。白云山实现了全产业链覆盖；在抗菌消炎、糖尿病、心脑血管、消化系统、清热解毒、男科、儿童用药等领域形成了相对完善的产品布局，在中药、化学原料药、化学药制剂等细分领域市场占有重要地位。白云山旗下业务板块分为大南药、大健康、大商业和大医疗四个板块。大南药板块包括公司旗下中西成药、化学原料药、化学原料药中间体、生物医药和天然药物的研发与制造，大健康业务板块主要是以王老吉为主的饮料、食品、保健品和药妆等产品，大商业板块是医药流通业务，大医疗以白云山医疗健康产业公司为主体，推进医疗服务、健康管理、养生养老等产业投资。

2012 年，白云山成立王老吉大健康公司，以"王老吉"品牌引领大健康产业，主要产品王老吉凉茶在中国凉茶市场上已占据领先地位。白云山中成药业务目前拥有中一药业、陈李济药厂、奇星药业、敬修堂药业、潘高寿药业等 12 家中华老字号药企，其中 10 家为百年企业，拥有国家中药保护品种 4 个，中药独家生产品种 54 个。培养出消渴丸、华佗再造丸、复方丹参片系列、板蓝根颗粒系列、清开灵系列、保济系列、舒筋健腰丸、滋肾育胎丸、壮腰健肾丸、安宫牛黄丸、追风透骨丸等一系列在华南地区乃至全国拥有明显品牌、品种优势的知名产品。优质品牌中药受政策扶持，未来有望享受行业集中度提高的发展机遇，且在 OTC 端存在提价能力。金戈继续维持高速增长。化学药产品主要以白云山制药总厂为主，"抗之霸"品牌为中心，是国内重要的抗生素供应商，拥有从抗生素原料到制剂的完整产业链。生物药领域主要包括广州拜迪和诺诚生物公司等资产，业务布局包括狂犬病疫苗、治疗性乙肝疫苗和肿瘤疫苗等产品，主要以生物新药为主，是白云山未来重点发展方向和重要看点之一。

白云山通过收购控股广州医药，在近 10 年中，广州医药实现了快速发展，营业收入由 2006 年的 73.84 亿元增至 2016 年的 330.05 亿元，增长超过346.98%。广州医药也是目前中国医药流通领域最大的中外合资企业，已经成为华南地区最大的医药流通企业。

白云山加速推进三个方面的增长点：继续加大对饮料业务的投入，将王老吉做成最大的单品，并形成平台效应；继续推进创新药业务的发展，大南药的思维不变；移动医疗和未来医院的加速推进。

该股合理估值区间是 20~30 倍。

股价催化因素：整合效果、北水占比提升等。

中国中药（00570）

中国中药是大型综合性现代中药企业，集医药研发、生产、流通为一体的医药产业集团。中国中药汇集传统中药精髓，跨越 400 多年历史，传承了自明代以来开创的"梁仲弘蜡丸馆""冯了性""同济堂""源吉林"等祖铺老号，拥有"仙灵""同济堂""仙灵骨葆""德众"四个中国驰名商标，"冯了性""德众""同济堂"3 个中华老字号品种以及"冯了性风湿跌打药酒""少林跌打止痛膏""源吉林甘和茶"3 个非物质文化遗产产品，中国中药生产销售近 500 个品规药品。中国中药下属公司包括广东环球制药有限公司、佛山德众药业有限公司、佛山冯了性药业有限公司、山东鲁亚制药有限公司、同济堂药业有限公司、天江药业等，拥有从传统中药到现代制药的全部剂型，其中多个产品被列入国家中药保护品种、专利保护品种、优质优价品种、国家基本药物目录品种等。天江药业为中国最大中药配方颗粒制造商，仙灵骨葆、颈舒颗粒、润燥止痒胶囊、枣仁安神胶囊、风湿骨痛胶囊属同济堂主要产品。中国中药拥有国药集团作为控股股东的坚实央企背景，未来可通过收购重组，成为中国中药行业的领军企业。

中国中药是国药集团下唯一的中药平台，2015 年通过收购江阴天江药业成为中药配方颗粒行业龙头，公司在并购整合的过程中，收入和利润保持快速增长。目前中药配方颗粒是公司收入和利润的主要来源，市场份额占 50%，是中国最大的中药配方颗粒制造商。中药配方颗粒行业景气度高，渗透率低，医院覆盖率仍有较大的提升空间，预计未来 3~5 年行业仍能保持 20%的发展速度。

中国中药目前加快布局中药饮片产业，2017 年收购 4 家饮片公司打通产业链上下游，并继续扩大医院覆盖，为拓展配方颗粒销售渠道提供有力支持，实现中药饮片和配方颗粒比翼双飞。中药饮片市场规模为 1870 亿元，预计 2017~2021 年年均复合增长率有望达到 14.4%。饮片业务与其配方颗粒业务具有高度协同性，有助于中国中药巩固其在中药产业链上的地位。中药饮片板块有望成为公司新的收入驱动力。受益于大品种培育计划，成药业务逐步复苏。

该股合理估值区间是 15~20 倍。

股价催化因素：竞争加剧、行业复苏、产业链协同和并购整合、管理层激励、北水占比提升等。

截至 2018 年 1 月，全国已完成公立医院零加成改革，两票制也已在 24 个省份正式执行，其余 7 个省份也将在 2018 年完成执行。从最早执行两票制的福建和安徽来看，两票制将促使流通企业集中度加速提升。医药商业估值及相对溢价率处于历史低位，长周期布局正当时。

医药流通是一个规模成本递减行业：一方面，规模越大的流通企业单次配送量越大，平均配送成本越低；另一方面，规模越大的流通企业信用评级越高，融资成本越低。医药商业处于行业集中度快速提升时期。医药商业 Top3 市占率从 2011 年的 22.7%提升至 2015 年的 28.6%，Top10 市占率从 33.8%提升至 39%。医药流通的批发端受益于两票制，高值耗材、IVD 等专科经销商也在通过打包等方式快速淘汰及并购小型企业，零售市场连锁化率也在提高，因此营收增长高于行业增速。大型流通企业财务成本、运营成本更低，长期将形成寡头垄断格局。同时，随着 2017 年以来融资成本不断上升以及药品和器械两票制的持续推进，小企业生存空间不断缩小，行业集中度有望实现加速提升。

国药控股（01099）

国药控股是中国最大的药品流通企业（唯一实现 31 省份全覆盖），同时拥有全国最大的连锁药店（国大药房），其 2000 亿元的流通收入体量是第二名的一倍。其控股股东国药产投的 51%股权归属国药集团，49%股权归属复星医药，2016 年国药控股完成了股权激励计划以充分激发管理层的积极性。过去 4 年国药控股 ROE 持续提升，2016 年达 15.02%，领先同类企业华润医药（ROE13.25%）、上海医药（ROE10.39%）。

2010~2016 年国药控股分销业务收入年均复合增速 24.7%，同期全国医药商业规模年均增速 17.2%，国药控股分销业务收入增速持续高于全国水平，体现出公司优秀的管理运营能力。国药控股有强大的融资能力和回款能力，融资成本低，财务费用控制较好。受益"两票制"改革带来的行业集中度提升（收购地区基层小型流通企业）和龙头规模效应。

目前，处方药在零售市场的增速已经反超 OTC，对零售市场增量贡献达到 61.2%。处方药带动整个零售行业回暖表明医院处方外流已经逐步显现。我们认为，随着 2017 年零加成在全国公立医院推广以及药占比控制力度逐渐增强，医院和医生均有动机推动处方外流。伴随处方外流，未来一段时间药品零售行业增速有望持续提升。2013~2016 年国大药房收入复合增速 25.22%，而国内零售行业 2013~2015 年复合增速为 12.90%，国大药房收入增速持续高于行业增速。

该股合理估值区间是 15~20 倍。

股价催化因素：两票制推进进度、收购整合、北水占比提升等。

上海医药 （02607）

上海医药是一家总部位于上海的全国性医药产业集团。上海医药主营业务覆盖医药研发与制造、分销与零售，是中国为数不多的在医药产品和分销市场方面均居领先地位的医药上市公司。上海医药的分销网络以中国经济最发达的华东、华北、华南三大重点区域为中心辐射全国各地，上海医药分销业务规模排名全国第二。公司药品零售销售规模居全国药品零售行业前列，直接覆盖全国 24 个省份，长期受益于商业集中度提高，预计调拨业务减少对业绩影响将在 2018 年上半年结束；医药工业众多一致性评价品种，有望受益于一致性评价带来的集中度提高。收购康德乐，扩大市场覆盖面，减少了在北京、上海等地的竞争，上海医药成为国内最大 DTP 药房集团，有望成为国内最大的进口药品代理商。

上海医药是国内仿制药大企业，将充分受益于一致性评价带来的行业集中度提高。上海医药的一致性评价提交备案的 83 个品种在一致性评价后生产厂家减少，集中度提高，上海医药有望获得更多市场份额，提升空间极大。一致性评价后，预计进口替代率将上升。上海医药选择这些品种，优先完成一致性评价，抢占市场先机，有望获得可观份额。

该股合理估值区间是 18~22 倍。

股价催化因素：商业整合、两票制进程、一致性评价进度、管理层激励、北水占比提升等。

华润医药（03320）

华润医药是中国领先的综合医药公司，从事研发、制造、分销及零售种类繁多的医药及其他保健产品。华润医药主要经营以下三大部分：①制药业务。集团从事研发、制造及销售种类繁多的医药及其他保健产品。②医药分销。华润医药向医药制造商及配药商（如医院及其他医疗机构、分销商及零售药店）提供综合、智慧化及一体化的分销解决方案。③药品零售。集团经营及特许经营的零售药店网络覆盖中国内地 27 个省份以及中国香港。

华润医药是中国第一大 OTC 制药集团，其制药板块以华润双鹤、华润三九和东阿阿胶为主，其中化药平台双鹤战略收缩大输液板块，通过慢性病用药放量恢复快速增长；中药处方药和 OTC 平台三九则利用口服产品对中药注射剂进行替代，并凭借非处方药和中药配方颗粒恢复业绩；东阿阿胶致力于价值回归，未来也将受益于消费升级，终端产品提价。华润医药也将涉足收购高潜力的生物药品行业来完善布局。华润医药拿下全球化的医疗技术公司 BD 五款基础耗材产品在中国的代理销售，受到业内关注。而根据华润医药的规划，医疗器械业务将是其下一步培育和发展的重点业态。

该股合理估值区间是 18~20 倍。

股价催化因素：集中度提高、产业链协同和并购整合能力、管理层激励、北水占比提升等。

考虑到人口老龄化、精神压力和医保等原因，医疗行业需求将保持稳定增长。国内医疗设施和医护人员配备都明显低于发达国家水平。"十三五"规划纲要明确提出要把医疗服务行业的市场规模从 2 万亿元提升到 8 万亿元，也就是说每年要增长 20%以上，行业有巨大的增长空间。医保覆盖的扩大和政府财政投入的增加使国内医疗卫生个人医疗负担大幅降低，人均可支配收入正逐年稳步增长，两方面因素共同使得医疗消费升级正逐渐成为趋势。目前在零加成和限制药占比的重要医改政策影响下，公立医院的经营压力陡增，而过去一直以精细化经营和成本控制为竞争力的民营医疗优势正逐渐体现，未来有望将经营管理的优势转化为企业快速增长的动力。

华润凤凰医疗（01515）

华润凤凰医疗是社会资本办医和公立医院改革的先锋，在长期发展中积累了丰富的医院投资和运营管理经验，其是亚洲最大的医疗服务集团之一。华润凤凰医疗旗下拥有103家医疗机构，分布于北京、华北、华东、华中、华南等主要区域，提供临床诊疗、健康管理、公共卫生、医养结合等全方位、多层次的医疗健康服务，其中三级医院7家、二级医院14家、一级医院27家、社区机构55家，总床位数近1.2万张，年出入院患者30万余人次，年门急诊总量近900万人次。

华润凤凰医疗的业务主要包括"经营营利性医疗机构"和"向自有或管理的非营利性医院提供医院管理服务"两项，并通过"投资—运营—移交"模式参与公立医院改革，提升公立医院运营效率。中国医疗体制改革为公司创造良好的增长及扩张环境，华润凤凰医疗通过IOT（Investment-Operation-Transfer）模式快速扩张。同时发挥集团规模优势，供应链服务（GPO）业务快速发展，营业额快速增长（占比超过50%），采购成本控制能力的增强推动GPO业务毛利率上升。未来华润凤凰医疗有望以医院集团为基础，向产业上下游延伸，开展多项衍生业务，实现综合医院集团商业模式的价值最大化。

华润凤凰医疗创始人退出，华润凤凰医疗恢复盈利和快速发展，华润凤凰医疗的发展前景和整合方向更为明朗。

该股合理估值区间是15~20倍。

股价催化因素：项目快速扩张、管理层激励、北水占比提升等。

环球医疗（02666）

环球医疗是中国的最大型综合医疗服务供货商。环球医疗向医院客户提供一系列综合解决方案，包括：①设备融资解决方案；②医疗行业、设备及融资咨询服务；③科室升级解决方案。

环球医疗大力进军医疗服务行业，环球医疗的融资租赁业务专注医疗领域，目前进展非常顺利。预计2014~2018年地县级医院的收入将按18.5%的年复合增长率增长。环球医疗以地县级医院作为核心客户群，基于这些医院拥有较高的增长潜力，在2017年环球医疗提供服务将超过1400家二级以上医院，覆盖39个中国省市，其中80%以上的医院客户年收入都超过1亿元。

由于环球医疗提供一体化服务，所以容易对医院客户实现交叉销售。除了融资租赁，公司还提供咨询服务以及科室升级服务。咨询服务目前收入占20%多，科室升级服务收入占 5%。

环球医疗营收、净利、派息连续 3 年保持 30%的增长，目前估值基本按照金融租赁的估值，随着医疗服务的快速拓展，估值有望得到大幅提升。

该股合理估值区间是 14~20 倍。

股价催化因素：估值恢复、管理层激励、北水占比提升等。

早在 2014 年，国家首次启动优秀国产医疗设备遴选计划，2017 年 1 月开始，中共中央、国务院办公厅、国家发改委等陆续发文，支持国产器械创新，并于 2017 年 12 月明确重点支持方向，旨在缩小国产器械（含诊断）与国际先进水平的差距。除国家层面支持鼓励国产器械研发生产外，四川、浙江、广东等 8 个省份明确提出在省内公立医院采购医疗器械时优先国产，部分省在一些品种上强制采购国产。我国已经成为全世界医疗器械的主要生产国和主要消费国之一，到 2020 年国内的年销售总额预计将超过 7000 亿元，未来 10 年年均增速将达 10%以上。

微创医疗（00853）

微创医疗是中国高端医疗器械领军企业，在骨科医疗器械业务、心血管介入产品、心律管理产品、大动脉及外周血管介入产品、神经介入产品、电生理医疗器械等领域布局全面，研发投入领先。

冠脉支架产品是微创医疗利润和收入增长的发动机，国内冠脉支架基本完成进口替代，竞争格局稳定，公司牢牢占据接近 1/3 市场份额，新产品竞争力强。目前微创医疗第三代药物洗脱支架 Firehawk 仍在生命周期的早期，我们预计未来三年销售有望保持高速增长，同时 Firebird2 保持稳定的增长。

微创医疗骨科产品来自收购美国骨科器械企业，比国产品牌优势明显，在并购整合完成后，有望高速发展。微创医疗储备重磅产品开始陆续上市。国产化心脏起搏器 2017 年 9 月获批，有望与拟收购的 Livanova 公司的进口 CRM 产品协同发展，进军国内被外资占据的心脏起搏器 30 亿元大市场。TAVI（经导管主动脉瓣膜置入术）瓣膜预计 2018 年上市，数十亿元市场空间，微创医疗属于中国市场前三领跑者之一，产品有望成为公司长期发展动力。微创医疗股价表现将取决于新并购 CRM（心律管理）业务会否有实质进展及带来协同、骨科业务能否在 2018 年出现盈利，以及 Firehawk 产品能否维持高增长。

该股合理估值区间是 15~20 倍。

股价催化因素：并购后恢复盈利、新产品上市、北水占比提升等。

先健科技　（01302）

先健科技从事制造、营销心血管及周边血管疾病所用先进微创介入的医疗器械。美敦力是先健第一大股东，占 24.98% 的股份。以先天性心脏缺损封堵器植入手术量计，公司是全球先天性心脏缺损封堵器第二大供货商。先健科技的三代封堵器系列 HeartR、Cera 及 CeraFlex 提供先天性心脏缺损封堵器是应用最广泛产品系列之一。先健科技有六种其他类型的微创植入物及器械，包括公司的专有 Aegisy 腔静脉滤器、Ankura 覆膜支架、Green Arrow/Blue Arrow/Red Arrow 球囊导管、Cera 及 CeraFlex 血管塞、Supporter 冠状动脉支架及 PerMed 生物瓣膜，包括 FuStar 可调弯鞘。目前，先健科技已有六项产品获食品药品监管总局认可为创新医疗器械。

芯彤 HeartToneTM 起搏器，获全球最大规模的医疗科技公司 Medtronic，Inc.（美敦力）提供技术、生产、品质及法规方面的支持。2017 年 12 月 18 日，HeartToneTM 起搏器获食品药品监管总局认证，连同于 2017 年较早时获食品药品监管总局认证的相关心脏起搏电极导线，使先健科技成为中国首家拥有达到国际级技术及功能的植入式心脏起搏器系统的生产厂家。先健科技起搏器是拥有最大电池容量的国产起搏器。

先健科技业务主要分先心封堵器、外周支架、左心耳封堵器、起搏器、可降解支架五个板块，目前有贡献盈利的是先心封堵器和外周支架业务。未来五年的增长点在左心耳封堵器及起搏器，未来十年的增长点看铁基可降解支架。先健科技即将进入业绩释放期。

该股合理估值区间是 20~30 倍。

股价催化因素：新产品业绩释放、北水占比提升等。

5.5　美丽中国

"十三五"期间，节能环保产业年增速有望达到 20% 以上，环保投入将增加到每年 2 万亿元左右，社会总投资有望超过 17 万亿元。"十三五"节能环保产业将迎来前所未有的黄金发展期，其中污水治理、环境监测及土壤修复将成为环保行业的三大投资主线。"十三五"期间，除了大气、水处理、垃圾发电行业继续保持政策高度倾斜外，还有很多细分领域值得挖掘，行业空间并未完全打开，还处于政策萌芽期，展望"十三五"，工业固废、土壤修复、清洁能源的行业仍然面临较大的投资机会。

继中共十八大报告首次提出"建设美丽中国"后，中共十九大继续强调这一国策。在"十三五"规划中，推广新能源汽车、绿色建筑等都成了高频词汇，建设美丽中国和推进绿色发展将通过继续出重拳在末端治污减排，更加侧重前端治理，力推新能源汽车，绿色建筑、绿色材料等。"十三五"规划中明确了"推进多污染物综合防治和环境治理，实行联防联控和流域共治，深入实施大气、水、土壤污染防治行动计划。"规划提出要推动低碳循环发展，工作重点在于"主动控制碳排放，加强高能耗行业能耗管控，有效控制电力、钢铁、建材、化工等重点行业碳排放，支持优化开发区域率先实现碳排放峰值目标，实施近零碳排放区示范工程"。

"十三五"期间，环保行业投入将进一步增强，节能环保产业年增速有望达到20%以上，环保投入将增加到每年2万亿元左右，社会总投资有望超过17万亿元。在持续性政策利好的推动下，环保行业高景气度持续可期。环保税已于2018年1月1日起开征，其更强的法律效力将进一步倒逼企业治污减排。

随着"美丽中国"建设的推进、国家对环保投入的不断加大以及国民环保意识的觉醒，"十三五"节能环保产业将迎来前所未有的黄金发展期，其中污水治理、环境监测及土壤修复将成为环保行业的三大投资主线。"十三五"期间，除了大气、水处理、垃圾发电行业继续保持政策高度倾斜外，还有很多细分领域值得挖掘，行业空间并未完全打开，还处于政策萌芽期，展望"十三五"，工业固废、土壤修复、清洁能源的行业仍然面临较大的投资机会，如图5-5所示。

图5-5是环保各子行业的发展阶段，可以看到：未来5~10年，固体废物处理，脱硝、污泥处理，工业废水处理，环境监测将进入高速成长期，重金属污染防治以及土壤地下水修复被列为重点攻关领域。对于非碳新能源而言，我们看好太阳能和核能利用，以及新能源汽车、自动车的发展机会。

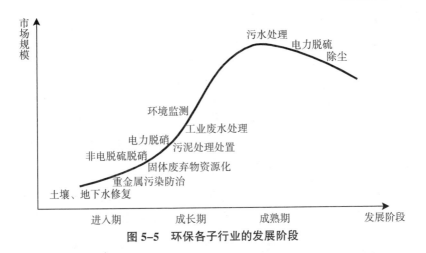

图 5-5　环保各子行业的发展阶段

在这样的背景下，中国的环保、新能源汽车、节能减排等相关行业将出现为期十年的快速增长的黄金发展阶段。这些行业有政策支持，处于高速发展阶段，发展前景明确，其中规模较大的龙头企业，增长性明显。我们从行业角度出发，发掘其中较可能成为中长期跑赢市场的投资标的。

通过从上至下的行业、分行业、市场竞争分析和政策解读，当前最有投资价值的细分领域如下：

三废处理：污水处理，污泥处理（包括黑臭水体处理，土壤修复），大气综合治理、固体危废处理。

节能减排：热电联产、光热发点、核电、天然气、新能源车。

环境监测：污染源监测设备和服务、环境监测设备和服务。

北控水务集团（00371）

北控水务集团是国内具有核心竞争力的大型水务集团，主要从事兴建污水及自来水处理厂、污水处理、自来水处理及供水、提供技术服务及授权使用有关污水处理之技术知识。北控水务集团以"领先的综合水务系统解决方案提供商"为战略定位，以市场为基础，以资本为依托，以技术为先导，以管理为核心，专注于供水、污水处理等核心业务和环保行业。

北控水务集团为中国水务行业龙头，预计将受益于"PPP+基金"模式，增长提速。公司运营项目储备丰富，过往成长高速且处理能力仍在快速成长，PPP正在打造新利润增长点。未来 2~3 年随着北控水务集团运营水量快速增长及部分水厂调价，北控水务集团水处理业务板块业绩保持稳定增长。

该股合理估值区间是 14~20 倍。

股价催化因素：PPP 项目落地、水体治理政策力度、北水占比提升等。

中国光大绿色环保 （01257）

中国光大绿色环保是中国专业环保服务提供商，专注于生物质综合利用、危废处置、光伏发电及风电业务。中国光大绿色环保开发了独特的生物质及垃圾发电一体化项目。两种项目成套开发。除了处理生物质原材料外，该项目还通过焚烧处理生活垃圾，进行发电和供热。中国光大绿色环保通过处理生活垃圾可以获得当地政府支付的垃圾处理费，通过发电获得上网电费和蒸汽购置费。

中国光大绿色环保生物质材料的年处理能力达到 710 万吨（相当于发电装机 726 兆瓦和每年生产 127.4 万吨蒸汽），垃圾发电项目的单日处理能力达 4600 吨（84 兆瓦），其中生物质项目已投运产能仅有 160 万吨/年（145 兆瓦），垃圾焚烧发电已投运产能仅有 400 吨/天（6 兆瓦）。预计公司 2016~2018 年生物质的有效装机容量将从 80 兆瓦提升至 384 兆瓦，年复合增长率 119%；垃圾发电项目的有效装机容量将从 255 吨/天增长至 1885 吨/天，年复合增长率 175%。中国光大绿色环保正在积极地扩张产能，预计中国光大绿色环保 2016~2018 年生物质业务的收入和毛利润有望分别获得 40% 和 41% 的年复合增长率（中金公司）。

2011~2016 年，中国危废处置厂从 644 家增长至 993 家，年复合增长率达到 9%。但大部分为地方性的小厂。2016 年，行业前 10 名企业在总设计产能中仅占 7.9%。目前，中国光大绿色环保的危废处置设计产能排名第 3 位、投运的危废处置产能排名第 5 位。公司的危废处置业务集中在华东，行业存在较大集中化空间。

该股合理估值区间是 14~20 倍。

股价催化因素：项目进度、政策补贴、原材料成本、垃圾发电项目转入、北水占比提升等。

东江环保 （00895）

东江环保是一家专业从事废物管理和环境服务的高科技环保企业。主营业务为工业废物处理、市政废物处理以及增值性配套服务。东江环保于 2003 年在香港联交所上市。公司为客户提供包括废物的处理及处置、环保设施的设计、建设及运营管理以及环保技术和咨询的全方位、一站式环保解决方案，通过独到的技术和手段将废物转化为原材料及能源等再生产品进行销售。东江环保立足广东，辐射全国，目前已拥有 60 多家子公司，形成了覆盖珠三角、长三角及中西部地区的危废产业布局。东江环保危废总产能超过 150 万吨，稳居行业第一，危废行业在未来 5 年需求增速将维持在 25%~30%的水平，同时，整体行业呈现出资源化利用精细化，无害化处理高效化的趋势。

绿色动力环保（01330）

绿色动力环保是一家全国性的国有垃圾焚烧发电商，是最早经营垃圾发电的国企之一，拥有 13 年的丰富项目经验。大股东是北京市国有资产经营有限责任公司，总部位于深圳。业务涉及城市生活垃圾处理项目的投资建设、运营管理、技术研发，核心配套设备的供应，以及顾问咨询等专业化服务，为城市垃圾处理提供整体解决方案。

绿色动力环保营运中、在建和规划中的项目分布全国不同地区，如北京、天津、江苏、浙江、山东、山西、湖南、湖北、广东和广西等，为中国布局最广泛的垃圾焚烧发电企业之一。截至 2017 年 11 月，绿色动力环保已签约垃圾焚烧发电特许经营项目 27 个，总处理能力约为 29960 吨/日。已运营项目 13 个，产能已达到 9550 吨/日。绿色动力环保在建项目有 5 个，筹建项目有 10 个，在建和筹建项目的总规模达 1.9 万吨/日，未来可释放的产能是目前在运营产能的两倍多。

垃圾焚烧发电行业进入成熟期，集中度有望提升。地区差异大，城区市场趋于饱和，存量项目提标扩容需求明显；新项目向县城转移。行业进入成熟期，竞争加剧，未来集中度有望提升。绿色动力环保市场占有率提升至前八。公司储备项目规模大，同时向产业链上游垃圾收运、餐厨垃圾及垃圾处理一体化发展；收购危废公司，拓宽业务领域。绿色动力环保更改会计准则，2017 年年报开始将不再确认建造收入。公司将于 2018 年登陆 A 股，提升公司融资能力，加速项目扩张。

该股合理估值区间是 14~20 倍。

股价催化因素：项目进度、政策补贴、A 股 IPO 进度、北水占比提升等。

比亚迪股份（01211）

比亚迪股份是主要从事二次充电电池业务、手机部件及组装业务，以及包含传统燃油汽车及新能源汽车在内的汽车业务，同时利用自身的技术优势积极拓展新能源产品领域的相关业务。比亚迪股份是全球领先的二次充电电池制造商之一，主要客户包括诺基亚、三星、摩托罗拉、华为、中兴等手机领导厂商，以及博世、TTI 等全球性的电动工具及其他便携式电子设备厂商。比亚迪股份还是全球最具竞争能力的手机部件及组装业务的供应商之一，主要客户包括诺基亚、三星、摩托罗拉、华为、中兴等手机领导厂商。

比亚迪股份是新能源汽车引领者，连续三年成为全球新能源汽车销量第一。2018年新能源乘用车销量有望突破20万台，将推出秦二代、唐二代、元EV以及宋MAX新能源版四款新车型，宋DM将全年贡献也将带来增量。新能源车补贴政策利好公司，电动客车业务稳步增长，与云轨一起向其他城市市场扩张。

云轨主要适用于三四线城市，云轨建设将采取PPP形式，成立合资公司，注册资本为项目总投资的30%。比亚迪仅出资项目总额的10%~20%。目前有8个城市在建，每个城市平均建造十多公里，按单公里造价1.5亿~2亿元，2018年云轨业务有望确认150亿~200亿元收入，按20%的毛利率及6%~7%的净利率，2018年云轨业务有望贡献10亿~15亿元净利润。

比亚迪股份尝试去垂直化，剥离一些不擅长的业务给合资企业。

该股合理估值区间是20~30倍。

股价催化因素：云轨进展、新车型推出、北水占比提升等。

华能新能源（00958）

华能新能源是中国华能集团公司旗下的子公司。华能新能源致力于新能源项目的投资、建设与经营，以风电开发与运营为核心，太阳能等其他可再生能源协同发展。

2017年全年风电发电21191十亿瓦特，光伏发电1242十亿瓦特。风电、光伏和总发电量分别获得同比增长15.0%、23.8%、15.4%。华能新能源预期2018年将恢复其预定的项目扩张节奏。华能新能源较同业更早将风电场发展的重点从东北、西北地区转移到中部、东南地区，因此得以通过先发优势抢占4类风区中风资源最佳项目。

风电板块政策驱动性明显，在2018年3月后将会陆续有新的政策出台，另外更进一步的市场催化剂将随配额制及绿证在2018年下半年进一步明确和细化。

该股合理估值区间是20~25倍。

股价催化因素：限电情况、政策补贴、估值恢复、北水占比提升等。

协鑫新能源（00451）

协鑫新能源是保利协鑫控股的中国最大的民营光伏电站运营商，具备自行开发、建设管理及运营维护的能力。在国内26个省运营着128个光伏电站。截至

2017 年底，协鑫新能源光伏装机达到 6.0 十亿瓦特，其中并网装机 5.5 十亿瓦特。协鑫新能源装机主要分布在中东部地区，在限电严重区域装机占比仅约 7%，限电问题较小。协鑫新能源积极参与领跑者和光伏扶贫项目，2016 年获得 360 兆瓦特的领跑者项目，位列全国第三；250 兆瓦特光伏扶贫指标，位列全国第一。2017 年，协鑫新能源获得 600 兆瓦特光伏扶贫指标，位列全国第一。由于领跑者项目不受限电影响，扶贫项目享受标杆上网电价及优惠贷款利率，因此均具有较好的资金回报率。

"十三五"将是太阳能产业发展的关键时期，基本任务是产业升级、降低成本、扩大应用，实现不依赖国家补贴的市场化自我持续发展，成为实现 2020 年和 2030 年非化石能源分别占一次能源消费比重 15% 和 20% 目标的重要力量。根据太阳能发展"十三五"规划，到 2020 年底，太阳能发电装机达到 110 十亿瓦特以上，其中光伏发电装机达到 105 十亿瓦特以上。光伏行业进入一个新的发展周期，从规模效应向技术升级过渡，政府提高光伏产品的转换效率，"高效 + 降本"成为主旋律。

该股合理估值区间是 14~20 倍。

股价催化因素：政策补贴、估值恢复、北水占比提升等。

新天绿色能源 （00956）

新天绿色能源是华北地区领先的清洁能源开发与利用公司，是河北省最大的天然气分销商，亦是河北省最大的风电运营商，是中国十大风电运营商之一。河北建投为新天绿色能源的控股股东，直接持有新天绿色能源约 50.5% 的股权。新天绿色能源主要从事清洁能源开发与利用，旗下拥有两大业务板块：天然气业务和风电业务。新天绿色能源在河北省拥有运营天然气输配设施，并通过天然气分销渠道销售天然气。新天绿色能源从事风电场的规划、开发、运营及电力销售，在河北、山西、新疆、山东、云南、内蒙古等地区拥有风电项目。新天绿色能源的气源主要来自中石油、中石化的气源，用气量较稳定。河北地区风电消纳情况较好。

河北省未来发展将受政策支持而形成刺激，包括京津冀协同发展，雄安新区规划，以及 2022 年北京—张家口冬季奥林匹克运动会。这将对可再生能源电力及天然气消费带来显著的增长空间。新天绿色能源将受惠于河北省对清洁能源需求的快速增长。

2017 年新天绿色能源的天然气销量出现强劲反弹，归因于燃气需求的内生性增长，河北煤改气带来增量需求。长期来看，随着河北省人口流入增加以及工业能源清洁化，燃气需求将维持明显增长。

该股合理估值区间是 14~20 倍。

股价催化因素：行业转好、估值修复、北水占比提升等。

中国燃气 （00384）

中国燃气是天然气民营服务商，主要在中国大陆从事投资、经营、管理城市燃气和管道基础设施，向居民、商业和工业用户输送天然气，建设及经营加气站，开发与应用天然气相关技术。

中国燃气对"煤改气"政策最为敏感，因其盈利增长很大程度依赖乡镇"煤改气"的接驳费增长。中国燃气预计在未来几年内，将有超过 800 万户与煤改气相关的接驳用户。为提高京津冀地区的空气质量，政府正鼓励住宅用户进行煤改气工程。中国燃气已与该地区 9 个主要城市签订了清洁能源战略合作框架协议。多个项目已经展开，项目范畴涉及农村煤改气、城市燃煤锅炉改为燃气锅炉、天然气汽车加气站、分布式能源和天然气储存，以及天然气管网建设等。

该股合理估值区间是 14~20 倍。

股价催化因素：煤改气进度、北水占比提升等。

第6章 港股A股化

我们在前面几章主要讨论了港股自身特有的市场风格和投资策略。但是，这个市场正在发生翻天覆地的变化。改变的动力来自外部和内部，其中最为重要的是两个方面：中国内地和港股连通以及H股全流通导致的市场参与者结构变化，以及由此导致的日益明显的"港股A股化"进程；港交所和香港证监会主导的制度完善及市场治理，如"同股不同权"和打击老千股损害中小股东行为的行动。这种市场变化需要投资者不断调整投资理念、策略和方法，才能始终踏准节奏，保持良好的投资业绩。本章重点讨论这个变化过程，并提出投资者如何应对的建议。

6.1 港股A股化的发展历程和市场特点

随着中国内地和中国香港互连互通，港股交易会逐步表现出"A股化"特征。中国内地资金对港股的影响已不局限于成为股价上涨的推动力，更多的是它正在慢慢改变港股过往的游戏规则。港股A股化阶段的投资策略，整体思路是科学配置，并充分利用中小市值港股的估值上调行情获取最大收益。大盘蓝筹股、中型股和小型股的比例可以根据风险偏好进行调整。中小型股主要以AH股差价较大和基本面较好的股票以及在A股中存在相似股票而且估值差距较大的股票，特别是一些细分行业龙头股以及一些有可能成为黑马股的股票。

2015年4月，笔者在中国香港出版了《港A股》一书，提出随着中国内地和中国香港互连互通，港股交易会逐步表现出"A股化"特征。随着中国内地散户投资者涌入港股市场，中国香港股市将会出现明显分化，最终会形成两大投资风格和两个投资集团，即以欧美机构投资者和国内价值投资者为主的大中型价值股、成长股板块和以中国内地与中国香港散户投资者为主的小型股投机板块。但这个进程较难把握，要根据中国内地资金流向中国香港的速度和规模而定。

当时，市面上似乎对这个判断不以为然。而 2015 年 5 月之后突发的股灾，直接将短暂的港股"大时代"打回了原形。紧接而来的是针对境内外联动做空中国的治理整顿，"港股 A 股化"进程被中断。我们可以将这一短暂时间称为"港股 A 股化"预演。

"港股 A 股化"预演阶段戏剧性结束

2015 年 4 月初的北水南流只是拉开了序幕，除了中国内地散户通过其他途径直接在中国香港券商开户之外，观察沪港通的每日额度使用情况，可以发现中国内地资金流入港股的主要时间段是 3 月中旬到 4 月中旬，如图 6-1 所示。

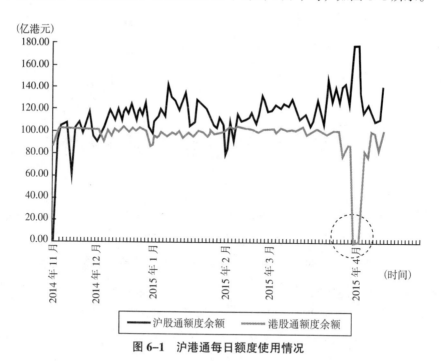

图 6-1　沪港通每日额度使用情况

特别是 4 月前半月，港股成交量明显放大，而在后半月则出现资金退潮现象，但仍在 2000 亿港元附近，如图 6-2 所示。

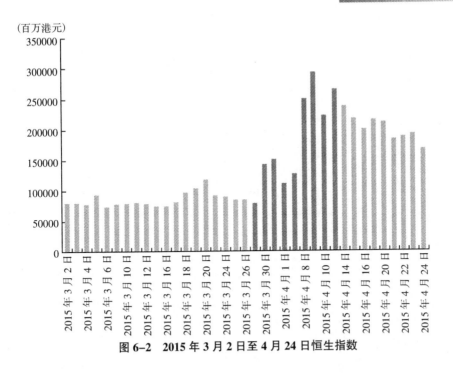

（百万港元）

图 6-2　2015 年 3 月 2 日至 4 月 24 日恒生指数

我们从这段时间的恒生指数和国企指数上也能够明显看到资金冲击的效果。2015 年 3 月 30 日恒生指数还徘徊在 25000 点之下，4 月初即一跃而上，月中达到 28000 点，之后顺势边调整边惯性上冲，4 月 27 日到达 28588 点，之后开始回落，4 月 30 日收盘仍高于 28000 点。国企指数在 3 月底还未能突破颈线 12400 点，之后一路上扬，月中达到 14942 点高位，然后开始整顿。而这期间尽管北水似乎减弱了，但在欧美交易时段却涌入大批热钱。为此，香港金管局为维持汇率稳定，连续 11 次向市场注入近 700 亿港元。这说明外资已经掉头重新评判港股市场，而恒指和国企指数之所以没有明显跌落也是因为这些后续资金的补充支持，如表 6-1 所示。

表 6-1　2015 年 4 月香港金管局为维持汇率稳定连续向市场注资

时间	事件
2015 年 4 月 9 日	注资 31 亿港元
2015 年 4 月 10 日	第 1 次注资 62 亿港元
	第 2 次注资 69.75 亿港元
2015 年 4 月 11 日	注资 62 亿港元

续表

时间	事件
2015 年 4 月 20 日	第 1 次注资 23.25 亿港元
	第 2 次注资 92.6 亿港元
2015 年 4 月 21 日	注资 77.5 亿港元
2015 年 4 月 22 日	注资 15.5 亿港元
2015 年 4 月 23 日	注资 19.38 亿港元
2015 年 4 月 24 日	注资 131.75 亿港元
总计	697.89 亿港元

当时笔者推测"港股 A 股化"很可能在深港通开通前 2~3 个月开始启动。有一些中国内地投资机构仍会热捧蓝筹大盘股，而且由于很多红筹股指数成份股和中国企业指数成份股也属于这一阵营，因此港股的主力和支持大盘的力量不仅不会缩减，还会在一定阶段被增强。

深港通开通之后，笔者密切留意"中国内地资金"动向，作为判断港股大盘趋势的基本面因素，2017 年初，再次观察到中国内地资金缓慢流入港股，布局建仓，明确提出港股进入牛市，A 股维稳有效的观点。当时观察到的每日"北水"净流入平均水平是 20 亿港元左右。而这个指标在 2017 年 11 月已经翻番了。"港股 A 股化"很明显已经启程，而且在 2017 年打了漂亮的一仗——恒生指数上涨了 36%，国企指数上涨了 24%。国内资金可以有效控制两大指数的走势。

"港股 A 股化"在 2017 年初仍未能得到业界认同，现在可以很明确地下个判断，港股将加速"A 股化"。在我们考量的中国内地资金中，"北水"只是一个表征指标，并不能代表中国内地资金投入港股市场的全部，甚至只能算其中一个零头。

我们所指的中国内地资金主力是沉淀在中国香港的"内地人"的储蓄。如果大家看看中国香港房市的火爆，就应该大体了解到这类资金的巨大体量和实力了。但是这个金额在港交所查不到，因为是被纳入本地资金统计的。港交所把港股资金来源分为："北水"，北水掀起的本地资金，与北水博弈的外资，这个分法和笔者看法相似，不同点是第 3 项实际是外资与前两项资金的博弈。

港股确实越来越 A 股化了。其主要特征就是扎堆炒作，追涨杀跌，"羊群效应"明显。但与以往略有不同的是，无论是 A 股还是港股，到 2017 年底为止，主要表现为"北水"资金集中炒作龙头股、蓝筹股。这与笔者在 2015 年的判断不同，当时认为散户资金可能会率先进入港股市场，而掀起中小盘股票炒作浪潮。也许是因为股灾造成的冲击，在两地股市互通之后，这部分资金表现得异常平静。

在中国香港市场，中国内地资金采取先炒大盘的策略也很容易理解，盖因之前是外资占主导，而外资偏好的正是这类股。而中国内地、中国香港两地连通之后，因为种种原因，率先进入港股市场的是机构投资者和国家队资金。境内外机构投资者直接开始在决定大盘的一部分蓝筹股上展开了博弈。中国内地资金喜欢扎堆炒，不断推高腾讯、中国平安、招商银行等几只股票。这样做的好处是直接累加上来，不用另起炉灶。

伴随北水的不断涌入，港股通持有香港上市公司股份的比例也在增长。资料显示，2014 年南下资金对单只个股的最高持股比例还不到 5%，到了 2017 年这一数据已显著攀升。根据港交所披露的数据，2017 年 11 月 7 日，港股通持股比例超过 20% 的个股就有 21 只，其中比例最高的神舟控股达到 41.74%。

北水对港股的影响已不局限于成为股价上涨的推动力，更多的是它正在慢慢改变港股过往的游戏规则。过去，由于渠道限制，中国内地资金很少涉足香港市场，港股定价权被牢牢掌握在外资机构手中。如今，大的投资银行报告不再像以往那样的"呼风唤雨"，做空机构常常铩羽而归，类似中国恒大打爆空头、长城汽车多空对决的故事屡屡上演。种种迹象表明，港股市场的投资格局已经悄然改变。

之前预测的港股 A 股化之后，会出现中国内地资金与外资分庭抗礼的局面，目前还不明显。笔者当时在《港 A 股》中是这样分析的：

由散户和个人大户组成的另一个阵营，将以中小型上市公司作为主攻目标，特别是其中的港 A 股，将走出港股历史上从未有过的辉煌行情。我们可以将其称为中小型港股的估值上调行情。而这一板块中股票的拔地而起，会极具 A 股炒作风格。对于香港散户投资者和小投资机构来说，这是利润和机会最大的一个板块。

中国内地资金偏好中小盘股票，我们已经观察到中小盘的部分股票正在慢慢抬高价格中枢，未来将会出现遽然拉升的情况。

港股 2017 年主要依靠一二十只龙头蓝筹股牵引大盘上行的走势，但是不可能长期持续的。未来必然有一个转换过程。港股虽然已经冲过了 30000 点，但目前整体没有泡沫，平均市盈率仍在 14~15 倍。少数超买的指数成份股随时有机会调整，一旦这些大型股借机调整，可能就是港股牛市转换风格的时点。届时港股将进入牛市第二阶段。这个阶段就是名副其实的"港股 A 股化"阶段。

"港股 A 股化"阶段正在途中

在港股 A 股化的这个阶段，来自中国内地和海外的双向资金将产生叠加效应，导致市场呈现普涨格局，港股将一改过去大型蓝筹股主导大市的局面，大、中、小型股票齐发力，港股指数将飞升到有史以来的最高位。随着两大阵营的分化，投资者可能会借助做空工具，相互狙击，展开博弈，争夺相对优势和话语权，市场会出现结构性行情，如大型股板块和中小型板块之间的"跷跷板"效应，细分板块之间的轮动等。

这一阶段有可能长达 3~5 年，而中国还在继续扩大开放。自贸区未来几年会在中国内地遍地开花，自贸港也开始起航，中国内地最终会成为中国香港这样的全部开放的地区。中国这样的经济体量，将会有两到三个国际性区域金融中心，上海是其一，中西部地区，乃至北部地区都是可选之地。在打造这些金融中心城市时，资本市场也会加大向国际公司开放的力度。届时中国至少会有中国香港和上海两个全部开放的国际化金融中心，A 股必将进一步提升进入国际化阶段。

中国内地散户投资者在港股 A 股化这个阶段的投资策略，因为这一阶段有可能延续 5 年以上，整体思路是科学配置，并充分利用中小市值港股的估值上调行情获取最大收益。在资产配置上可以考虑大盘蓝筹股、中型股和小型股的头寸分别为 30%、60% 和 10%。投资组合的比例可以根据风险偏好进行调整。其中蓝筹大盘股以长和、友邦、腾讯、汇丰等少数 3~4 只权重股建仓，中小型股主要以AH 股差价较大和基本面较好的股票以及优选的港 A 股为主，这个部分可以根据个股和题材轮动进行波段交易。

所谓优选的港 A 股，主要是指在 A 股中存在相似股票而且估值差距较大的股票，特别是一些细分行业龙头股以及一些有望出现的黑马股。目前看来，A 股与港股涨幅差最大的行业依次为软件与服务、消费者服务、多元金融、电信服务、零售业，这也是港股投资者看好的板块，因此可以主要从中选择标的。中小型港股包括创业板股票，最大的危险在于其中的老千股很多，这类上市公司经常在市场融资，而且配股、缩股和买卖壳公司的动作频繁，稍后我们会介绍老千股的常用伎俩，投资者应该完全回避这些劣迹斑斑的上市公司。

要特别提醒中国内地投资者注意的是介入港 A 股的时机。A 股散户都懂得一个道理，市场是大家捧起来的，所以喜欢追涨。但是港股过去一向不是这样，而且对于中小型股不认同，概念和题材的炒作更是难以持久。港 A 股被炒热需要一个过程，投资者过早介入则会成为"潜伏者"，经过几次探底之后被埋在最下面，等到反攻时机来临时，已经弹尽粮绝。如果太晚介入，又可能成为高位接盘者，被长期套牢或不得不忍痛"割肉"。大家在买入前应留意中小型港股的分时走势图。如果交易量不连续而且全日成交疏落，这样的股票基本可以断定没有较多人参与炒作，很像是庄家在"自娱自乐"。直到分时图呈现出正常的大中型股常有的形态，一般这类股票应该已经被投资者全面介入了，如图 6-3、图 6-4 所示。

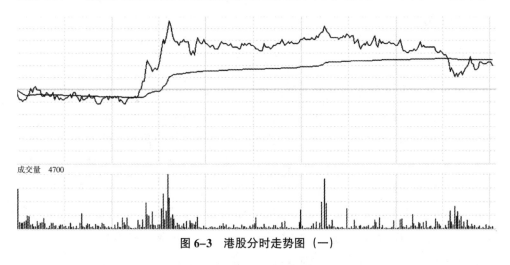

图 6-3　港股分时走势图（一）

中国内地投资者可以考虑在出现类似这样形态的分时图时介入，如图 6-4 所示。

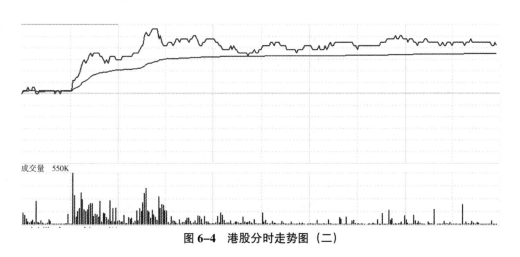

图 6-4　港股分时走势图（二）

炒股和投机，其实运气和（行为）艺术成分更多一些，很多经验是经由实践得来。

在港股 A 股化的这个全面发展阶段，要留意 AH 股差价的时机选择问题，特别是其中的大中型蓝筹股，在未来一段时间里，仍将由境外机构投资者掌握定价权，因此差价问题可能长期存在。过往的经验是，当 AH 股平均差价超过了 30% 时（即 AH 股溢价指数超过 130），通常会出现价差收缩情况，但是价差小于 20% 的情况也不多。投资者应留意在这个范围内可以波段交易，当然以后这个波动范围也可能逐渐变化。

在这个阶段，还有一个非常重要的事件——H 股全流通，将对港股产生巨大影响。

2018 年港股市场改革重磅举措不断。继"同股不同权"之后，相当于港股流通总市值 8% 的 H 股未流通股票也有望实现全流通。这两项举措不仅会扩大港股一级市场募集资金规模，而且二级市场的流动性和总市值也将明显放大。也许我们将在 2018 年看到港股日均成交 1500 亿港元，港股再度荣膺全球 IPO 冠军的结果。

H 股模式将上市公司股票分为内资股和外资股，只有在港交所上市的外资股才能在境外（中国香港）流通，内资股并没有流通。这种情况类似于 A 股股权分置改革前的情形。企业通过中国香港上市融到了资金，但是由于大部分 H 股的非流通股（内资法人股和国有股）市值占比都在 50% 以上，所以实际流通量和以此计算的流通市值就非常小。如果以市值作为标准，国内很多大型企业在中国香港上市的 H 股只能算是"中小企业"。这种情况造成了市场难以给出准确估值，普遍出现估值被打折的情况。全流通之后，H 股企业本来的非流通将在港交所上市交易，为巨额内资股提供市场化定价机制，为上市公司打开融资渠道，提升公司治理和竞争力。

H 股全流通与当年股权分置改革的一些初衷是相似的。允许在中国香港上市的中国内地企业的股东所持有的未上市内资股转化 H 股交易流通。H 股全流通问题的解决对统一大小股东利益、完善市场对投资者保护等方面均有重大意义。从中短期来看，H 股全流通解决了内资股股东与 H 股同股同权却不同利的问题，将明显改善公司治理和增强管理层激励。长期而言，H 股全流通将使得大股东更有动力做好上市公司的业绩，推升股价上涨。

H 股全流通将进一步增强中国香港作为中国对外金融枢纽的地位，为国企混改提供了新的平台和吸引海外资本的机遇，有利于吸引"一带一路"沿线国家企业及其他海外企业抵港上市。相信在初期试点之后，可能会快速推进，在年内完成 H 股全流通。

H 股全流通初期可能会引发一些套现需求，特别是 H 股的一些非国有股东和财务投资者，但是供给的增加未必意味着股价将下跌，同时要考虑需求一方的强弱。因此，基本面良好的 H 股不仅不会下跌，由于交易量的增加，还能估值复原到合理水平。基本面差一些的 H 股的经营层也会受到激励，改善经营管理，择机实现全流通。

在中国香港上市的 H 股中，很多权重较大的蓝筹股都已经通过 A+H 股构架实行了全流通。未在 A 股上市的 H 股（152 家）目前市值约为 2.6 万亿港元。现阶段非全流通的股票普遍处于折价状态，全流通预期有望大范围提升相关公司估值水平，投资者可以参考 A 股股权分置改革的经营，抓住这一次估值回归的投资机会，优选基本面好、大股东持股比例较高，特别是国有股东相对控股，非流通股占比较高的 H 股提前布局。可以参考两家券商给出的非流通 H 股信息，如表 6-2 和表 6-3 所示。

表 6-2　非流通股的 H 股

代码	简称	总市值 （亿港元）	非流通 H 股市值 （亿港元）	流通 H 股市值 （亿港元）	总股本 （亿股）	港股股本 （亿股）	非流 通股股本 （亿股）	未流通港 股股本 占比（%）
01658.HK	邮储银行	3289.84	2483.68	806.16	810.31	198.56	611.74	75.50
00728.HK	中国电信	3010.68	2494.44	516.24	809.32	138.77	670.55	82.85
02328.HK	中国财险	2227.24	1536.39	690.85	148.29	46.00	102.29	68.98
01339.HK	中国人民保 险集团	1633.32	1297.36	335.96	424.24	87.26	336.98	79.43
01816.HK	中广核电力	953.51	726.84	236.67	454.49	111.64	342.85	75.44
06060.HK	众安在线	1018.58	693.00	325.58	14.70	4.70	10.00	68.04
01359.HK	中国信达	1091.51	703.47	388.03	381.65	135.68	245.97	64.45
01508.HK	中国再保险	756.14	637.25	118.89	424.80	66.79	358.00	84.28
02016.HK	浙商银行	784.84	619.00	165.84	179.60	37.95	141.65	78.87
00489.HK	东风集团 股份	815.08	544.93	270.15	86.16	28.56	57.60	66.86

续表

代码	简称	总市值（亿港元）	非流通H股市值（亿港元）	流通H股市值（亿港元）	总股本（亿股）	港股股本（亿股）	非流通股股本（亿股）	未流通港股股本占比（%）
08139.HK	长安仁恒	1.14	0.85	0.28	0.32	0.08	0.24	75.00
08286.HK	长城微光	1.08	0.7	0.39	3.09	1.10	1.99	64.39
08273.HK	浙江展望	0.99	0.69	0.3	0.77	0.23	0.54	69.97
累计		37100	25821	11280	8261	2439	5822	70.48

注：股价和股本数据以 2017 年 12 月 29 日收盘数据为准。

资料来源：Wind 数据库，光大证券研究所整理。

表 6-3　港股通中非流通的 H 股

股票代码	股票简称	非流通股占比（%）	市盈率（TTM）	股息率（近12个月）	总市值（亿港元）	第一大股东占比（%）	第一大股东名称
00728.HK	中国电信	82.9	14.48	2.7	3164.46	70.9	中国电信集团公司
03969.HK	中国通号	77.6	13.85	1.9	530.91	75.1	中国铁路通信信号集团公司
01658.HK	邮储银行	75.5	7.04	1.6	3784.13	68.9	中国邮政集团公司
01816.HK	中广核电力	75.4	9.36	2.5	1040.78	64.2	中国广核集团有限公司
01958.HK	北京汽车	72.3	13.31	3.6	691.18	45.0	北京汽车集团有限公司
01528.HK	红星美凯龙	70.7	6.74	5.0	347.90	68.4	红星美凯龙控股集团有限公司
02777.HK	富力地产	68.5	6.49	6.9	547.16	33.7	李思廉
02386.HK	中石化炼化工程	67.0	17.85	2.3	291.61	65.7	中国石油化工集团公司
00576.HK	浙江沪杭甬	67.0	10.57	4.4	396.53	67.0	浙江省交通投资集团有限公司
00489.HK	东风集团股份	66.9	5.73	3.3	901.25	66.9	东风汽车公司
00579.HK	京能清洁能源	65.7	6.48	3.9	149.78	62.4	北京能源集团有限责任公司
00552.HK	中国通信服务	65.5	10.83	3.2	329.68	51.4	中国电信集团公司
00916.HK	龙源电力	58.4	11.12	1.7	458.58	57.3	中国国电集团公司

续表

股票代码	股票简称	非流通股占比（%）	市盈率（TTM）	股息率（近 12 个月）	总市值（亿港元）	第一大股东占比（%）	第一大股东名称
01099.HK	国药控股	56.9	16.94	1.7	935.28	56.8	国药产业投资有限公司
00694.HK	北京首都机场股份	56.6	22.55	1.7	556.09	56.6	首都机场集团公司
03898.HK	中车时代电气	53.4	16.24	1.1	543.07	50.2	中车株洲电力机车研究所有限公司
00598.HK	中国外运	53.4	9.26	3.4	175.97	53.4	中国外运长航集团公司
00958.HK	华能新能源	52.4	8.36	1.6	277.90	49.8	中国华能集团公司
01666.HK	同仁堂科技	50.9	21.10	1.7	141.40	46.8	北京同仁堂股份有限公司

资料来源：Wind 数据库，平安证券研究所。

在 H 股全流通的过程中，有明显折价的恒生国企指数将得到估值修复。H 股全流通有利于恒生国企指数上涨。在 2018 年第一个交易日，恒生国企指数受到这个消息刺激，当日跳空上涨了 3.07%，从这个角度讲，投资恒生国企指数显然是一个可以获利的策略。

笔者曾按照港交所成交量给出判断标准，每日成交量平均达到 1000 亿港元以上，是中国内地资金初步入市的信号（由于没有给出北水掀起的本地资金入市量，笔者经过估算，提出这个参考标准），而内资大举入市后，港股日均成交量不会低于平均每天 2000 亿港元，届时将会形成"港股 A 股化"高潮阶段。

"港股 A 股化"高潮阶段还未到来

我们从图 6-5 中可以看到，2017 年 10 月港交所日均成交量接近 1000 亿港元，而 11 月日均 1174 亿港元，这只是中国内地资金热捧少数龙头股票的成果，港股市场还远远没有出现中小市值股票"龙飞凤舞"的牛市二期景象，在短期不大可能出现各种小概念股"鸡犬升天"，"鸡飞狗跳"的牛市后期（"港股 A 股化"高潮阶段）的特征。

我们再看港股换手率。港股正常时候的换手率是 50% 左右，2017 年底是 70%，而 A 股的换手率普遍在 100% 以上，也达到过 200%、300%。换手率和成交量之间有直接关联，如果港股换手率达到 100%，也可以简单估算出港交所日

图 6-5　港交所日均成交量

成交量在 2000 亿港元以上，这应该是港股的"新常态"。按照这种慢牛走势，如果不出意外，到 2020 年，这个牛市很可能走出 50000 点的"新时代"高点。当然，现在预测这么长时间的走势是没有根据的。世界还有很多不确定性，美国可能启动新一轮监管放松，下一场金融危机似乎会随时敲门。投资者还应边走边评估。

还有一个投资中小型港股的关键注意事项，就是辨别和避开"老千股"，我们将在第 8 章专门讨论这个问题。

6.2　行为金融投资理念

港股投资风格是偏向欧美的机构投资习惯，还是偏向 A 股投资风格，这是一个投资者群体力量对比调整的过程。我们建议投资者采取"以基本面为安全垫的选股选择，结合政策和资金动向，辅助以技术分析和心理分析选择买卖时点，运用波段投资手法，对标的股进行长期投资"。

在"港股 A 股化"过程中，投资者不能简单地套用自己在中国内地已经习惯使用的策略和方法。这是因为港股市场的风格变化也是一个逐步发展的过程，而且欧美机构最终不太可能改变它们的投资理念、策略和方法。所以，港股投资风格是偏向欧美的机构投资习惯，还是偏向 A 股投资风格，这是一个投资者群体力量对比调整的过程。可以预计的是，中国香港原有的偏向基本面的价值投资风格将会随着欧美投资机构话语权的减少而弱化，而 A 股特有的追随政策和热点，带有"羊群效应"的波段轮动炒作特点将随着中国内地资金更多介入而越发明显。

我们首先探讨一下"港股 A 股化"过程中的投资理念。

"港股 A 股化"毕竟不等同于照搬 A 股的风格。何况 A 股自身也在"国际化"，股民越来越关注上市公司的基本面。这一趋势在 2017 年表现得尤为清晰。

港股作为一个成熟的股市，其底线仍然且永远都是基本面投资。"港股 A 股化"只是加入了更多波段操作和概念炒作的元素，而且由于"羊群效应"的存在，股价偏离基本面估值的时间可能更长，偏离幅度也会更大。另外，由于更多国内散户的参与，以前不被机构投资者重视而估值受到压抑的一部分中小型股票，将会出现估值回归的上涨，在过度调整的情况下，甚至股价会超过合理估值水平。

下面我们逐字逐句解释一下上面这段话。

以基本面作为安全垫进行选股

港股对于基本面糟糕的股票有天然的过滤能力，这种情况很难随着"港股 A 股化"加深而改变，理由很简单，大部分港股投资者经历过垃圾股炒作的洗礼，而且中国香港股市是开放市场，投资标的充足，没有垃圾股炒作的空间。内地投资者首先应该明确的一个选股标准就是回避没有业绩证明的股票。在操作方法上，需要对初步筛选的股票研究投资机构做分析报告，了解公司可能存在的主要风险点和股价合理波动范围。对于投资机构没有覆盖的股票要非常慎重，或者通过自己的调查研究，了解其经营的基本面情况。A 股那种不看研究报告，单凭他人口头推荐或消息就买卖股票的做法，在港股市场上是非常危险的，随时都可能让投资者输得分文不剩。笔者一直认为，活跃在 A 股的"50 后"和"60 后"股民很难适应港股的投资要求。至少他们不懂如何阅读和分析投资机构的研究报告，而这是投资港股的一个基本要求。

结合政策和资金动向，采用技术分析和心理分析方法择时

这个要求更高。但是 A 股投资者来自政策市，对于政策和资金动向一贯比较敏感。在采用技术分析方法方面，大部分有经验的 A 股投资者都有自己擅长的一套方法。技术分析方法在港股上更容易发挥效力，是因为这个市场被庄家操纵的情况比 A 股少一些，尤其是在大中型股票上，具备采用技术分析的条件。对流动性较差的股票仍不能使用这些方法。我们的建议是回避这些股票。从技术分析中是可以观察到市场上投资者的心理的，更为专业的投资心理和行为分析，请参阅笔者的其他书籍。

运用波段投资手法，对标的股进行长期投资

在根据基本面选好标的股之后，应该坚持长期的投资理念。但是在操作上，由于股票的价格受到多种因素影响，而且因为投机的存在，每只股票有自己的价格波动规律。A 股投资者往往喜欢做波段，那么通过对买卖时点的选择，确实有机会做到"低买高卖"。但在操作的时候，要对前景看好的标的股进行长期持续的投资，以免因为做了错误的波段操作而踏空。

我们这一节所讲的行为金融投资理念，主要依据仍是基本面。基本面估值是市场的锚，市场情绪和投资者的认知偏差以及投资者的从众行为只能造成股价在一段时间偏离合理估值范围。从中长期来看，股价终究还会回归到合理范围。

行为金融的投资策略就是利用投资群体的非理性行为获取超额收益。这体现在不仅是利用投资者的"羊群效应"，抓住主升浪、主跌浪，在追涨杀跌中获取超额收益；也要警惕股价超过合理范围而必将出现的回调或反弹，结合技术分析方法，找到合适时点（不盲目追高，不盲目杀跌），提前做好准备，在股价回归合理范围的过程中，也获得收益。由于港股有良好的做空和对冲工具，行为金融的投资策略在牛市和熊市都能获利。

一家券商对这个阶段参与港股投资的中国内地散户做了一项抽样调查，结果表明，参与港股投资的中国内地散户确实与 A 股散户有较大差别，主要反映在年青一代为主，这些年轻人较认同基本面，选股标准也接近本书提出的框架。下面我们引述这项调查的主要统计数据。

老虎证券发布的《2017 年港股投资者调查报告》显示，超过半数的中国内地投资者表示选择港股的主要原因是中国香港金融市场比较成熟，并有近 2/3 的人表示投资港股获得盈利。港股投资者中，"80 后""90 后"为主流人群。据调研报告显示，"80 后"在港股投资者中占比达 44.53%，"90 后"占比为 28.95%，如图 6-6 所示。

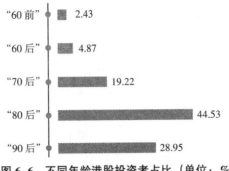

图 6-6 不同年龄港股投资者占比（单位：%）

　　根据调研报告，目前港股交易者主要分布在北京、广东、上海、浙江、江苏等地，其次是湖北、山东、福建、四川、河南等地。交易者主要集中分布在一线城市及周边地区。

　　本科以上学历的港股交易者占到总体人数的 81.51%，远超过高职高专和高中及以下人群的受教育程度。

　　港股交易者更关注中国内地企业股票，偏重长线投资。调研还发现，有超过85% 的中国内地投资者更钟情于港股市场中的中国内地企业股票。很多龙头股，如腾讯、融创、恒大、碧桂园、吉利汽车等，在中国内地投资者的衣食住行中都能找到与这些公司和他们各自所在的产业相关联的影子，这也使得中国内地投资者对于这些标的更加熟悉。绝大多数投资者青睐于普通股票的交易，有 19.46%的投资者会选择 ETF，有 18.25% 的投资者会选择交易期权，还有一小部分会选择交易权证/牛熊证。另外，虽然港股允许日内交易，但短线交易似乎并不是主流。有超过半数的港股投资者表示其持股周期会超过三个月，如图 6-7 所示。港股投资者盈亏比例如图 6-8 所示。

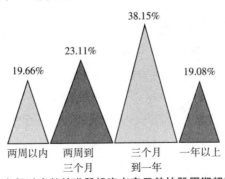

图 6-7　有超过半数的港股投资者表示其持股周期超过三个月

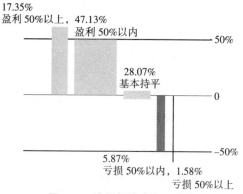

图6-8　港股投资者盈亏比例

如图6-9所示，有63.26%的投资者投资港股的主要依据是独立研究。通过中国内地新闻媒体以及股票社区、论坛获取港股市场信息和数据是他们最常用的手段。另外，也有超过1/3的投资者更青睐于在垂直港股资讯网站或者券商提供资讯中寻找蛛丝马迹来辅助投资决策。

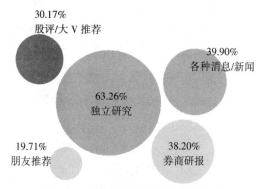

图6-9　投资者投资港股的依据占比

从调研结果可以看出：有近九成的投资者选择在近三年入场，这表明沪港通和深港通的陆续开通为他们提供了更加便利的交易渠道，如图6-10所示。

通过这些数据，我们大致可以看出这一群体的投资行为特征。

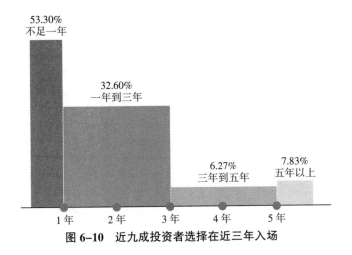

图 6-10　近九成投资者选择在近三年入场

6.3　行为金融投资方法

投资者可以通过专业的财务终端、国内外大型券商或行业明星分析师的预测值，找出其所关注的个股的一致预测值，比如，券商一致预测的每股收益，下一年利润增长率以及一致预测的目标价格等，并结合自己的经验，确定股票的合理价格区间。在投资大中型港股时，应更多关注市场对股票基本面的分析和估值，而不应习惯性地照搬 A 股的技术分析标准和结论。对于波段操作来说，观察 5 分钟、15 分钟和 30 分钟的 K 线和 MACD，以把握中短期的股价是否出现底背离或顶背离，决定是否入市。而在选择买点和卖点时，可以观察 1 分钟和 5 分钟 K 线和 KDJ，确定买卖时点。

这一节我们简要介绍一些行为金融常用的投资方法。

先讲基本面选股。基本面选股的核心要求就是选择公司经营稳健和有发展前景的股票。这里就涉及上市公司所属的行业分析，以及对上市公司经营、发展战略和财务进行分析。尽管市场上有很多专业机构，比如券商、基金甚至还有一些个人投资者会提供繁简程度不同的分析报告，但是读懂专业研究报告并做出筛选，也是一般投资者很难完成的工作。

另外，从行为金融角度出发，投资者在估值模型和计算上花费太多时间和精力也是不必要的。读者可以从笔者下面这篇文章中体会这个道理。

我们这里只讨论市场，我们天天遇到的环境，特别是股市。我想表达的是，这个世界上可能确实存在着任何商品的真实价值的一个价格，但人们可能永远在显著水平上无法就这个价值达成共识。比如贵州茅台的股价，应该值400元、600元，还是多少钱？仁者见仁，智者见智，永远不会所有人都认为它的价值是某一个数字，否则就不会有买卖了。因为，之所以有人卖出这只股票，至少有一个动机，是因为卖方觉得已经达到了目标价，而有人愿意买，是因为觉得这只股票还有未兑现的价值潜力。

在每个时点，大家对某只股票值多少钱，都会有自己的判断。这个判断因人而异，甚至在很短时间里，同一个人会对这只股票的价值有不同的估计。这些主观判断都无法成为对股票价值的客观度量。不管这个判断是用什么方法得出的，比如分析师往往采用贴现法，还有一些直接或间接比较算法，其实都是一种猜测。也许有人碰巧猜对了，但因为和市场上其他参与者无法达成共识，那么这个人和他猜到的那个价格，在市场上也无法产生明显的影响力和作用。

要解释这个判断，还得回到心理学研究成果。心理学家S.S.史蒂文斯很早以前就已经发现"人对金钱的看法，与人的感官知觉很相似"。而人的感官知觉的准确度是处于什么平均水平，大家都应该从自身体验就可以了解到。

当每个人用自己的感官去体验某个商品的价值时，就会出现五花八门的结果。它们都反映出一个共同特征，那就是"以货币价格表示的价值是相对的"。所以说"价格是一套独特的心理量值量表，而不是客观的物理测量"（威廉·庞德斯通）。

股市"不可测"并不可怕，作为一个事实，重要的是我们应该如何应对。"一千个人眼中就有一千个哈姆雷特"，但是参与股票买卖的人，何止1000人。在中国是以千万人、上亿人计。在这样的情况下，每个人对股票价格的预测，就会出现一个分布。其中就会有一个价格区间是人数最密集的，这就是"一致预测"价格。当然，这个"一致预测"也是在事后才能知道的，事前如何确定呢？有一个简单的办法，就是市场主要预测者给出的预期价格的平均值和中位数。

在股市上，总有一些"意见领袖"，对于周边的市场参与者具有显著的影响力。比如券商的分析师、知名股评人，特别是前者，给出预测价格区间，本身就是日常工作。而这些预测不管准确度如何，都会影响一部分投资者的判断。在行为经济学里，这被称作"锚定现象"。分析师给出的建议价格会成为一个"锚"，投资者做出的价格判断会受到这个"锚值"的影响，产生一个价格区间。当很多券商分析师和股评人给出不同的预测值时，其平均值或中位数附近构成的价格区间，往往是相信的人数最多的一个区间。这就给出了股票的一个公认程度较高的"价值"（价格）。

著名经济学家，同时也是非常出色的股票投资者凯恩斯有一个炒股的著名比喻：股市就是选美比赛。其实说的就是这个现象。选美比赛的参与者要从一堆美女中选出最漂亮的几个，如果选对了，这个参与者就可以得到奖励。如何赢得这种比赛呢？答案就只有一个，选择那些别人认为美丽的女选手。这个答案奇怪吗？其实很好理解，你认为的美，是不算数的，只有大家都认为美的，才是美女。你要想赢得比赛，就需要极力去搞清楚大家心目中的美女是哪几个。

股票价格也是如此，你认为某只股票值多少钱并不重要，因为如果这个价格得不到别人认同，这个价格也可能永远无法达到。我们假设你果真猜的（或者经过科学计算）这个价格与这只股票的真正价值不差分毫（当然这只是一个美好的愿望），都没有什么意义。因为市场如果不认同这个价值，就不会在这个价格上达成均衡。在股市上，对于股票交易的价格来说，是不存在绝对真理的。股票的真实价值也许在某个时点、在某些人心中出现过，并不会影响到市场上的交易行为，除非此时市场"一致相信"的价格正好就是这个价格。这个机会概率是非常小的，小到可以忽略不计。

虽然股价是测不准的，但是，就像人走路一样，人走得多了，就会出现一条路。当握有足够多的金钱的投资者相信某些价格是"真实"的，资金就会在那些价格附近聚拢，产生一个个的"价格中心"，这就是股价运动的关键节点。

我们这里介绍一个基于行为金融原理得出的简单、容易上手的方法：投资者可以通过专业的财务终端，如彭博、万得，找出所关注的个股的一致预测值，如券商一致预测的每股收益、下一年利润增长率以及一致预测的目标价格等。如果没有条件，也可以找到国内外大型券商或行业明星分析师的预测值，并结合自己的经验，确定股票的合理价格区间。对于多个预测值，要留意最高和最低预测值的根据，另外，预测值的中位数可能比平均值更有意义，如图 6-11 所示。

图 6-11　预测值的中位数可能比平均值更有意义

对于技术分析，这是一个非常具有挑战性的话题。很多中国内地投资者已经非常习惯以技术分析的方式看股票，在操作上也带有明显的技术分析印迹。其中有很多在 A 股比较管用的方法和标准，其实未必适合港股。之所以会有这种情况出现，可以从技术分析的理论根基上找到解释。

技术分析就是对市场风格的模型化处理，而不同的市场，其实模型也是不同的。这个模型中，一部分刻画了投资者的心理状态，另一部分和市场的结构特征有关。对于 A 股来说，散户占主体，散户行为模式是市场主流的表现形式，因此 A 股的技术分析模型的最大特色是其行为金融特征。A 股的市场结构特征则具有封闭性，表现为较少受到国际市场影响。

港股则完全不同于 A 股，其主要参与者是典型的机构投资者，这些市场参与者的行为模式基本上很少表现出情绪化，而且港股是完全开放的国际市场，更多地受到各大经济体的影响和冲击。技术分析模型对于政策、经济等方面的因素较难有所作为，因此港股的技术分析模型不大起作用，因而也对投资决策的影响有限。

在这种情况下，技术分析虽然不是完全无用武之地，但很多工具的效力已经大减，比如移动平均线，在 A 股，大家非常重视 20 日均线、30 日均线、60 日均线、120 日均线，认为股价一旦跌落其中某条均线，就认为主力已经退出，股价难再有表现，而港股虽然也会参考这些均线，但很少有人会把股价跌落 60 日均线或 20 日均线看作一个可靠的结论。实际上，日线图上的这些均线，对于较长线投资标的，如大中型蓝筹股，并不是重要参考指标。如果市场认为上市公司的基本面没有发生明显改变，即便股价因为别的因素偏离这些均线，也会出现均值回归。因此，在投资大中型港股时，尤其应更多关注市场对股票基本面的分析和估值，而不应习惯性地照搬 A 股的技术分析标准和结论。

对于波段操作来说，观察 5 分钟、15 分钟和 30 分钟的 K 线和 MACD，以把握中短期的股价是否出现底背离或顶背离，决定是否入市，如图 6-12 至图 6-15 所示。

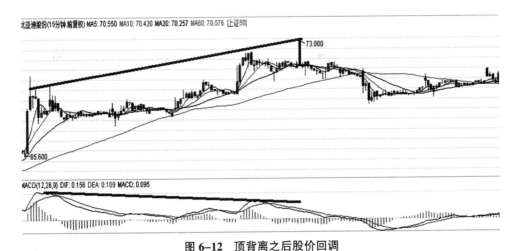

图 6-12　顶背离之后股价回调

图 6-13　底背离之后股价开始反弹

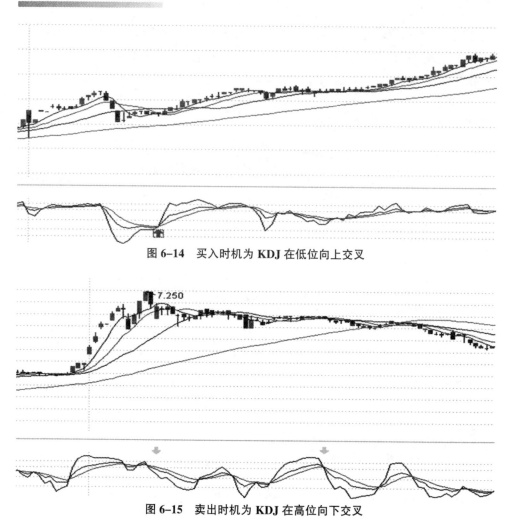

图 6-14　买入时机为 KDJ 在低位向上交叉

图 6-15　卖出时机为 KDJ 在高位向下交叉

　　而在选择买点和卖点时，可以观察 1 分钟和 5 分钟 K 线和 KDJ，确定买卖时点。

　　在我们的投资理念里，特别强调对于选定的标的股，要有长期投资的打算，也就是了解股价的中长线走势。可以观察日 K 线，结合根据基本面确定的估值范围，从周 K 线上观察股价所处的位置，如图 6-16 所示。

　　我们之所以没有建议投资者采取价值投资为主的方法，主要考虑是港股投资风格的发展变化以及中国内地投资者已经养成的投资习惯和擅长的方法。虽然港股的国际机构投资者习惯于根据基本面投资，也就是以经过研究而确定的股价上下限决定买入或是卖出：他们通常会在低于股价下限时买入，而在超过股价上限

图 6-16 周线与中长期合理估值区间

的某个幅度时卖出。但是，不得不承认的是，这些机构投资者会每季度、每半年和每年度重新调整标的股的估值范围，并进行调仓。港股也有一些自身固有的节奏，比如月末、季末、年末时的波动，年末"粉饰橱窗""五穷六绝七翻身""丁蟹效应"等季节或习惯性波动。加上港股 A 股化后会出现越来越明显的"追涨杀跌"现象，因此采用行为金融投资方法，显然会比单一的价值投资更适合中国内地投资者。

6.4　港股对冲与套利策略

港股有良好的对冲和套利工具，在操作对冲的过程中，有很多细节需要注意，特别是留意各种对冲工具的特点和限制，比如涡轮、牛熊证、指数期货这些衍生品，都有很多需要注意的地方。特别提醒投资者注意的是，这些工具如果单独用于投机，则具有极高风险，赢率很低。

港股作为一个成熟市场，有良好的对冲和套利工具，所以有很多对冲基金在投资港股。即便不是对冲基金，机构投资者在配置港股时，也都或多或少采取了对冲套利的策略。其中一些投资策略，也适用于中国内地投资者使用。下面介绍其中的一些常用策略。

利用涡轮对冲风险

在股市中要争取长线的投资回报，投资者可能会选择持有一些优质蓝筹股，以期从股息与股价上获得长线的增长潜力。但当市场出现较大调整时，投资者可能会面临两难局面：出售股票可能会踏空，持有又怕继续下跌而使已有盈利不断萎缩，机会成本太高。投资者可以利用涡轮认沽证来对冲风险，如果股价下跌，涡轮认沽证可以盈利，对冲掉股票上的损失，这就像是为投资组合购买保险一样，支付的只是购买涡轮认沽证的费用。和保险的不同之处在于，如果在这个涡轮有效期内股价没有下跌，那么股价升值部分可以对冲掉这笔涡轮费用。

示例：你长期看好港交所，买了一些港交所股票，但你担心股价回调，毕竟短期内机构投资者对港交所的估值有较大分歧，但又对短期走势无法判断。此时，可以选择持有一部分涡轮认沽证，减少（或对冲）万一港交所股价下跌所带来的损失。

在操作上，这个对冲策略只适用于投资者预期股价短期可能向下，但长线走势向上的情况。此时投资者可根据希望得到的"保险"程度，选择不同的对冲水平，一般不建议采用100%对冲（因为此时不如将股票卖掉）。用于对冲的涡轮认沽证份数可以根据对冲值和换股比例计算。由于这个对冲值不是一个常数（会随股价变动而增减），投资者要时常检查对冲值的数据而调整认沽证的数量。

利用黄金ETF对冲

黄金具有避险功能。在股市上，可以购买流动性较好的黄金ETF进行避险对冲。在外部遭受政治或地缘政治冲击时，港股大盘一般也会随着外部事件的发生而受到冲击。这种冲击可能时间不会很长。如果有必要，可以在预期事件有较大发生概率时，买入黄金ETF作为对冲，无须调整大盘权重股的持仓。

利用股指期货对冲

股指期货主要用于对冲大盘指数股的下跌。当大盘指数下跌时，部分指数大盘股会跟随下跌，如果投资者不愿意卖出这些股票回避下跌风险，可以做空相应的股指期货，实现部分对冲。这个策略也可以采用牛熊证来代替股指期货，而且这种替代更适合散户投资者。

利用牛熊证对冲

如果投资者看好个股，但看空大盘，可以在买入看好个股的同时，买进看空大盘指数的熊证。相反，如果投资者看好股市大盘，但资金不足以买入股票，可以买进看多大盘指数的牛证，对冲踏空风险。

熊证还可以对冲大盘指数下跌风险。比如，看到指数出现一个利空信号，就可以利用熊证做对冲。

多空对冲

买入一家好公司的股票，同时做空一家坏公司的股票，只要对这两家公司的看法没错就可以盈利了。后者通常是做空中长期基本面看空的股票，尤其是前期已经大幅上涨的流动性较好的大型股票，最佳做空时段是大盘下行期。

投资者还可以在一只股票出现不合理价差时，进行多空对冲操作，可以做空价格过高的那只股票，做多价格过低的另一只股票，等到这两只股票的价差回归到均值时就能获利。这也叫作配对交易，这个方法的关键在于选择合适的一只股票，有几种数学模型（比如协整）可以用于挑选这样的股票。

跨境对冲

跨境对冲策略可以在港股 A 股化程度较高的情况下酌情采用。只要两个市场的投资标的具有较强的联动性，就可以采取这个策略。比如 A 股大盘和港股大盘在交易时段的同步性较强，特别是下跌时，联动表现非常明显。那么，A 股下跌时，可以做空港股股指期货。另外，挂钩 A 股大盘成份股的 ETF 也是类似的资产。

目前 AH 股的联动性还不是很明显，随着 H 股全流通的完成，这种联动性可能会越来越强，届时也可以采取 AH 股跨境对冲套利的策略。

上面我们只是简单地介绍了一些对冲策略，实际上，在操作对冲的过程中，还有很多细节需要注意，特别是留意各种对冲工具的特点和限制，比如涡轮、牛熊证、指数期货这些衍生品，都有很多需要注意的地方，我们在后面还会介绍。

6.5　港股投资的风险控制

投资是一门科学与艺术高度结合的活动，我们不仅要控制好损失的风险，也要掌握好盈利的机会。当然，首要是防损失，在此基础上尽量提高机会收益。学会使用风险收益比，以此为工具控制风险和尽可能获得最大盈利，可以提高投资者的竞争力和生存能力。通过不断实践，投资者可以确定最佳的风险收益比，既不过早买入而失去其他投资机会，又不过晚进入压低收益幅度。使用得当的话，风险收益比也是一个效果非常不错的辅助工具。

　　不仅巴菲特，很多投资大师的心血总结都是一句话：投资生涯最重要的是生存下去。简单来说，投资成功的关键有三点：一是生存，二还是生存，三是参考以上两点。股票投资的风险控制包括很多方面，比如仓位和资金管理，也有选股方面的，比如避开老千股，也有止损点的设置。我们在这里重点谈谈通过择时控制风险。

　　本金输得越多，翻本越发困难，更不用说盈利了。投资成功的最终标志是本金随着盈利增加而加大，产生财富"滚雪球"的效果。既然如此，我们就重点讨论一下如何降低投资风险，放大投资收益，在股市中活得尽可能长久。

　　我们可以使用一个重要的操作参考指标——风险收益比。计算方法就是用预期收益除以预期风险成本。除了实时的股价，还需要有两个预期目标价格，即股价有较大机会达到的最高价格和最低价格。这两个价格需要投资者自行合理评估。预期收益就等于最高可能价格减去现价，预期风险成本等于现价减去最低可能价格。

　　按照上述方法，可以随时计算出一只股票的风险收益比。比如，对于京信通信（02342），如果估计的最高可能价格是 1.8 港元，最低可能价格是 1.4 港元，那么当现价为 1.55 港元时，就可以计算出现在的风险收益比是 1.7 倍。也就是你此时买入，未来可能获得的收益是你现在承担股价下跌风险成本的 1.7 倍。

　　如果风险收益比是 1 倍，意味着冒着同样大的损失风险去博取同样大的机会收益。不同风险承受能力或风险取向的投资者，会对适合自己的风险收益比有不同的取值范围。我作为一个偏稳健的投资者，认为适合自己的风险收益比是不低于 2 倍，而更愿意冒险的投资者可能会选择 1 倍以下。但是为了能够在股市中活得更长久，还是选择较高的风险收益率比较好。这里需要权衡考虑的一个问题是，选择的风险收益比低，相应的超额收益也低一些，也损失了一些赚更多钱的机会。

　　根据笔者的经验，对于港股这种机构投资者为主的市场来说，如果预期价格上下限定得比较合理，在风险收益比达到 2 倍时，开始减仓兑现收益的效果比较理想。至于减仓锁定收益的进度，则可以根据当时大盘和个股的情况灵活掌握。之所以会有这种情况，是因为机构投资者也有一个原则，即当股价超过了预期价格一定幅度时，就会减仓甚至清仓，以等待下一次股价回调时再重新买入。

　　对于 A 股这种以散户为主、"羊群效应"明显的股市，由于投资者普遍习惯追涨杀跌，所以容易出现涨跌都无边际的情况。此时的操作反而可以考虑风险收益比越低越加仓，博取最大利润的做法。当然，此时要采用其他分析方法来提前预知上涨动力的衰竭，比如观察是否出现顶背离迹象。

如果风险收益比过大，或者现价与目标价格差距很大，一种情况是此时买入也可能出现另一种风险，即由于现价距离预期的股价下限太近，而可能出现多次跌破下限价格的情况，导致发出错误的止损信号。所以通常采取预期下限价高于止损价的设定，至于其间的幅度则由投资者掌握。另一种情况是没跌破预期下限价，但股价可能长期波幅很小，此时买入，会沉淀一部分资金，造成较大的机会成本。

对于仓位控制，如果只是做多，可以将仓位控制在90%以下，如果夹杂了其他对冲策略，则多空头的仓位累加后可以适当超过100%。有关避免老千股的方法，我们在后面专门讨论。

第7章　优选行业板块及龙头股

在一个成熟股市里，投资的重点永远都是选择正在上升景气中的行业板块，并从中选出龙头股进行投资，这是股市投资制胜的核心原则。对于一个经济体来说，经济周期永远是由新的现金技术驱动的。中国经济正处于一个康波周期的最后阶段，在未来 2~5 年里，会出现新旧经济转换，也是投资选股的关键时期。我们不仅要关注小周期（供给侧改革和全球经济回暖），也要懂得新的康波周期必须以新技术来推动。全球正在进入互联网技术升级时代，未来应该是人工智能、大数据、云计算、物联网和智能机器互联互通的新时代。本章重点从这两个维度讨论一些值得关注的行业和龙头企业。

7.1　先进制造与创新

在 2020 年左右可以看到的近期发展前景是：半导体和集成电路、5G 通信技术、制造机械装备、AI 和机器人、航空航天装备、海洋工程装备、先进轨道交通装备、节能与新能源汽车、生物医药、物联网、高端医疗器械等方面的突出进展。以上领域的快速成长将推出一批国内领军企业。其中有些会在已有的港股上市公司中胜出。

在德国提出了以物联网技术为核心的"工业 4.0"和美国"工业互联网"之后，中国提出了"中国制造 2025"规划，从制造业大国向制造业强国转变，实行五大工程，包括制造业创新中心建设工程、强化基础工程、智能制造工程、绿色制造工程和高端装备创新工程，并划定了十个重点发展领域，包括新一代信息技术产业、高档数控机床和机器人、航空航天装备、海洋工程装备及高技术船舶、先进轨道交通装备、节能与新能源汽车、电力装备、农机装备、新材料、生物医药及高性能医疗器械等。

数字化是"中国制造 2025"的奠基石，包括工业数据采集（数据处理、后生命周期数据）云端的大数据科技、数据管理（传感、网络技术，一致有效的数据结构，数据处理方式）等，都是未来工业数据化的推进方向。我们无法确定会是哪些股票胜出，下面我们介绍其中一些有潜力的标的股。

中芯国际 （00981）

中芯国际是中国内地规模最大、技术最先进的集成电路晶圆代工企业，全球排名第四。中芯国际向全球客户提供 0.35 微米到 28 纳米晶圆代工与技术服务。中芯国际是中国大陆目前唯一能提供 28 纳米制程服务的纯晶圆代工厂，28 纳米收入占比大幅度提升，28 纳米工艺突破在即，2018 年产能利用率有望爬升到正常水平，另外，中芯国际将会在 2019 年量产 14 纳米，中芯国际未来 5 年收入和业绩有可能持续维持高速增长。中芯国际长期受益于国产化替代的趋势。过去三年，中芯国际凭借高产能利用率维持了好的盈利，但 2017 年开始进入制程升级的过渡期，先进人才的引进正在加快先进制程的推进进度。

中国集成电路产业遭遇"锁喉"之痛，产品年进口额近年来一直保持在 2000 亿美元以上，远超石油进口，尤其通用 CPU、存储器等关键核心产品基本依赖进口。正因如此，集成电路被列为国家战略性产业，关系到国家安全和技术命脉。中芯国际是中国半导体晶圆加工的龙头企业，在这一领域具有领先优势。国家集成电路产业基金和大唐作为股东，必然尽全力予以扶持。尽管在技术升级过程中可能还会出现障碍，但长期看好。

该股合理估值为 20~25 倍。

股价催化因素：28 纳米技术升级进展和管理水平提升、国家政策和资本支持等。

京信通信 （02342）

京信通信是一家全球领先的无线通信与信息解决方案及服务提供商，经过 20 年的历史沉淀，目前的营销网络已经扩展到全球 80 多个国家和地区。京信通信拥有无线优化、天馈及基站子系统、无线传输、无线接入四大产品系列，在各产品领域均掌握了核心关键技术，拥有众多自主的知识产权。基站天线和子系统占到公司营收总额的一半左右，是公司的第一大业务。有数据统计显示，京信通信 2016 年在基站天线行业的份额高达 40%，是行业的绝对龙头。

京信通信三大客户中国移动、中国联通和中国电信占京信业务份额为 19.16 亿元，占比依然超过 70%。根据工信部的规划，我国将在 2020 年实现 5G 商用，2019 年实现 5G 预商用，预计 5G 中基站天线的总投资将达到 416 亿元。基站天线在 5G 建设中的需求要超过 4G 中的 1.6 倍，而基站天线的需求增加又将带动占到京信通信业绩 27.2% 的服务业务的回暖。5G 的规模建设还将带动京信通信另一大业务的爆发式增长，那就是无线接入业务。

京信通信无线接入业务中的 Small Cell（小基站）产品的收益较上年同期大幅上升，主要是由于移动网络运营商为应对不断增长的移动数据流量而致力于加强网络覆盖。随着移动数据流量与生活的关联度越来越高，中国已全面步入"流量社会"。在 4G 网络环境中，Small Cell 主要扮演的是补强网络涵盖死角的角色，主要的网络涵盖还是由大型基地台负责。但由于 5G 通信所使用的频段更高，穿透力与涵盖范围将比 4G 更差，因此 Small Cell 势必将在 5G 网络建置中扮演更重要的角色。预计小基站在 5G 建设中的投资规模是基站和天线金额的数倍，对于目前市值仅 35 亿港元的京信通信来说无疑是一个超级大"蛋糕"。另一个驱动因素是为物联网配套。

该股合理估值为 30~35 倍。2018 年下半年有望展开升浪。

股价催化因素：物联网、5G 设备采购、出口配套等。

耐世特（01316）

耐世特主要从事为汽车制造商及其他汽车相关公司设计及制造转向及动力传动系统以及零部件，为北美第一大转向系统供应商，在全球转向系统市场排名第三位，其电动助力转向系统（EPS）产量已突破 5000 万件大关。据测算，电动助力转向系统能减少耗油 6% 及每公里 8 克碳排放量，受惠汽车节能及减排碳政策。

耐世特在高级转向系统与驱动轴系统方面处于全球领先地位。以全球业务多元化作为首要任务。除中国外，耐世特在巴西正处于增长态势，并于近期夺得一家主要全球整车制造商的重大 EPS 项目。该项目成功推出后，在 2018 年前，耐世特 PS 将于巴西取得重大市场份额。

在汽车零部件行业，助力转向产品和动力传动产品分别占 80% 和 20%。根据穆迪预测，欧洲汽车零部件供应前景为正面，而美国经济复苏，该公司在新兴国家市场的努力，都可以视为对经营有积极支持作用。

该股票上市以来，股价一直稳步上涨，处于上行周期。

该股合理估值为 30~35 倍。2018 年下半年有望展开升浪。

股价催化因素：中国市场拓展、北水占比上升等。

安捷利实业 （01639）

安捷利实业专业从事软性电路板（FPC）设计、制造、销售及软性电路板的 SMT 装配服务，产品广泛销往美国、日本、韩国及大中华地区。其控股股东为中国兵器工业集团。安捷利实业 1994 年成立开始生产 FPC，经过 10 多年的发展，年产能超过 480000 平方米，已成为中国最具实力的 FPC 生产厂家之一。安捷利实业目前的实际控制人是中国兵工集团和中国兵装集团所属的中国北方公司（持股占比 37%）和歌尔声学（持股 29.9%）。安捷利实业目前有两块主营业务：一是柔性电路板（FPC）；二是柔性封装基板（COF）。其中 FPC 已经经营多年，具有业内领先地位，境外销售收入已经接近总收入的一半。而 COF 则可将芯片封装在柔性板上，以适应电子产品轻薄化发展方向，该业务毛利率高达 55%，新工厂已于 2014 年投产，目前仅占 2014 年收入的不足 6%。

随着电子终端产品市场的竞争变化及柔性电路板行业对电子终端客户的依存度提高，安捷利实业定位于主要为国际性大客户服务，提高自动化生产水准，提供柔性电路板及其组件产品以及高端柔性封装基板产品。目前已成为多家全球知名电子厂商之合格供应商。2017 年 FPC 产业进入释放期，2018 年将迎来爆发期。

该股合理估值为 20 倍。

股价催化因素：特斯拉产品采购、苹果配套、产能扩大等。

中车时代电气 （03898）

中车时代电气是中国铁路业具领导地位的车载电气系统供货商及集成商，具备研究、开发、设计、制造、销售及客户服务的综合能力。中车时代电气主要从事轨道交通装备电传动系统、网络控制、变流器、列控系统、信号系统、轨道工程机械电气控制系统及整机、客车电气产品、大功率半导体器件、通用变频器、光伏逆变器、传感器、印制板、复合母排、城市智能交通系统等产品的研发、制造、销售和技术服务，产品广泛应用于高速动车组、电力机车、内燃机车、客车、地铁及轻轨车辆、大型养路机械、城轨交通、电力、冶金等众多行业和领域。

中车时代电气的主要业务为研究、开发、制造及销售铁路机车车辆变流器与控制系统、城轨车辆电气系统以及其他车载电气系统，并从事研究、开发、制造及销售铁路业、城轨业及非铁路用途的电气组件，而集团收入主要来自机车、动车和城轨产品，此三项产品于 2016 年共占全年营业收入近 70%。其他四个产品板块是海工、养路机械相关产品、通信信号产品、关键电气零部件产品。公司是中车集团的主要装备供应平台。

2018 年中国内地机车及动车组订单需求将复苏。中国内地将有更多高铁及地铁轨道完工，而且铁路货运稳步增长，预期铁路设备需求将由 2018 年开始进入上升周期，直至 2020 年。中车时代电气还将迎来轨交行业未来三年乐观的发展态势。中车时代电气还积极探索 IGBT、深海机器人以及地铁信号系统等领域，新业务稳步推进。

该股合理估值区间为 15~20 倍。

股价催化因素：城轨建设招标、海工和电气产品进展、成本管控、北水占比提升等。

上海电气（02727）

上海电气是受益上海国企改革的国内综合装备制造业龙头。上海电气于 2004 年成立，2005 年在港交所上市，2008 年登陆上交所。上海电气控股股东为上海电气总公司。上海电气目前拥有高效清洁能源设备、新能源及环保设备、工业装备、现代服务业四大业务板块，具有设备总成套、工程总承包和提供现代装备综合服务的核心竞争优势。其是中国装备制造业最大的企业集团之一，具有设备总成套、工程总承包和提供现代装备综合服务的优势。自 20 世纪 90 年代以来，销售收入一直居于机械行业前三位。上海电气主导产品主要有 1000 兆瓦特级超超临界火力发电机组、1000 兆瓦特级核电机组，重型装备、输配电、电梯、印刷机械、机床等。高效清洁能源、新能源装备是上海电气集团的核心业务，能源装备占销售收入的 70% 左右。

上海电气创下多项中国第一而且是符合市场发展的行业第一：电梯产业第一、核电第一、海上风电第一、超临界火电第一、机器人产业第一。风电业务目标长期保持"陆上前三、海上第一"地位；核电领域拥有三代核电全面制造能力，一旦核电行业回暖有望受益；智能制造领域，中车时代电气与日本发那科合作的机器人系统集成业务逐渐成熟，近期收购飞机制造商 BAW，未来有望在大型工业机器人领域形成技术协同。中车时代电气从总公司获得高端制造以及不动产经营子公司控股权。交易标的公司覆盖高端装备制造业的上海集优，生产轨道交通信号系统的自仪泰雷兹以及房地产业大类的电气置业，有效延伸了产业链公司业务覆盖传统与新兴多个行业，有望在积极应对传统行业下滑的同时，在新兴领域完成加速扩张。

该股合理估值区间为 15~20 倍。

股价催化因素：国企改革、海外业务拓展进度、核电发展、北水占比提升等。

金风科技（02208）

金风科技是中国最早从事风电机组研发和制造的企业之一，也是全球知名的风电整体解决方案提供商。目前已发展成为全球领先的风电机组制造商，并致力于成为国际化的清洁能源和节能环保整体解决方案提供商。金风科技是我国风电制造的龙头，20 年的风机制造经验以及成熟的技术远远领先于同行。金风科技的主营业务主要分为风机研发、制造与销售，风电厂开发和风电服务、风机零部件制造。金风科技作为中国风电制造商中最早实现"走出去"的企业，并一直极致拓展海外市场的业务，目前，金风科技风机的累计出口容量占我国总累计出口容量的 43.5%。正在投资建设美国和澳大利亚最大的两个风电场。

金风科技持有经营国内风场，已投产风场所在区域以弃风限电地区居多，改善空间较大，业绩弹性较强；在建增量风场多数位于无弃风限电情况发生的省份，未来盈利有一定保障。金风科技对国外风场主要以开发转让为主，开发风场均采用自己制造的风机。2018 年风电装机大概率改善，自营风场利用小时高于行业均值。金风科技切入运维服务打造"风机＋风场＋运维"中下游闭环，预计将进一步巩固其竞争优势。

"十三五"规划中，2020 年的目标是我国海上风电并网装机容量达到 5GW以上，而到 2016 年底，我国的海上风电累计装机容量仅仅只有 1.63 十亿瓦特，因此可发展的空间还很大。同时，国家也支持海上风电的发展，在降低风电上网电价时，并没有降低海上风电的电价。海上风电是个很有潜力的市场，但是海上风电的难度大，对风机的技术要求也很高。金风科技是中国最早踏入海上风电市场的企业之一，在直驱永磁技术路线上已有十年积累，产品可靠性好，且尤其适用于海上风电机组。在风机大型化趋势明朗的背景下，金风科技有望凭借在2.0XMW 及 3.0MW（S）机组的技术积累在后续机型升级的过程中不断巩固领先优势。未来一旦这部分市场被完全打开，将为公司带来极其可观的收益。

该股合理估值区间为 15~20 倍。

股价催化因素：新一波装机潮、海外业务进度、海上风电业务进度等。

7.2 "互联网+"

互联网与服务业（包括文化产业）的融合贴近了人们的日常生活，将会在未来 50 年中快速增长。另外，互联网技术和 AI、智能机器的结合，将会使新的应用层出不穷，不断颠覆人们的传统观念。港股已经有一些"互联网+概念股"，随着"同股不同权"改革的开始，2018 年还会有更多的网络科技企业来中国香港上市。这一板块的标的股会越来越多。

"互联网+"是单独提出的一项国策，即用互联网技术和应用改造传统行业，互联网技术不同于 IT 技术，其优势在于网络化的便捷和网络各个节点之间的互动释放出的巨大能力。

"互联网+"这个概念是网络时代顶峰阶段的必然产物。网络科技公司正在运用自身的技术、信息节点和数据优势，开始向传统行业渗透。这个趋势可以理解为各行各业的互联网化的过程，也就是用网络技术改善甚至改变传统的商业模式。在这个过程中，传统行业和网络科技企业各有优势，是一种既竞争又合作的商业演进过程，最终是双方优势融合最好的企业胜出。

中国民航信息 （00696）

中国民航信息是中国航空旅游业信息技术解决方案的主导供货商。中国民航信息的核心业务包括航空信息技术服务、分销信息技术服务、航空结算及清算服务等。作为中国航空信息技术解决方案的主导供应商，中国民航信息是中国民航的"信息中心"，所运营的信息系统列入国务院监管的八大重点系统之一。中国民航信息是全球第四大 GDS（航空旅游分销系统提供商），拥有全球最大的 BSP 数据处理中心。中国民航信息网络的商业模式、行业地位及盈利能力等方面都表明公司具备天然的行政垄断。随着中国内地更多机场相关项目落成，在 2025 年前超过 136 个，2018 财政年度的系统整合收入或同比增长 20%。

航空信息技术服务业务为中国民航信息主要收入来源，公司大部分收入与中国民航客运量直接相关。中国民航信息航班数据的覆盖广度和时间长度，具有极强的竞争力。航旅纵横 App 是公司旗下面向 C 端的产品，主要功能在于查询航班信息及机场信息，作为航空数据的"正规军"，航旅纵横拥有最准确、最全面的数据。从艾瑞的数据来看，无论是月独立设备数，还是月总有效时长，航旅纵横均优于飞常准和航班管家。目前，航旅纵横已由航班信息扩展到全面的旅客信息平台，如酒店、广告甚至互联网金融等，成为业务新增长动力。

该股合理估值区间为 15~20 倍。

股价催化因素：国企改革、效率改善、北水占比上升等。

众安在线（06060）

众安在线是中国最大的互联网保险公司，成立于 2013 年 11 月，由蚂蚁金服、腾讯、中国平安等知名企业发起成立。众安在线同时也是一家以技术创新带动金融发展的金融科技公司。众安在线总部设在上海。众安在线旨在通过连接生态系统及应用尖端技术重新定义保险。公司主要于五个核心生态系统提供公司的产品及解决方案：①生活消费生态消费；②金融生态；③健康生态；④车险生态；⑤航旅生态。

众安在线被纳入国企指数。产品体系日趋成熟，预计未来三年保费收入仍将维持 50% 以上增长。产品结构上，利润贡献能力更强的健康险、车险、意外险占比预计会持续提升，前期通过退货运费险等小件产品积累的客户优势有望导入利润贡献度更高的产品，为公司未来业绩增长打下基础。

众安科技作为上市公司全资附属科技公司，掌握五大核心科技（云计算、物联网、大数据、人工智能、区块链），为众安在线研发提供技术支持的同时，也对业务伙伴及其他金融保险机构进行技术输出，从 2017 年第二季度开始产生收入，未来有望成为公司除保险业务之外的第二大收入贡献单元，实现"保险 + 科技"双轮驱动。

众安在线业务处于快速扩张阶段，产品结构正在发生快速转变，目前占比最大的退货运费险保费规模稳定，占比逐渐下降，而航旅生态、健康生态和汽车生态则是未来主要发展方向，未来公司的业务结构不确定性较大。众安在线披露正在积极申请寿险业务牌照，业务结构可能发生非常大的变化。这些不确定性难以对公司做出准确估值，2018 年公司仍可能总体亏损。

股价催化因素：保费收入增长、科技业务收入、北水占比上升等。

易鑫（02858）

易鑫是中国最大的互联网汽车零售交易平台，受益于庞大的用户群、汽车数据库以及由腾讯、京东、百度、易车共同支持的强大风险处理能力。易鑫成立于 2014 年，是易车的子公司。易车、腾讯、京东和百度分别持有公司 43.9%、20.9%、10.9%和 3.02%股权。易鑫的快速成长主要基于汽车交易、汽车金融、售后服务市场的强劲增长，快速的线上线下渠道扩张、稳健的流动性管理和多样化的资金来源。

据市场预测，易鑫 2017 年经调整净利润将增长 500%，2018 年增长 80%以上，主要是由于易鑫专注于高速增长的中国二手车市场。公司 2018 年预期能够盈利。

股价催化因素：二手车市场增速、北水占比上升等。

恒腾网络（00136）

恒腾网络是作为中国内地地产巨头恒大和互联网巨头腾讯联袂打造的互联网小区服务商公司，被市场赋予厚望。目前恒大持股 61%，腾讯持股 22%。两大巨头的入主，其目的是希望通过以平台运营思维、轻资产运营模式，结合社区业主的实际需求，不断引入各行业最优秀的服务商资源，为其提供衣、食、住、行、娱"一站式"智能生活体验，降低生活成本，提高服务效率。

恒腾网络研发了综合性社区 O2O 平台——恒腾密蜜 App，承载着物业服务、邻里社交和生活服务三大基础业务板块，并接入了社区金融业务。恒腾网络在互联网家居业务发展势头同样表现迅猛，目前已覆盖逾百个社区。

恒腾网络未来在业务上做出战略部署，其中包括互联网社区服务业务将重点发展互联网家居板块、利用其线上平台积极拓展互联网材料物流业务、其他业务发展。可以看出恒腾网络在借助恒大遍布全国约 180 个城市及 400 多个地产项目的物业基础之上再搭配腾讯其先进的互联网技术及用户规模，强强联合，很有机会在互联网社区领域打造出一片新天地，发展前景十分诱人。

股价催化因素：服务范围扩张、北水占比上升等。

网龙（00777）

网龙是全球领先的互联网社区创建者。网龙成立于 1999 年，总部位于中国福建福州。2001 年网龙创建了中国第一网络游戏资讯网站 17173.com，2003 年以 2050 万美元出让于搜狐。网龙创立了广受欢迎的智慧手机服务平台 91 无线，并于 2013 年以 19 亿美元出售给百度，为网龙布局教育业务积累了充足的资金。近年来，网龙业务重心逐渐从游戏转向教育行业：2015 年，网龙收购全球教育行业巨头普罗米修（Promethean），开始大举拓展国际教育市场；在国内，网龙成立华渔教育，从硬件、软件、平台、资源协同出发，致力于打造国内最大的教育细分市场服务平台体系。网龙于 2017 年 7 月以 2560 万美元收购 JumpStart 公司。JumpStart 是一家总部位于洛杉矶的专门为 K-12 儿童提供创新教育游戏的公司。同时，网龙前瞻布局 VR/AR 领域，抢占发展先机，积极将 VR/AR 技术应用于游戏、教育、家居等领域，并于 2016 年投资了两家领先的 AR 技术企业。目前教育业务营收已超过公司营业收入的一半，已经实现扭亏为盈。

网龙在 2014 年进入在线教育领域，2016 年开始互联网 K12 教育进入启动期，初期大批企业涌入的情况锐减，企业进入正常运营周期，商业模式逐步成熟，将慢慢步入盈利阶段。网龙已经进入扭亏和恢复增长阶段。教育业务毛利率近几个季度稳定上升，预计毛利率在 2019 年可以达到 38% 的水平（中泰）。

华渔教育的主要产品和服务包含了学前教育、基础教育服务、高登教育服务、职业教育服务、企业培训服务和非学历终身教育服务六大类，通过采用先进技术，以趣味化的方式展示知识，创新的模式包括 101VR 创客教室、101VR 科普角和创想世界三类。101PPT 是华渔教育主要在线产品，为教师提供海量的示范课件、图片、视音频和 Flash 素材，并提供多种教学辅助工具和个人网盘服务，教师可以随时通过手机操作，方便掌控课堂节奏。到 2017 年底装机用户量达到 113 万户。101PPT 通过多种用户获取策略，包括与教育 PC 厂商、教育局、电教馆及国培和省培等组织及机构合作，增加内容用户装机量，最终目标是覆盖全国 600 万教师的广大市场。同时以教师用户为基础，渗透到 2000 万学生和 4000 万家长的市场，以免费的基础内容资源带动有质量的内容在社区内流转，创造流量价值并实现变现。

该股合理估值区间为 30~50 倍。

股价催化因素：教育业务盈利速度、游戏业务稳定性、海外并购整合效果、北水占比上升等。

神州租车（00699）

神州租车是目前中国最大的全国性大型连锁汽车租赁企业。根据第三方机构罗兰贝格的调查报告，神州租车是目前中国最具认知度的汽车租赁服务提供商，并在车队规模、网点覆盖、市场份额和业务收入等各项运营和财务指标上，处于中国汽车租赁行业绝对的领导地位，已在 300 多个城市布局 1111 个服务网点，覆盖一二线城市和旅游城市；业务覆盖自驾代驾、长短途出行、公务用车、车辆销售维保、金融等汽车消费全周期的应用场景，涉及数百万台车辆、3000 余万用户画像、100 亿公里。神州租车通过自有、投资、合作等模式进行了全产业链布局，初步建成了一个业务覆盖汽车全产业链的人车生态圈。

分时租赁行业进入快速增长期，到 2020 年预计市场规模将达到 85 亿元。神州租车宣布进入汽车分时租赁业务，神州租车自有车辆已经达到 10 万辆，能够形成规模效应。他们不用组建一个专门用于分时租赁的车队，用车队中闲置时段的车（目前神州租车自有车辆的出租率是 60%~70%）提供分时租赁服务，准备在 55 个城市上线，用价格战抢夺市场：零元起步，时长费 0.19 元 1 分钟，里程费 0.99 元 1 公里，按用车半小时行驶 10 公里计算，花费仅为 16 元，比目前市场上主流对手以及出租车的价格要低一半。用车达到 1 小时 20 公里时，用车价格也依然比竞争对手要低。此外，与其他分时租赁公司不同的是，神州租车分时租赁不以车型级别的不同来区分价格，无论是豪华品牌还是合资品牌的车型，均采用同一租赁价。根据神州租车自己测算，低定价策略仍能产生 30% 的单均利润率。神州租车大规模集中采购，将闲散车辆资源投入市场，实现真正的汽车共享；分时租赁与神州租车无车车生活平台中现有长短租产品能够互补，分时租赁可以向买买车和车闪贷等业务导流，获取长尾效应。

该股合理估值区间为 20~25 倍。

股价催化因素：估值恢复、分时业务进展、北水占比上升等。

金蝶国际（00268）

金蝶国际是亚太地区领先的企业管理软件及电子商务应用解决方案供应商，是全球软件市场中成长最快的独立软件厂商之一，是中国软件产业的领导厂商。金蝶国际占据中国 SaaS 市场领导地位。根据 IDC 最新发布的《中国公有云服务市场半年度跟踪报告》，在继 2016 年全年之后，2017 年上半年金蝶国际在整体 SaaS 市场占有率蝉联第一。除此之外，金蝶国际还在 SaaSERP 和 SaaS 财务云领域，分别以 18.25%、46%的市场份额比例独占鳌头，远超国内外厂商。

金蝶国际作为国产传统 ERP 领域领跑者之一，连续 13 年蝉联中小企业应用软件市场第一。云业务方面，金蝶国际在行业内自 2013 年开始率先坚定战略云转型。2017 年云收入占比超过 25%，增速超过 65%。其中，针对中型企业的云 ERP 产品，金蝶云在与海外云 ERP 龙头 Oralce Netsuite 的竞争中取得优势。根据 IDC，金蝶国际占据 18.25%的中国 SaaS ERP 市场份额。

美国三大 SaaS 独立厂商的市值为中国厂商的十倍，这是一个近万亿元市值的产业。从发展阶段来看，中国 SaaS 落后美国约 4~6 年。中国 SaaS 行业未来四年有望迎来高增长期。

该股合理估值区间为 30~40 倍。

股价催化因素：云业务拓展进度、新产品推出、并购整合效果、北水占比上升等。

金山软件（03888）

金山软件是中国领先的云计算服务及互联网娱乐服务提供商。金山软件旗下拥有金山云（持股 51.73%）、WPS（持股 67.50%，计划分拆 A 股上市）、西山居（持股 67.64%）及猎豹移动（持股 49.66%，美股上市）四家核心子公司，形成以云计算、AI 为新起点，互动娱乐、互联网安全及办公软件为传统支柱的战略布局。

金山软件的云服务目前在国内公有云市场份额位居前三，增长率连续两年在主流云服务商中排名第一，已形成以游戏云、视频云、医疗云为驱动，以政企服务为特色的竞争力。游戏云业务已覆盖国内 90%以上的重量级游戏发行商与研发商。金山软件在办公软件领域持续领跑，旗下办公软件产品覆盖 PC 端和移动端，支持多个平台、兼容多种格式，拥有坚实的用户基础，月度用户活跃数已超 2.47 亿人，稳居同类第一、远超第二。同时备受政企客户青睐，已覆盖所有省级政府；同时新推出"WPS+云办公"，推动传统办公方式变革。目前，办公软件业务趋于成熟，已计划拆分上市。在技术革新和用户习惯的转变导致的端游势弱、手游崛起新局面下，西山居的研发能力、产品优势与小米腾讯的强大渠道、庞大用户群强强联手，西山居有望步入业绩增长快车道。

该股合理估值区间为 30~35 倍。

股价催化因素：新游戏上线时间和效果、分拆上市、北水占比上升等。

慧聪网（02280）

慧聪网是中国领先的 B2B 电子商务运营商之一，神州数码是最大股东，持股比例 23%。慧聪网已发展成为集"中关村在线集团、信息服务集团、金融科技集团、物联网数据营销集团、电子商务产业园集团、在线交易集团"六大集团构成全新的产业互联网集团。慧聪网注册用户超过 2300 万，会员活跃数超 60 万，买家资源达到 1500 万，询盘数据 4.5 亿条，覆盖行业 50 余个。慧聪网在过去 20 多年的运作下，旗下拥有数十个垂直行业，积累了丰富的信息服务资源、产业数据资源，并且拥有交易支付的相关产品服务，还拥有小贷公司，可以全方位地为企业进行服务。利用自身在产业、互联网、金融科技等方面的资源沉淀及专业优势，通过聚焦"产业互联网＋金融科技"，慧聪网将加速推动互联网、新科技与传统企业的融合，在交易、金融、营销等方面，为中小企业赋能，助力传统企业实现"互联网＋"的转型。

慧聪网的"减法＋聚焦"战略是将电子商务产业等与主业关联不大或是无关部分逐步剥离，一方面为产业互联网提供发展资金，另一方面将人才、技术等资产集中在产业互联网上，更好地开发这个庞大的市场。产业互联网行业进入者很少，基本是慧聪网一家独大，而正因为慧聪更加聚焦产业互联网，凭借核心优势，加码金融服务，以先进优势加速占领传统产业的融合市场。

2017 年利润实现环比增长 40%~60%。

该股合理估值区间为 30~35 倍。

股价催化因素：重组效果、北水占比上升等。

这一主题的港股选择目前还不算太多，但是随着中国香港证交所推进"同股不同权"的上市制度，相信会有越来越多的科技网络股（简称"科网股"）将登陆港股市场。在 AI 叠加物联网的新时代，从信息科技、金融科技、物联网、高端设备制造以及作为产业技术基础的通信、半导体、集成电路等细分领域，都值得投资者关注。

7.3 区域经济和经济周期热点

除了"一带一路"、美丽中国、健康中国和消费升级等重大投资主题，中国经济仍有很多其他亮点值得关注。其中两个极端就是传统周期行业复苏和高新技术的飞速发展。有些股票刚进入反弹阶段，有些早已受到投资者追捧，股价估值处于高位。对于这类股票来说，投资者可以根据自己的判断和掌控能力，给出适当的估值，并及时关注投资和退出机会，必要时可以适当配置。

中国经济进入新时代，叠加世界经济进入复苏期，2018 年开始，中国将加快和深化改革开放，经济上将亮点纷呈，有不少新的投资机会。我们在论述了前面几个投资主题之后，在这一节讨论一些其他的国策概念股。

值得关注的是，周期行业陆续进入业绩拐点，周期股会有较好的表现。在这一波康波周期的末期，周期性行业处于从衰退中逐步走出的阶段，由于中国的供给侧结构性改革加快和力度加大，会出现部分周期板块的反弹。我们仅从港股中选择几只股票介绍。

中国神华 （01088）

中国神华是世界领先的以煤炭为基础的一体化能源公司，是我国最大的煤炭生产企业和销售企业，全球第二大煤炭上市公司，并拥有中国最大规模的优质煤炭储量。中国神华主营业务是煤炭、电力的生产和销售，铁路、港口和船舶运输，煤制烯烃等业务。煤炭、发电、铁路、港口、航运、煤化工一体化经营模式是中国神华的独特经营方式和盈利模式。中国神华控制并运营的铁路营业里程约 2155 公里，运营国内第一大煤炭下水港口黄骅港，拥有约 220 万载重吨自有船队，运营 60 万吨/年的煤制烯烃项目。中国神华的发展战略目标是"建设世界一流的清洁能源供应商"。

中国神华是四大优势成就领先的综合能源供应商：其一，是行业内煤电联营方面的领先者，盈利稳定性，并通过运输业务不断扩大煤炭市场份额；看好公司未来继续维持较好的盈利稳定性，在当前煤价窄幅震荡的背景下，公司具有全行业最强的盈利确定性。其二，资源禀赋好、资产价值高，煤炭开采成本行业领先，电厂利用小时数居行业前列。其三，提供有力支持，累计注入煤炭可售资源量21亿吨、电力装机容量9474兆瓦特，增厚公司资产规模，并承诺未来还将有11个资产注入上市公司。其四，与国电集团进行重组整合，实现资源互补，未来具有巨大想象空间。

中国神华煤电共同发力，是业绩增长的主要原因，受煤炭行业供给侧结构性改革、煤炭长协销售比增加等政策因素影响，国内2018年煤炭价格有望高位震荡，预计公司2018年业绩仍保持稳定增长。中国神华有长期资产注入计划以及与国电集团的重组持续推进中，中国神华未来还有较大发展空间。中国神华当前估值水平远低于历史上高煤价时期，股息率达5.6%，具有较强吸引力。

该股合理估值区间为市净率1.3~1.5倍，市盈率10~15倍。

股价催化因素：资产注入、估值恢复、北水占比上升等。

中国铝业（02600）

中国铝业是中国有色金属行业的龙头企业，综合实力位居全球铝行业前列，也是中国铝行业唯一集铝土矿、煤炭等资源勘探开采，氧化铝、原铝和铝合金产品生产、销售、技术研发，国际贸易，物流产业，火力发电、新能源发电于一体的大型生产经营企业。

全国范围内违规产能关停完毕，同时滨州、河南等地电解铝错峰生产次第展开，原铝产量数据2016年7月以来环比持续下滑，错峰限产后，四季度原铝产量有望持续下行，国内库存趋势性下降有望持续。同时，错峰限产带来氧化铝价格快速攀升，进而带动成本大幅上涨，中国铝业作为上市公司唯一自给率超过100%的企业充分受益。公司通过债转股，大幅降低了负债率。

中国铝业电解铝供给侧改革是最大赢家。第一，合规扩产能。一是真正具备供改背景下的合规扩产能力，电解铝产量将由2016年的295万吨提升至2017年的500万吨，未来仍有合规扩产可能。二是冬季环保限产对公司电解铝产能影响较小，氧化铝产量影响极小。三是氧化铝赤泥排放污染环保核查力度加大，中铝综合回收处理行业领先。第二，电力成本优势显现。一是自备厂补缴政府性基金提升全行业成本，但中铝不受影响。二是新产能投产后公司自备电比例显著上升，且大用户直购电降本继续推进。第三，氧化铝涨价有望持续，中铝自给率200%，业绩弹性大。目前电解铝厂的氧化铝库存处于低位，补库需求旺盛，且氧化铝原料铝土矿、烧碱因环保限产涨价，氧化铝涨价趋势有望在冬季环保限产期间延续。中铝将充分受益于氧化铝上涨，每涨价 100 元增厚毛利 13.4 亿元。第四，预焙阳极完全自给，全面受益于预焙阳极的涨价。中国铝业预焙阳极产能不受 "2＋26" 环保限产影响，且完全自给，以 2017 年电解铝产量配套计算，实际产量超 180 万吨且仍有提升空间，充分受益于第四季度预焙阳极涨价。

该股合理估值区间为 10~20 倍。

股价催化因素：铝和电解铝价格上涨、经济复苏、北水占比上升等。

保利协鑫能源 （03800）

保利协鑫能源多晶硅及硅片产能位列全球第一，生产成本保持在第一梯队，其龙头地位已经维持 7 年。保利协鑫能源当前已有保利协鑫和协鑫新能源两个港股上市平台，分别分管制造业务和电站运营，保利协鑫能源领先优势除了成本和规模之外，更重要的是硅片和多晶硅生产的协同效应使得协鑫在每一次的扩产竞赛中能率先完成产能爬坡，保持回报领先。而随着其硅片金刚线技术的普及，将带来 2018 年、2019 年两年的持续成本下降和产能提升，保证其盈利增长。

多晶硅和硅片 2017 年末产能分别达到 75000 吨和 24 十亿瓦特，分别占市场份额 的 16.6% 和 24%。由于多晶硅主要是自用（协鑫新能源），因此保利协鑫能源的收入驱动主要是三个硅片价格、多晶硅成本和硅片成本。

保利协鑫能源有意分拆多晶硅和硅片制造业务至 A 股上市。保利协鑫能源已经有一条 5000 吨的多晶硅循环流化床生产线在运行，并且在 2016 年收购了 Sunedision 公司（为全球第二家使用多晶硅循环流化床技术的公司，并可以达到电子级质量）。该技术可以进一步降低多晶硅生产中的能耗达 50%，而多晶硅能耗占总成本的 20%，进一步巩固公司龙头地位。保利协鑫能源于 2015 年与国家产业基金合作建设了一条 5000 吨的电子级多晶硅生产线，将帮助中国在未来的半导体发展中完成进口替代。虽然中国目前芯片消耗已经达到全球的 40%，但是在基础原材料上主要依赖进口，无论是多晶硅还是硅锭都需要从日本和韩国进口。如果保利协鑫能源完成半导体产业链的认证测试，将填补国内空白，并带来估值切换的机会。

该股合理估值为 10 倍左右。

股价催化因素：双反幅度、电子级多晶硅认证进度、A 股分拆上市、北水占比上升等。

国有企业混合制改革概念股的逻辑是把国有企业做强做大，然后吸收民营资本，构建利益共同体，前一层意义不仅体现在央企层面，全国各地都会出现国企重组惠及上市公司的案例。

中国联通（00762）

中国联通是中国三大电信运营商之一。中国电信运营行业处在用户红利、网络红利、数字化红利、改革红利、铁塔红利的五大红利叠加期。线上，中国联通具有全国统一的网上营业厅，覆盖超过 1 亿户的手机营业厅，覆盖 400 万用户的微信营业厅；线下渠道，拥有 2 万多家自有营业厅、21 家全国战略级合作渠道和 55 万家合作网点，这都是营销落地的保障。中国联通转型移动业务发展模式，加大 2I2C、2B2C 等在线销售力度，提升新入网用户质量，在低用户发展成本和薄补贴模式下，实现移动业务发展提速。

通过精简机构，管理人员逐步朝向市场化改革，配合相关股权或者分配激励改革等各项重大改革方案，股权激励方案涉及 7000 多人，基本可覆盖市级骨干员工，未来 3 年利润总额在 2017 年 53 亿元左右的基础上，年复合增长率将超过 77%，彰显公司发展的决心和信心。中国联通董事会拟由 7 名扩大到 13 名，引入新的国有股东和非国有股东。非国有股东的引入，有利于公司优化调整董事会、监事会结构，建立健全协调运转、有效制衡的混合所有制企业公司治理机制，中国联通长期治理机制有望得到改善。

借助腾讯微信强大的人口效应，腾讯王卡通过渠道创新，实现了低营销成本获得业务收入和利润增长。通过复制腾讯王卡的成功模式，与互联网公司深度开展 2I2C 业务，未来与其他互联网厂商渠道方面"新零售"领域合作也值得期待。中国联通与阿里巴巴已经相互开放云计算资源，在云业务层面（公共云、专有云、混合云等）开展深度合作，其与阿里云合作的"沃云 Powered by Alibaba Cloud"平台正式上线。

2018/2019 年仍是 4G 红利充分释放的年份，中国联通通过混改，全面增强了市场竞争力，业绩弹性最大。

该股合理估值区间为 15~20 倍。

股价催化因素：混改进度、铁塔上市、5G 业务进度、北水占比上升等。

天津发展（00882）

天津发展是天津市市政府通过在中国香港的窗口公司——津联集团有限公司

控股的、唯一的综合性海外上市公司。天津发展主要从事以下业务：①提供公用设施包括供应电力、自来水及热能；②经营商业房地产主要是酒店业务；③策略性及其他投资，包括投资于集团之联营公司，其主要从事生产、销售及分销酿酒产品、升降机及扶手电梯及提供港口服务。此外，亦通过持股21%的天津港发展（03382）投资港口业务，并持有奥的斯电梯（中国）的16.55%权益和滨海投资（02886）的4.23%权益。另外，天津发展还通过持股67%的医药公司经营医药业务。

天津发展持有大量现金，是控股平台，未来有望作为天津国有企业整合平台，继续发挥优势，积极参与天津市国有资产重组，并在天津市政府及母公司的大力支持下，加快重组工作，拓展新业务，同时保持现有各项业务的持续稳定发展。

中电华大科技（00085）

中电华大科技是一家专注于电子信息产业发展的红筹上市公司，主要从事集成电路设计开发、销售以及提供先进解决方案的高科技投资集团公司。中电华大科技产品主要应用在智能卡、射频识别以及无线通信领域，具备研发设计和制造优势，为国内智能卡芯片、WLAN芯片技术最全面、应用领域最广泛的公司之一，在多个应用领域占有较高的市场份额，是国内智能卡芯片行业的先行者和领导者。中电华大科技产品包括中国公民所使用的第二代居民身份证、社保卡、加油卡、电信卡、购电卡、交通卡、无线网络设备等。

中电华大科技作为国资委直属的央企，在CEC的五大产业板块当中，集成电路与关键元器件居于首位，也是最具技术含量与高附加值的部分。中电华大科技之前业务主要分为两个部分：一是集成电路芯片的设计及销售，二是电子信息技术产业园的发展与管理。2015年10月26日，中电华大科技公告收购华虹95.64%的股权，并与控股股东中国电子信息订立2015~2018年综合服务协议。而华虹主要从事集合电路产品，中国电子信息通过旗下的华大半导体和华虹集团控股华虹，该项收购于2016年2月完成。2016年6月，中电华大科技对"电子信息技术产业园的发展及管理"的业务实施终止，并将全部精力投入在集成电路芯片的设计与销售上。2017年7月18日，中国电子控股股东中国电子信息、国家集成电路以及华芯投资管理有限责任公司签订战略合作协议，国集基金拟对公司投资200亿元，用于支持中国电子集成电路相关业务发展，9月8日，中国电子又与电广传媒达成战略合作框架协议，在网络安全等领域全面深度合作。中电华大科技经过多年的发展，在身份识别、社会保障、移动通信、金融安全和交通等领域的市场份额较大并且处于国内领先地位。

中国的改革开放进程的一个很大特色是试点和区域分片开发，之前是经济特区和沿海开放口岸，海南设省，"珠三角""长三角"，之后有环渤海经济带、东北老工业基地、海西经济区，现在加上了分布在全国各地的城市经济体，可以预见未来将会在各个地区出现很多自贸区。用一片区域为核心的开发，带动周边地区的经济增长，这就是区域经济一体化的目标。

在未来 10 年中，区域经济一体化仍是中国的重要经济发展模式，比如现在的长江中游城市带，成渝都市带，之后会在中国西部出现更多的都市群和改革示范区，在长江之后，将会开发黄河沿岸城市以及广阔的中原腹地。

京津冀一体化的重要课题是解决河北与天津的发展问题，降低北京的人口和社会负担，统筹三地发展，并解决日益严重的发展失衡带来的环境问题。笔者认为，除了基础设施互联互通之外，产业布局调整，行政区重划，淘汰落后产能和产业升级将带来巨大的发展潜力。

城建设计　（01599）

北京城建设计发展集团股份有限公司（股票名称：城建设计）是中国城市轨道交通行业领先的设计、勘察及咨询公司。城建设计从事设计、勘察及咨询服务以及工程承包服务，为城市轨道交通提供设计、勘察及咨询服务（重点核心业务），并进一步扩大服务至为城市轨道交通相关工业及民用建设以及市政工程项目提供设计、勘察及咨询服务。城建设计在中国城市轨道交通行业拥有最长的营运历史，可追溯至 1958 年，当时是为中国首条地铁路线北京地铁 1 号线的设计及勘察服务而创立。根据赛迪顾问，截至 2013 年 12 月 31 日，城建设计在中国城市轨道交通线路设计总包服务的运营总里程排名第一，此外持有设计及勘察业务所需的综合甲级资质，该资质为中国设计及勘察范畴的最高资质。总部位于北京，在中国其他 29 个城市设有分支及工程部门。

城建设计的基本面是负债率较低，在城建特别是轨道交通设计、勘察和承包方面有核心竞争力，且利润率较高。城建设计的收入来源之前主要集中于较大城市，随着中等城市轨道交通建设的日益发展，将有广大的发展空间。而且城建设计系由国企改制而来，有一定的信用基础。目前市盈率在 15 左右，表明得到了市场认可，未来仍有进一步提升的空间。

中国的城市轨道交通仍处于较低的水平，进一步发展的空间较大。随着中国城市化进程的加快、京津冀区域一体化的提速，优化城市空间结构和管理格局，增强城市综合承载能力的需要，为集团业务的发展提供了无限商机。面对良好的发展机遇，城建设计将进一步做大设计、勘察及咨询业务，做强城市轨道交通工程承包业务，继续积极推动研发和产业商业化。致力于成为具有行业领导力和国际影响力的城市建设综合服务商。

随着汽车消费的扩大，汽车经销商业成为投资者关注的一个板块。港股主要经销商有正通汽车、中升控股和宝信汽车（01293）等。

正通汽车（01728）

正通汽车是中国领先的4S经销店集团，专注于豪华品牌汽车如宝马、奥迪，超豪华品牌如保时捷经销店。正通汽车还经营日产、别克、现代、本田、雪佛兰等中高档市场品牌的汽车。正通汽车的汽车经销业务涵盖拥有大型、成熟汽车市场的中国富庶地区以及迅速发展地区的多个城市，进一步加强与汽车制造商的关系并补充汽车经销业务，正通汽车又设立汽车物流业务。凭借现有的汽车经销网络及物流服务业务，正通汽车亦设立润滑油贸易业务，以取得中国汽车行业日益增长的需求及强化4S店经销店客户售后服务。

正通汽车专注于六大豪华及超豪华汽车品牌，包括宝马、捷豹路虎、沃尔沃、奥迪、奔驰和保时捷，因此将受益于2018年豪华车型板块增长提速。正通汽车2015年通过其控股95%的子公司上海东正汽车金融切入汽车金融业务。考虑最近两轮股票配售募集的21亿港元，预计东正汽车金融目前拥有核心资本40亿元以支持400亿元的贷款规模。东正金融将作为独立的汽车金融公司发展，与中国其他汽车经销商合作，目标是将自营汽车金融业务规模由2017年预估的100亿元扩张至2018~2019年的300亿~500亿元，相当于2017~2019年复合增长率将达123.6%，届时汽车金融利润将占正通2018/2019年营业利润的26.8%/32.5%（元大证券）。

国内投资者亦会关注一些在港股上市有特色的股票，一些壳公司的实际接手人的背景，使得这些公司未来的业务和资产重组具有极大的想象空间，比如之前马云收购的壳公司，还有一些企业尚未盈利，估值已经被推得很高，它们的共同特征是由一位或几位业内大腕掌控，产业和资本运作紧密结合，演绎乌鸡变凤凰的传奇。我们仅列举其中几个例子供大家参考。

中国消防（00445）

中国消防是中国消防行业首家上市企业，主要生产、销售消防车与消防设备。消防系统施工安装，消防系统维护保养，买卖消防车及消费及救援设备以及经营酒店。中国消防连续亏损，将不盈利的资产全部出售，2015 年 2 月，签订协议向中集集团收购其全资附属公司——德国齐格勒的 40% 股权，并以发行公司新股份支付收购代价。收购完成后，中集集团将持有公司 30% 的权益并成为控股股东。这家福建企业已经成为中集集团的一个上市平台，并入中集集团优秀的消防行业资产——120 多年历史的德国齐格勒公司，是全球前五大消防及救援车辆及器材供应商，在德国的消防车及救援车市场上排名第一。该公司是世界著名的消防车、特种车、消防水泵及其他消防配件的生产商，一直以其高质工艺以及在特制消防车及消防设备的领先技术而闻名于世。预计中国消防将以中国消防车中高端市场为主要战略发展方向。

中国的消防车目前数量不足，且老旧落后。现有消防车在 2 万台左右，水罐车占总量的 60% 以上，而特种车（除水罐、干粉、泡沫以外的车辆）仅占 10%，消防云梯车等高端重型、高喷等车型严重不足。大部分消防车水喷射高度只有30 米（齐格勒消防车的喷射高度为 60 米），远远适应不了大中型城市的需要。消防车生产企业只有 30 多家，产量超过每年 500 台的厂家不足 10 家。

中集集团在特种车辆上有着多年的耕耘，联合卡车生产的重卡，通过收购中集、德国齐格勒和中国消防可以产生协同效应，其中包括：依靠德国齐格勒在水泵上的现金技术，发展更先进的新型消防车及消防设备，利用中国消防的国内销售渠道，将齐格勒消防车更快打入国内市场，利用齐格勒现有的销售网络，直接获得进军国际市场特别是欧洲市场的渠道，以及通过中集集团已有网络扩展市场覆盖面。未来中集集团可能会把齐格勒剩下的 60% 股权继续注入中国消防。而中集集团很有可能通过中国消防这个平台继续做大中集在消防行业的布局。中国消防目前只有主营灭火剂和消防工程的坚瑞消防（300116）的一半市值，而后者收入只有中国消防的一半。

阿里影业（01060）

阿里影业是阿里巴巴旗下电影业务上市平台。阿里巴巴于 2014 年 6 月通过认购股票获得 1060.HK 控股权，其后于 2015 年 6 月收购国内顶尖的影院票务系统提供商粤科软件，同年 12 月将旗下"淘宝电影"（包括"淘票票"）和"娱乐宝"（C2B 融资平台）注入上市公司。至今，阿里影业已包括电影内容产业链"电影制作＋电影宣发＋版权授权"和票务产业链"在线售票平台＋影院售票软件"的全部业务。

阿里影业在线票务行业盈利时代或将来临，淘票票盈利状况将改善。①在线票务市场进入平稳增长期：在售票线上化率继续提升的空间有限的情况下，在线票务市场规模增速基本等于观影人次增速，按照一张票 4 元收入计算，预计 2017 年整体市场规模约为 63 亿元。②电影票务市场进入双寡头时代：2017 年 9 月 22 日，猫眼的全部业务和腾讯旗下微影时代的电影票务＋演出票务业务部分进行合并，合并后产生"新猫眼微影"。在线票务市场正式变为新猫眼微影和淘票票双寡头，合计市场份额将近 90%。③行业盈利时代或将来临，淘票票盈利状况将改善：在线票务公司亏损的重要原因之一在于大量票补，判断在行业趋势的带动下，未来新猫眼微影和淘票票将实现良性竞争，淘票票会加快实现盈利的脚步，整个市场进入盈利时代。

多管齐下，打造全方位布局的阿里影业。阿里影业以淘票票为支点撬动针对影院、观众、其他片方的全方位 2C 和 2B 布局：①淘票票是很好的观众流量入口，有助于阿里影业电影宣发业务的发展；②淘票票之外，粤科是国内排名前二的票务系统软件公司，阿里影业自身已制作和发行了多部优秀影片。

阅文集团（00770）

阅文集团是中国网络文学行业的开拓者和领导者，见证了中国网络文学由诞生到兴起的全过程。阅文集团经营着用户基础最广、作家群体最多、内容最全面的网络文学平台，并以此为基础开展付费阅读、IP 授权改编业务。腾讯通过其全资附属公司 THL A13、Tencent Growthfund 及 Qinghai Lake 间接控制公司共 65.38% 的已发行股份，系公司的控股股东。阅文集团目前拥有多家参控股子公司，涉及网络文学、版权运营、纸质图书、网络游戏、文化产业投资等产业链各个环节。

网文付费阅读市场增速快，已分成为基础的商业模式更为健康，行业基本形成阅文集团综合实力领先，阅文、掌阅两家独大的竞争格局。预计 2017~2020 年网络文学付费阅读市场规模分别为 64 亿元、86 亿元、111 亿元、137 亿元，年复合增速近 30%。目前平台与作者的付费收入分成模式、平台与下游 IP 改编方的固定版权金+收入分成模式较为普遍，对于平台方来说是更为健康的商业模式。目前行业呈现集中度高且集中度有不断增强的趋势，而且阅文集团遥遥领先。腾讯为公司的在线付费阅读提供高质量的内容分发渠道。腾讯拥有广阔的网络覆盖面、庞大的用户基础，对公司内容分销及在线阅读业务贡献显著，2016 年至 2017 年上半年腾讯产品自营渠道收入贡献占比达 30%以上。腾讯在中国媒体娱乐市场上处于领先地位，具备将文学 IP 改编成影视、游戏及具备较强的 IP 改编产品分销能力，可以使得特定文学主题在短期内货币价值最大化。

有些与高科技产品相关的制造业公司的股票已经有很高的估值，这类标的有一定的技术或市场竞争优势，但也面对过度依赖单一客户的高风险和不确定性。在估值回归正常水平后，可能仍具备一定的投资价值。

舜宇光学科技（02382）

舜宇光学科技是中国领先的光学产品制造企业，具备全面的设计实力及专业生产技术，公司在光学非球面技术、AF/ZOOM 和多层镀膜等多项核心技术的研究和应用上处于国内领先水平。舜宇光学科技主要从事光学相关产品的开发、制造和销售，目前产品包括光学零件（玻璃/塑料镜片、平面镜、棱镜及各种镜头）、光电产品（手机相机模组及其他光电模组）和光学仪器（显微镜、测量仪器及分析仪器）。舜宇光学科技将立足光电行业，以光学、机械、电子三大核心技术的组合为基础，大力发展光学、仪器、光电三大事业。

瑞声科技（02018）

瑞声科技是领先全球通信及消费电子市场的微型元器件全面解决方案供应商，主要从事生产及销售声学相关产品。瑞声科技的产品广泛应用于手提电话、平板电脑、笔记本电脑、LED 电视、游戏控制器、电子书、MP3 播放器、MP4 播放器及众多其他类型的消费电子产品，产品种类涵盖移动通信、资讯科技、消费电子、家用电器、汽车及医疗仪器等行业。瑞声科技目前绝大部分营收来自声学和马达业务，其增长稳定。新业务——光学镜头进展良好。随着在国产机中声光元器件渗透率的逐渐提高，新旧业务将会双轮驱动。由于 iPhone X 销量低于市场预期，瑞声科技股价随市场震荡回调，但瑞声科技技术积淀雄厚，盈利确定性强，且如双 VCM 马达等业务有望带来额外推动力。

第8章 特色港股淘金

投资港股与中国内地股市的一个显著区别是，港股具有国际性和多样性，因为中国内地股市还未向国外公司打开上市大门，所以中国内地投资者可以在中国香港买到中国香港公司和国外企业的股票。在前面我们已经介绍了 AH 股，本章我们主要介绍中国香港独有的股票，特别是中小型股票。

中国香港成交量较好（每日平均交易额在 1000 万港元以上）的中小盘股票（市值 20 亿元以上）弹性大，熊市里跌幅和牛市里的涨幅都很大，风格上接近 A 股。但是很多港股小盘股（市值不足 20 亿港元，甚至只有几亿港元），一般日均成交量不足 300 万港元，这种水平的流动性不适合投资者介入。我们介绍的股票是前一类，而且过往没有疑似老千股的历史。

在中国香港上市的中国内地中小市值公司，根据券商研究报告，估值普遍大幅低于 A 股类似上市公司股票的估值。中证 500 小盘股指数及中证 700 中小盘股指数的 2015 年市盈率分别为 33 倍及 30 倍，而恒生综合小盘股指数的 2015 年动态市盈率只有 18 倍。在恒生综合小盘股指数年初至今上涨了 24% 的情况下，相比起中证指数仍有超过 40% 的折价。

中国内地投资者热捧的成长板块，如软件和网络游戏行业、消费、环保行业和新能源行业等行业，也早已获得港股投资者认同，具有持久生命力。文化传媒类、电子机械制造类（包括汽车零部件、电子器件）、农业类、食品饮料行业、纺织服装行业、零售百货行业以及综合企业的股票以前并不受投资者重视，明显折让，未来随着港股 A 股化，存在较大的炒作空间。

8.1　独具特色的博彩股

对于中国内地投资者来说，濠赌股是稀缺标的，极具吸引力。中国澳门博彩业历史悠久，现已成为世界第一大博彩城市，预计 2017~2019 年中国澳门博彩总收入年均复合增长 11%。中国澳门博彩业有相当于 90% 的市场份额是依赖于整个中国市场。中国澳门博彩业收入，其与中国内地城镇人均可支配收入的增长呈现出很明显的正相关关系。伴随着中国内地自由行的不断深入以及城镇居民生活水平的提升，对于博彩这类高端消费的需求会增加，赴中国澳门游客人数不断增长，以中场收入和一条龙旅游休闲文化服务为主的博彩上市公司将有更大发展空间。

从过去的数据能看到，中国澳门博彩业毛收入与中国经济的增长存在高度正相关，可以作为衡量中国经济增长的一个"体温计"。中国内地经济的持续复苏，三四线城市房价的上涨，相信会源源不断地给中国澳门博彩业带来新鲜血液。

中国内地居民赴中国澳门旅游和消费的破冰一方面源于中国内地居民收入提高，另一方面源于中国澳门在非博彩化转型中做出的努力。中国澳门博彩公司主要有贵宾业务与中场业务，其中贵宾业务一直占据了 60%~70% 以上的市场份额，而中场业务仅仅只有 30% 的市场份额。贵宾业务的收益率较低，转型中的中国澳门博彩业，除了中场业务会占据越来越大比重外，旅游娱乐业务也会获得快速增长。

中国澳门转型的最终目标是以合家欢娱乐和 MICE 会展业务为主题的世界休闲旅游城市。未来如果中国澳门坚持学习拉斯维加斯"旅游会展消费为主，博彩为辅"模式，加上政策红利和国民消费升级，中国澳门在非博彩收入将会是百亿美元的增长空间。博彩业务的毛利比较低。比如 VIP 业务的毛利率为 10%~20%，而餐饮业务的毛利是 30%~40%，酒店的毛利率有 70%。非博彩业务的占比增大，对企业的利润率也会有较大的推动作用（天风证券，2018）。

2017 年中国澳门博彩行业表现超预期，贵宾业务强势复苏，2017 年底以来

高端中场增长强劲，中国内地游客至中国澳门的渗透率从 2016 年的 1.4% 增加至
2017 年 1.6%，而广东游客至中国澳门的渗透率为 8.5%，未来整体的渗透率还有
很大的提升空间。从历史数据看，中国澳门中场的收入和中国香港的访港人数是
息息相关的。因为地理位置的方便和签证办理的烦琐，许多访问中国香港游客会
在中国香港旅游完后，顺便前往中国澳门。而这些游客也是中国澳门中场的主要
服务对象之一，如图 8-1 所示。

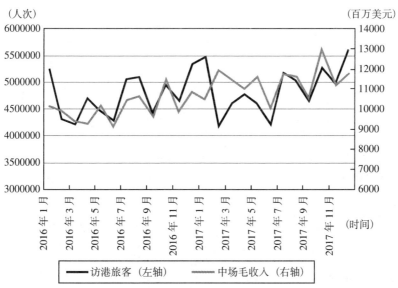

图 8-1　2016 年 1 月至 2017 年 11 月中国澳门中场收入和中国香港的访港人数
资料来源：J. P. Morgan，中国澳门博彩局。

　　2017 年访问中国香港人数同比上升 3.2% 达到 5847 万人次，为 2014 年之后
的首次正增长。按照月份来看，增速还在逐渐加快。2018 年，广深港高铁香港
段和港珠澳大桥的相继通车及第六个跨境口岸莲塘香园围口岸的开通，都将带
来大量新的客源。

　　中国澳门 2017 年 VIP 业务博彩收入同比增加 24%，带动总博彩收入同比上
升 17%。受惠于中国经济的回暖，2018 年澳门博彩业将迎来 VIP 和中场业务同
时回暖。但是客户结构已经发生明显变化，从较激进转趋理性，部分 VIP 客户有
望开始下沉至高端中场。自 2016 年以来，VIP 客户结构更多是通过实体经济、
新兴产业和多样化投资实现财富积累的成功人士，他们赌性较弱、要求服务质量
且回头率更高。高端中场和中场也出现了年轻人为主的发展趋势。

我们在这一节介绍一些有代表性的博彩股。

金沙中国 (01928)

金沙中国是美国金沙集团 (Sands Corp) 旗下公司。金沙旗下的威尼斯人 (澳门) 股份有限公司，持有特许博彩转批经营权，可以在澳门经营娱乐场或者博彩。金沙中国拥有澳门威尼斯人、澳门金沙、澳门百利宫以及金沙城中心四家大型的博彩度假胜地，拥有包括金光会展、金光综艺馆和威尼斯人剧场等娱乐设施，以及来往港澳的两家主要飞翔船公司之一金光飞航。

作为净利润最高的中国澳门地区博彩行业的领导者，其中场业务在公司博彩收入中占比也是六家持牌公司中最大的。金沙中国与其他濠赌股的主要区别是金沙中国在澳门的综合度假村是行业内独一无二的。作为拥有近万间套房及酒店客房的综合度假博彩休闲经营商，在未来包括家庭休闲度假、博彩娱乐发展的大背景下，显然能提供完善配套服务的博彩企业胜出的概率最大。金沙中国来自非博彩收入的比重最高，已经接近 10%，其收入也从刚上市的千万美元增长到 10 亿美元级别，年复合增长率更是达到了 80.74%，金沙中国非博彩业务包括酒店度假、娱乐休闲等，相比其他同业更有竞争优势和更广阔的发展前景。

金沙中国作为行业龙头，目前拥有 5 家娱乐场共 12600 家酒店 (包括喜来登、四季酒店、假日酒店等知名品牌)，约 130 家餐厅、794 家门店以及 18650 个剧院和综艺馆座位，远超其余 5 家公司。我们认为，随着中国内地居民消费升级，拥有多样化品牌的商店、餐厅、酒店的娱乐场更容易吸引到游客的关注度。

金沙中国作为行业龙头最早拥抱中国澳门转型，对中场和非博彩投入重资换来强大的规模和壁垒，应享受中场转型最大蛋糕，配合公司约 4% 的股息收益率，金沙的先入优势会引领澳门转型，并受惠于政策红利，所以我们认为金沙中国值得给予较高估值。

该股合理估值区间为 PE 30~40 倍。

股价催化因素：新项目运营、粤港澳大湾区、北水占比提升等。

银河娱乐 (00027)

银河娱乐现拥有及经营位于中国澳门半岛的旗舰超五星级酒店及娱乐场、经营四间城市娱乐会，及位于路凼的"澳门银河"的一项集休闲、度假和娱乐于一身的大型综合度假城。银河娱乐在中国澳门的市场份额进一步提升。银河娱乐在中国澳门总博彩收入的市占率最高，贵宾博彩业务市占率维持最高，同时中场博彩业务的市场份额有所提升。

银河娱乐从 2016 年起将少量赌桌从贵宾区域调整至中场区域，努力发展高利润率的中场博彩以提升公司整体利润率。另外，与同行相比，银河娱乐的中场赌客大多为自由行旅客；且银河没有直接与旅游中介合作招揽低价值赌客，而是持续吸引高贡献的中场赌客。

银河娱乐在近两年里没有新物业开业的背景下，中场博彩和贵宾博彩市占率的提升主要受益于旧业务的持续优化。银河娱乐在星际酒店中新开了三间贵宾厅，关闭了六间贵宾厅，总贵宾厅数为 16 间。星际酒店在 2017 年第三季度的贵宾博彩毛收入同比增加 61%，预计这一趋势将持续，并预计银河娱乐整体贵宾业务将于 2018 年同比取得 13.8% 的增长。对整个银河娱乐而言，虽然短期内没有新物业开业，但是公司积极通过调整赌桌分配与贵宾厅的调整来不断提升营运效率；引入高人气的餐厅和咖啡厅，每 6 个月在商场引入一些新的零售品牌，不断改善客户体验，以持续维持对客户的吸引力。银河娱乐第三、第四期项目和横琴发展计划的长远前景看好：银河娱乐可能成为中国澳门与中国内地通过大湾区计划加强联系的主要受益者。

该股合理估值区间为 PE 30~40 倍。

股价催化因素：新项目运营、粤港澳大湾区、北水占比提升等。

美高梅中国（02282）

美高梅中国是美高梅金殿超濠股份有限公司的控股公司，美高梅中国是持有澳门六个娱乐场经营权的其中之一，拥有及经营位于中国澳门半岛、屡获殊荣的顶级综合娱乐场度假酒店。美高梅中国贵宾业务优势明显，多元化收入结构趋于均衡，主要业务包含贵宾博彩业务、主场地赌枱博彩业务以及角子机业务。美高梅中国成本控制能力领先于同业水平。

凭借美高梅中国主要股东的优势，并通过使用国际顶尖"美高梅"品牌，加上广泛的全球市场网络，相对于其他亚洲综合度假酒店运营商，美高梅中国拥有独特的市场地位，旗下位于路凼地区的综合娱乐项目美狮美高梅 2018 年春节前正式开幕，主打高端中场业务，在 2018 年成为中国澳门六大博彩企业里业绩增幅较高的公司。

美高梅中国的酒店品牌享誉国内，发力非博彩旅游文化项目，非博彩业务收入占比持续增长，美高梅中国的高端中场业务和非博彩业务在路凼地区的市占率有望提升。加上澳门轻轨在 2019 年投入服务，并在永利皇宫和美狮美高梅之间设站，美狮美高梅将会和永利皇宫、新濠天地形成新的高端娱乐场的集团效应。

该股合理估值为 PE 30 倍。

股价催化因素：新项目运营、粤港澳大湾区、北水占比提升等。

新濠国际发展（00200）

新濠国际发展是一家以娱乐业为主的综合控股公司，主要业务大致可以分为两个：一是博彩、休闲及娱乐分类；二是物业及其他投资分类。

新濠国际发展主席何猷龙持股 52.51% 的股份，为主要股东。新濠国际发展是港股通标的，也是美股新濠博亚（MLCO.US）的母公司。新濠国际发展直接控股 4 家上市公司，包括新濠博亚（MLCO.US）、新濠环彩（8198.HK）、亚洲娱乐游戏（EGT.US）、新濠中国度假村（MCG.CN）及其他娱乐公司和资产。2016 年 12 月 14 日，新濠国际发展增持新濠博亚 51.3% 的股份，成为实际单一大股东。

新濠国际发展的股价是被严重低估的，而且是双重折让。过去，新濠国际发展只拥有新濠博亚娱乐 34% 的股权，财报没有完全表明新濠博亚娱乐的业绩。加上它其他业务的业绩表现也不太好，它的股价相较于该板块的其他企业以及新濠博亚娱乐都有折让。这是第一重折让。而在美国上市的新濠博亚娱乐也被低估，因为新濠博亚娱乐的业务主要在亚太地区，即中国澳门和菲律宾。所以美股市场对新濠博亚娱乐的关注度不高，这是第二重折让。

新濠博亚的业务将随国家政策进一步放宽，在国内经济回暖、消费升级以及粤港澳大湾区的计划带动下，VIP 和高端中场业务将迎来强势增长。此外，新濠国际发展在马尼拉、日本和塞浦路斯等深度布局，长期增长可期。

新濠国际发展相对于新濠博亚的股价存在较大的折让，而新濠国际发展 2017 年折让平均比率为 47%，远高于历史平均水平。从行业看，随着中国澳门博彩收入连续 8 个月同比正增长，行业表现强势回暖，新濠国际发展架构变得精简集中，拥有核心业务之后，预测未来折让比率会继续收窄。

该股合理估值为 30 倍。

股价催化因素：业务重组和新濠博亚的估值折让恢复等。

8.2　国际股和 ETF

中国香港是国际资本市场的一个重要节点，在中国香港市场上几乎可以间接投资全球所有主要市场。在中国香港不仅有部分优质国际企业上市，而且可以通过多种 ETF 产品，投资欧美、日本等国家和地区的股市，分享全球经济增长收益，同时，通过多样化投资，投资者可以比较有效地分散投资风险。

我们在这一节介绍几家境外企业在中国香港上市的股票，这些被列入恒生外国综合指数成份股，其中有些企业的经营范围与中国内地和中国香港的关联性都不大，属于国际化经营的跨国企业或者外国企业。这正反映了中国香港市场国际化开放的一个方面。

汇丰控股（00005）

汇丰控股是全球最大规模的银行及金融服务机构之一，在欧洲、亚太区、美洲、中东及非洲等 87 个国家和地区设有约 8000 个办事处。汇丰控股通过四个客户群及环球业务提供全面的金融服务，包括零售银行及财富管理业务、工商业务、企业银行、投资银行及资本市场，以及私人银行。中国香港上海汇丰银行是汇丰集团的创始成员，于 1865 年 3 月及 4 月先后在中国香港和上海成立。该行是汇丰集团在亚太区的旗舰，也是中国香港最大的本地注册银行。美国税改将轻微提升汇丰控股回报及降低投资风险，美国持续加息预期也将有助于汇丰控股扩大净息差，支持其收入增长动力，汇丰控股也是高息股，收益率达到 4.6%，如表 8-1 所示。

表 8-1　汇丰控股估值指标

	最新	5 年最高	5 年最低	5 年平均
PE（TTM）	39.40	38.61	8.26	13.56
PE（LYR）	88.31	65.38	8.63	12.35
PB（MRQ）	1.14	1.24	0.62	0.96
PCF	7.13	7.01	-4.64	0.94

续表

	最新	5年最高	5年最低	5年平均
PS	4.81	3.76	2.56	3.27
EV/EBITA	—	—	—	—
EV/Sales	—	—	—	—

该股合理估值为 PE 15~20 倍，PB 1.5~2 倍。

股价催化因素：公司回购超预期、北水占比上升、全球加息等。

普拉达（01913）

普拉达是总部位于意大利米兰的全球最负盛名的时装及奢侈品集团之一。公司通过 Prada、Miu Miu、Church's 及 Car Shoe 品牌设计、生产、推广及销售高级皮具用品、成衣及鞋履。普拉达的 Prada 及 Miu Miu 品牌为顾客提供多种优质奢侈品，包括皮具用品、成衣及鞋履以及通过特许协议提供眼镜及香水。普拉达的 Church's 及 Car Shoe 品牌瞄准小众名贵鞋履市场，提供以优质皮革入手制作的鞋履。普拉达致力以新颖的设计及选材，结合普拉达对奢华及风格的独到见解，提供质量一流的创新产品，并自信因此而成为时装及时尚市场翘楚。普拉达拥有 13 个内部生产基地，其中有 11 个位于意大利、1 个位于美国、1 个位于法国。2001 年，贝尔泰利带领 Prada，从一家意大利皮革小作坊进化成一家全球奢侈品上市集团。当时 Prada 选择了在中国香港上市，Prada 家族直到目前仍然拥有普拉达 80% 的股份。普拉达上市后，Prada 加大步伐实施在新兴市场的扩张。实体店的过度扩张直接导致了 Prada 业绩出现下滑，股价受到打压。截至目前，Prada 股价仍然没有恢复到 IPO 时的水平。

普拉达仍在调整发展战略，加大数字化的投入，吸引更多年轻消费者，通过削减成本来调整产品价格，重新整合产品组合并对店面进行翻新。Prada 的三个目标是：推动线上销售；为客户提供流畅的多渠道购物体验；增加数字通信领域方面的投资。

经过一年的战略调整，2017 年上半年普拉达的销售额和净利润跌幅有所收窄，受益于数字化战略的推进，中国市场表现突出，实现 5.2% 的增长。中国和亚洲的电商平台将正式推出，普拉达的数字化转型计划在 2018 年底完成，目标是电商占总销售额比重达到 5%。目前普拉达的零售渠道占总销售额比例超过

80%，如表 8-2 和表 8-3 所示。

表 8-2　普拉达成长能力

	复合增长率（%）		
	1 年	3 年	5 年
营业收入	−10.25	−3.90	4.50
净利润	−15.88	−23.75	−8.41
EBIT	−12.60	−23.36	−7.18
EBITDA	—	—	—
总资产	−2.09	6.20	9.61
自由现金流	71.48	−6.36	5.65

表 8-3　普拉达估值指标

	最新	5 年最高	5 年最低	5 年平均
PE（TTM）	35.17	36.96	16.68	25.06
PE（LYR）	35.02	35.57	13.13	23.89
PB（MRQ）	3.19	8.62	2.04	4.60
PCF	234.16	244.84	−5802.53	−1312.89
PS	3.06	5.54	1.72	3.70
EV/EBITA	14.73	20.49	7.64	13.47
EV/Sales	23.31	6.49	2.05	3.86

该股合理估值为 PE 25~30 倍。

股价催化因素：转型效果和进度、中国业务上升等。

新秀丽（01910）

新秀丽是全球最大的旅游行李箱公司，注册在卢森堡，拥有 100 年悠久历史。新秀丽的核心品牌"新秀丽"（Samsonite）是全球最著名的旅游行李箱品牌之一。新秀丽从事旅游、商务及休闲行李箱以及旅行配件的设计、营销及销售业务，产品在超过 100 个国家逾 37000 个销售点通过众多不同的批发及零售分销渠道出售。

新秀丽稳步实施基于三大要素的发展策略。首先，新秀丽按多品牌、多类别及多分销渠道模式经营业务，专注建立本公司业务的抗逆能力。其次，新秀丽持续于本公司的品牌营销及产品创新两方面做出投资。最后，新秀丽致力推动业务"全球当地化"发展，即充分利用全球规模，同时迎合当地市场的需求。新秀丽计划加强执行上述整体策略的三大要素，同时亦保持灵活，主动引领业务应对瞬息万变的宏观经济及市场力量所带来的挑战及机遇。

新秀丽于 2011 年上市时，业务主要以新秀丽品牌为中心，大部分集中于旅游行李箱的单一产品类别（占销售净额 60%以上），并主要通过批发渠道分销产品（占销售净额 65%以上）。过去数年，新秀丽策略性多元化发展业务，已拥有较为均衡的多品牌、多类别（旅游、商务、休闲、配件）及多分销渠道（批发、零售、电商）模式，大大增强了公司抵御汇率波动、天灾或政治及经济形势变动等各种可影响新秀丽个别市场外力的能力。

从品牌角度而言，新秀丽的旗舰品牌新秀丽仍稳占高端行李箱分部的领先地位，确立了其面向中档市场消费群国际时尚品牌的地位。American Tourister 在亚洲尤为成功，是该区新兴市场及拉丁美洲的中产阶层消费群渴望拥有的品牌。新秀丽于 2012 年收购标志性奢侈行李箱及皮具品牌 Hartmann，2014 年 4 月收购法国行李箱品牌 Lipault。非旅游类别内，High Sierra 品牌及 Samsonite Red 子品牌的表现卓越。新秀丽于 2014 年 7 月收购的 Gregory 品牌在高端专业户外市场地位强大。收购 Speck Products 亦再度延伸公司的品牌组合，Speck 品牌在智能手机、平板电脑、手提电脑及其他个人电子设备保护壳市场占有一席之地。2016 年收购高档商务行李箱品牌 Tumi，并开始拓展女性高档商务行李箱业务。新秀丽各品牌的销售收入占比如图 8-2 所示。

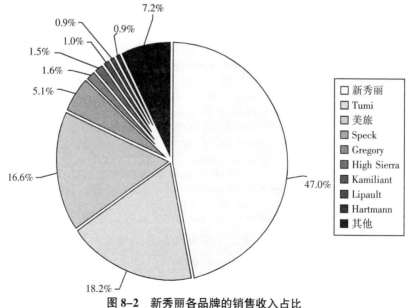

图 8-2　新秀丽各品牌的销售收入占比

新秀丽重视电商渠道和中国市场，中国已经成为新秀丽第二大市场。新秀丽中国内地线上销售占比达 20%，远高于全球 11%，2017 年"双十一"新秀丽销售额位居箱包品类第二，相比 2016 年的第八增幅巨大。新秀丽计划在内地建自营电商，目标占比中国区 1/3 销售额。预计未来总体电商渠道占比从 10% 提升至 25%~30%，国内占比由 20% 提升至 40%~50%，如表 8-4 和表 8-5 所示。

表 8-4　新秀丽成长能力

	复合增长率（%）		
	1 年	3 年	5 年
营业收入	15.54	11.31	12.42
净利润	29.36	13.24	24.13
EBIT	−6.32	0.29	14.38
EBITDA	14.11	8.80	11.18
总资产	109.83	33.94	24.66
自由现金流	0.64	10.54	32.23

表 8-5　新秀丽估值指标

	最新	5 年最高	5 年最低	5 年平均
PE（TTM）	21.96	28.53	19.05	24.39
PE（LYR）	24.35	28.74	15.77	23.92
PB（MRQ）	3.93	4.19	2.57	3.44
PCF	33.16	131.71	−58.03	33.43
PS	2.22	2.19	1.24	1.77
EV/EBITA	22.33	19.33	11.13	15.07
EV/Sales	21.19	2.93	1.69	2.34

该股合理估值为 20~30 倍。

股价催化因素：并购整合效果、中国市场销售等。

创达科技控股（01322）

创达科技控股总部位于新加坡，主要业务是提供精密工程解决方案和销售电脑数控加工中心。前者主要为客户量身打造一站式解决方案，设计自动化生产线组合，并设立、调试和维护高端机床；后者为生产和销售自有品牌或第三方品牌的电脑数控加工中心。创达科技控股客户分布在航天、航海、石油、汽车、太阳能等多个行业。客户遍及东南亚、中国内地、中国香港和欧洲。其客户中不乏世界顶尖生产商，包括惠普、丰田、本田、波音、联合科技（UTC）旗下的航天设备企业汉胜工业设备（Hamilton Sunstrand）、飞机引擎及国防设备生产商劳斯莱斯（Rolls-Royce）及制造业巨擘霍尼韦尔（Honeywell）等，甚至还有被称为德国机械之王的德玛吉（DMG，世界最大高端精密机械制造商）。

创达科技控股目前业务占比最大的市场是泰国、印度尼西亚、马来西亚、印度和新加坡，也在开辟欧洲市场。目前创达科技控股在中国的业务额仍排在其他地区之后。鉴于中国在石油、天然气、汽车和航空航天等领域的快速增长，创达科技控股会进一步将其业务重心移至中国，加速在这个新兴市场的持续增长。

该股经过 2015 年和 2016 年调整，2017 年创达科技控股开始恢复增长，在 2018 年创达科技控股宣布收购一家德国机械制造企业后，股价跳升，但目前估值仍低，市净率不到 1 倍，有较大恢复空间，如表 8-6 和表 8-7 所示。

表 8-6　创达科技控股成长能力

	复合增长率（%）		
	1 年	3 年	5 年
营业收入	0.58	32.23	26.80
净利润	6.46	21.74	28.08
EBIT	9.28	23.40	26.67
EBITDA	25.17	36.40	23.66
总资产	16.08	32.07	30.51
自由现金流	—	—	—

表 8-7　创达科技控股估值指标

	最新	5 年最高	5 年最低	5 年平均
PE（TTM）	3.71	29.34	4.31	10.80
PE（LYR）	3.77	26.84	3.64	11.45
PB（MRQ）	0.48	4.58	0.64	1.76
PCF	-3.51	37.53	-14.75	3.92
PS	0.36	1.79	0.44	0.86
EV/EBITA	6.28	20.43	5.82	10.76
EV/Sales	0.85	3.05	0.86	1.68

该股合理估值为 10~15 倍。

股价催化因素：估值恢复、中国业务进展等。

迅销（06288）

迅销英文名为 Fast Retail，是一家主要从事服装业务的日本控股公司，经营三个业务部门。优衣库部门在国内市场和海外市场以 UNIQLO 的品牌名称销售休闲服装，如男士、女士、儿童和婴儿服装以及其他商品。全球品牌部门在国内外市场从事 COMPTOIR DES COTONNIERS、PRINCESSE TAM.TAM、Theory、Helmut Lang、PLST 等品牌的服装的规划、制造和销售。

优衣库是国内消费者熟悉的服装品牌，销售收入占迅销总收入的 80%。迅销中期愿景是作为"数码消费零售企业"，成为世界第一的服饰零售制造商。迅销致力于扩展海外 UNIQLO 以及 GU 业务，借以树立 UNIQLO 作为全球主要品牌的地位。

在海外 UNIQLO 业务方面，东南亚地区正迈入新的增长阶段，将成为继大中华地区（中国内地、中国香港及中国台湾）和韩国之外，推动该事业分部进一步成长的另一支柱。在 GU 业务方面，除了在日本开设更多门店外，亦将以大中华地区为中心，拓展国际市场业务，如表 8-8 和表 8-9 所示。

表 8-8　迅销成长能力

	复合增长率（%）		
	1 年	3 年	5 年
营业收入	4.29	10.43	14.97
净利润	148.23	16.96	10.73
EBIT	114.32	12.60	9.40
EBITDA	—	—	—
总资产	12.14	11.85	18.46
自由现金流	114.84	24.26	10.70

表 8-9　迅销估值指标

	最新	5 年最高	5 年最低	5 年平均
PE（TTM）	36.29	89.60	34.90	50.97
PE（LYR）	38.34	84.31	28.36	53.83
PB（MRQ）	5.77	7.83	4.32	5.83

图 8-7

续表

	最新	5年最高	5年最低	5年平均
PCF	15.33	240.84	11.29	100.77
PS	2.45	3.75	1.50	2.36
EV/EBITA	19.42	35.62	13.27	21.90
EV/Sales	0.14	4.65	1.70	2.77

该股估值范围为 35~50 倍。

股价催化因素：优衣库和 GU 的业务扩张，其他海外品牌经营转好，估值回归等。

Dynam Japan （06889）

Dynam Japan 的核心业务为经营日本数目最多的日式弹珠机游戏馆连锁店（约 500 家）。Dynam Japan 的目标是于 2023 年 3 月底前共拥 1000 家游戏馆及 10% 市场份额。

Dynam Japan 在中国香港上市后，2013 年成立大乐门香港，自此一直于亚洲区推动业务投资。Dynam Japan 通过大乐门香港投资于蒙古的 ErinTown 项目。Dynam Japan 投资于赌场营运商澳门励骏。东京申办 2020 年奥运会成功后，日本国内外越来越关注国会有关拨款发展综合度假村（包括结束赌场禁令）的辩论法案。作为安倍内阁的经济政策之一，有望落实发展综合度假村以达成振兴旅游业及创造就业的目标。只要目前有关发展综合度假村的辩论法案得到通过，综合度假村的具体发展方案将于一年期限内落实。日本国内有能力妥善经营赌场的公司为数不多。Dynam Japan 从参与澳门赌场业务吸收大量知识，加上过去 50 年累积的丰富专业知识及人力资源，无疑将继续在日本赌场营运历史的新一页中占据重要席位，如表 8-10 和表 8-11 所示。

表 8-10　Dynam Japan 成长能力

复合增长率（%）			
	1 年	3 年	5 年
营业收入	1.35	−1.31	−0.71
净利润	−11.23	−24.01	−10.05
EBIT	−14.81	−24.67	−12.19
EBITDA	—	—	—

续表

复合增长率（%）		
1 年	3 年	5 年
总资产		

	1 年	3 年	5 年
总资产	8.42	3.36	5.56
自由现金流	10.45	−1.06	−3.58

表 8-11　Dynam Japan 估值指标

	最新	5 年最高	5 年最低	5 年平均
PE（TTM）	10.38	25.35	5.52	10.68
PE（LYR）	12.12	17.50	5.48	9.90
PB（MRQ）	0.82	2.55	0.68	1.14
PCF	5.57	9.97	−167.86	−36.78
PS	0.69	2.05	0.51	0.97
EV/EBITA	4.29	8.55	2.64	4.67
EV/Sales	0.05	2.18	0.66	1.05

该股估值范围为 PE 11~20 倍。

股价催化因素：日本赌博市场发展和政策风险等。

中国内地投资者在中国香港股市投资外国股票，但目前大部分外国公司较少受到券商研究员的关注，因而除了上市公司发布的信息，难以对上市公司的经营有更清晰和及时的了解，这是直接投资这类股票的一个风险点。此外，投资外国股票的另一个途径是 ETF。

在中国香港市场上几乎可以间接投资全球所有主要市场，所用到的工具主要是 ETF 基金。比如，投资于 A 股的安硕 A50（02823）、南方 A50（02822）和华夏沪深 300（03188），在香港投资者不了解 A 股，且沪港通开通初期投资较不方便时，这些 A 股 ETF 的交易量显著增加了。当然，A 股投资者买卖 A 股可能更为方便，此时 A 股 ETF 的更大用处是提供一个观察国际投资者对待 A 股大市预期的一个参照物，特别是安硕 A50（02823）的投资者是以境外资金为主。

A 股投资者投资港股，也可以在中国内地购买国内以港股为标的的 ETF 产品，如华夏恒生 ETF（159920）、嘉实恒生中国企业 ETF（160717）、易方达恒生中国企业 ETF（510900）等，以及追踪中国香港中小盘指数的南方中国中小盘 ETF

（160125），这比投资具体的港股标的更便捷和容易。

对于想通过中国香港投资俄罗斯、印度等新兴经济体股市的投资者，可以考虑购买中国香港上市的 XDB 俄罗斯指数基金（03027）、安硕印度（02836）。其中，安硕印度追踪印度的 SENSEX 指数，银行股占最大比重。如果投资发达市场，可以考虑购买富时发展欧洲 ETF（03101），投资日本大型企业的价值日本 ETF（03084）等。几乎每个区域都有对应的 ETF 可供购买，只是一些 ETF 成交量较小，可能会存在流动性问题。

8.3　现金牛收息股

港股中有一部分股票具有债券的优点，同时具有良好的流动性，适合个人投资者配置。一些上市公司经营稳定，虽没有显著的成长型，但是每年分红不仅稳定，而且较银行定期存款高，且股价变化不大，被视为"养老股""收租股"。中国香港的公用事业、银行股和电讯股是传统的高息股票。如果年回报达到 5% 左右，则远比定期存款和一些固定收益产品更有优势。

香港一些上市公司经营稳定，虽没有显著的成长型，但是每年分红不仅稳定，而且较银行定期存款高，且股价变化不大，因此可以随时套现，在市场上受到了某些投资者的欢迎，被视为"养老股""收租股"。国内投资者可以适当配置这类股票，以降低投资组合的波动性，获取稳定的收益。

中国香港的公用事业、银行股和电信股是传统的高息股票。高息股的投资主要看派息率是否足够高，以及派息和股价是否稳定，如果年回报达到 5% 左右，则远比定期存款和一些固定收益产品更有优势，而增长并不是投资此类股票的必要因素。所以本节选择了一些年化波动率和贝塔值较低，而回报率超过 4% 的此类股票做简单介绍。

港铁公司（00066）

港铁公司最近一年波动率为 12.75%，贝塔值为 0.35，平均分红率为 50.22%，收益率为 13.39%。

港铁公司被公认为是全球首屈一指的铁路系统，以其安全、可靠程度、卓越顾客服务及高成本效率见称，而且每年盈利，派息稳定增加。港铁的线路不断扩张，沿线和上盖物业开发出售更是受益于香港房地产价格的不断上涨。港铁公司还运营"昂坪 360"和昂坪市集等旅游业务。

港铁积极开拓中国香港以外的业务，在中国内地的北京、深圳、杭州、天津等当地都受托运营地铁线路，其中北京和深圳已经超越其目标。在伦敦、斯德哥尔摩、墨尔本的线路运营良好，新的中国香港地铁运营线路相继投入运营，京九高铁以及中国内地大兴城市轨道建设，将为港铁公司的扩张提供优越机会。港铁公司是一个名副其实的"现金牛"股，2006~2017 年港铁公司净利润及股利支付率如图 8-3 所示。

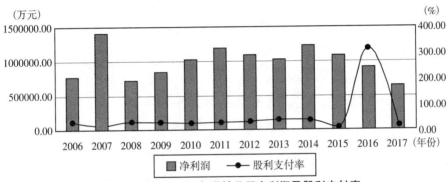

图 8-3 2006~2017 年港铁公司净利润及股利支付率

电能实业（00006）

电能实业最近一年波动率为 14.77%，贝塔值为 0.28，平均分红率为 59.1%，收益率为 11.73%。

即原来的香港电灯，为中国香港两家垄断电力供应商之一。后将业务经营稳定却增长乏力的香港电灯业务拆分（港灯电力投资，02638），现在变身国际能源投资公司，投资项目包括发电及输配电、可再生能源、转废为能及配气业务。电能实业的业务遍布中国香港、英国、澳大利亚、新西兰、中国内地、加拿大、泰国及荷兰。电能实业一年两次派息，将收益的一半左右用作派息，2006~2017 年电能实业净利润及股利支付率如图 8-4 所示。

香港电讯（06823）

香港电讯最近一年波动率为 11.03%，贝塔值为 0.17，平均分红率为 91.67%，

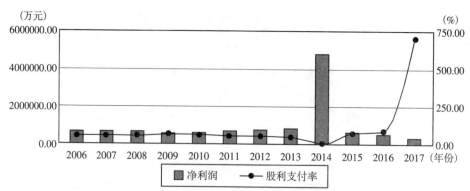

图 8-4　2006~2017 年电能实业净利润及股利支付率

收益率为 6.64%。

香港电讯是香港首屈一指的电讯服务供货商，提供广泛的服务以满足全港市民、本地及国际商界的需要，包括本地电话、本地数据及宽带、国际电信、流动通信，以及客户器材销售、外判服务、顾问服务及客户联络中心等其他电信服务。香港电讯是最具防守性的股份。

香港电讯信托是一个根据香港法律于 2011 年 11 月 7 日成立的并由香港电讯管理有限公司管理的信托，为李泽楷旗下电讯盈科有限公司以商业信托形式，分拆旗下核心的电信资产，为固定单一投资信托，意味着香港电讯信托只可投资单一实体 HKT Limited 的证券及其他权益，且香港电讯信托将赋予单位登记持有人由香港电讯信托持有的特定财产（在此情况下为普通股）的实益权益，2008~2017 年香港电讯净利润和股利支付率如图 8-5 所示。

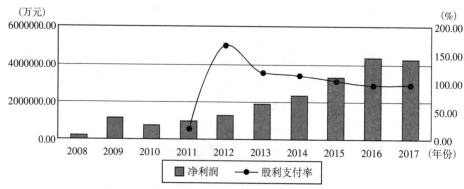

图 8-5　2008~2017 年香港电讯净利润和股利支付率

数码通电讯（00315）

数码通电讯最近一年波动率为 14.61%，贝塔值为 0.22，平均分红率为 91.18%，收益率为 6.96%。

其为中国香港本地电信运营商，在中国香港和中国澳门从事电信服务和电信产品销售，2006~2017 年数码通电讯净利润和股利支付率如图 8-6 所示。

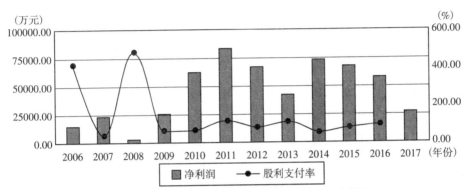

图 8-6 2006~2017 年数码通电讯净利润和股利支付率

合和实业（00054）

合和实业最近一年波动率为 16.97%，贝塔值为 0.36，平均分红率为 35.49%，收益率为 5.65%。

合和实业在中国香港及中国内地从事物业投资及发展、公路基建、酒店及建筑业务，其中物业发展与投资和餐饮收入分别占 80% 和 20%，2006~2017 年合和实业净利润和股利支付率如图 8-7 所示。

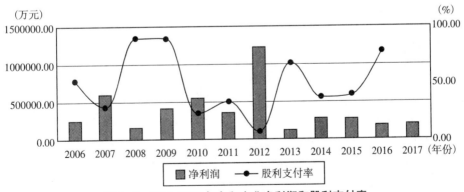

图 8-7 2006~2017 年合和实业净利润和股利支付率

合和公路基建（00737）

合和公路基建最近一年波动率为 12.08%，贝塔值为 0.17，平均分红率为138.83%，收益率为 7.36%。

其主业是在中国内地建设和经营高速公路、桥梁隧道。合和公路基建主要盈利来自广东省公路建设有限公司两家合营企业的投资收益，合营企业主要运营资产为广深高速和珠江三角洲西岸干道（分为西线Ⅰ期、Ⅱ期及Ⅲ期），是路桥行业高息股的一个代表，2006~2017 年合和公路基建净利润和股利支付率如图 8-8 所示。

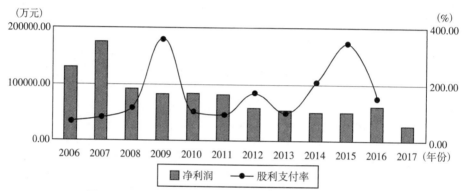

图 8-8　2006~2017 年合和公路基建净利润和股利支付率

房地产投资信托基金是一项长远投资产品，但仍会受市场周期影响。有效的资产优化管理，对基金的长远回报率尤为关键。中国香港市场目前有 9 只房地产信托基金，其中 6 只是中国香港本地的 REITS。投资者可以通过投资这类房地产信托基金获得物业经营管理收入带来的稳定回报，而且受惠于物业的潜在升值能力带来的基金份额价格上涨。

朗廷酒店投资（01270）

朗廷酒店投资最近一年波动率为 12.37%，贝塔值为 0.34，平均分红率为49.48%，收益率为 6.31%。

朗廷酒店投资是中国香港首个专注于酒店业的固定单一投资信托，主要目的是拥有及投资于一个酒店投资组合，重点为位于亚洲的已落成酒店。朗廷酒店投资的酒店组合将由香港朗廷酒店、香港朗豪酒店及香港逸东酒店组成，2010~2017 年朗廷酒店投资的净利润和股利支付率如图 8-9 所示。

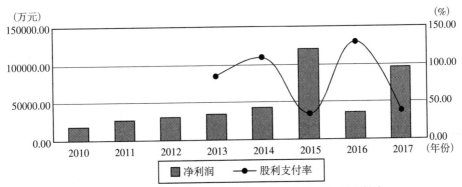

图 8-9　2010~2017 年朗廷酒店投资的净利润和股利支付率

　　还有一些高息股在之前的板块也有介绍，比如汇丰控股、深圳控股，一些中国内地银行股和在中国内地经营高速公路、铁路的股票，有兴趣的读者可以自行检索。表 8-12 是部分港股高息股（证券时报整理），可供参考。

表 8-12　部分港股高息股

证券代码	证券简称	2016 年股息率（%）	2015 年股息率（%）	2014 年股息率（%）	近三年股息率均值（%）
00127.HK	华人置业	54.54	23.5	28.7	35.58
00410.HK	SOHO 中国	20.53	22.3	5.777	16.2
00258.HK	汤臣集团	16.67	11.41	5.64	11.24
00737.HK	合和公路基建	16.24	11.39	5.82	11.15
80737.HK	合和公路基建-R	15.21	10.68	5.83	10.57
03383.HK	雅居乐集团	11.39	9.14	8.96	9.83
00321.HK	德永佳集团	12.23	7.64	8.36	9.41
01813.HK	合景泰富	13.2	5.96	7.87	9.01
01098.HK	ROAD KING INFRA	10.56	7.11	8.86	8.84
03383.HK	中国奥园	9.55	7.79	8.94	8.76
01270.HK	朗廷-SS	8.15	8.66	8.87	8.56
01888.HK	建滔积层板	14.7	5.03	5.59	8.44
01628.HK	禹洲地产	8.15	8.57	8.21	8.31
01234.HK	中国利郎	9.15	7.52	8.2	8.29
03818.HK	中国动向	7.76	5.62	10.59	7.99
00884.HK	旭辉控股集团	8.13	8.09	7.14	7.79
06889.HK	DYNAM JAPAN	7.07	10.19	5.96	7.74

续表

证券代码	证券简称	2016 年股息率（%）	2015 年股息率（%）	2014 年股息率（%）	近三年股息率均值（%）
06139.HK	金茂酒店-SS	8.83	9.9	4.11	7.61
00034.HK	九龙建业	8.16	7.57	6.28	7.34
01233.HK	时代地产	9.43	6.86	5.51	7.27
01382.HK	互太纺织	7.13	6.69	7.78	7.2
00709.HK	佐丹奴国际	6.56	7.44	7.27	7.09
01238.HK	宝龙地产	7.02	5.49	7.34	6.61
02638.HK	港灯-SS	6.26	6.16	7.11	6.51
00163.HK	英皇国际	5.85	6.99	6.51	6.45
00902.HK	华能国际电力股份	6.34	8.39	4.58	6.44
00178.HK	莎莎国际	5.52	8.97	4.33	6.27
00604.HK	深圳控股	7.07	4.41	7.17	6.22
01928.HK	金沙中国有限公司	5.91	7.5	5.22	6.21
03918.HK	金界控股	6.21	7.21	5.11	6.18
01052.HK	越秀交通基建	6.79	5.76	5.92	6.16
03380.HK	龙光地产	8.53	5.32	4.56	6.14
02038.HK	富智康集团	5.65	7.27	5.49	6.13
01288.HK	农业银行	6.13	6.15	5.88	6.05
02380.HK	中国电力	6.42	6.18	5.39	6
00005.HK	汇丰控股	6.36	6.39	5.24	6
00813.HK	世茂房地产	7.5	5.08	5.19	5.92
00494.HK	利丰	6.74	5.31	5.65	5.9
00939.HK	建设银行	5.35	6.09	5.99	5.81
01398.HK	工商银行	5.75	5.88	5.73	5.79
02168.HK	盈德气体	5.64	6.95	4.63	5.74
03988.HK	中国银行	5.59	5.98	5.49	5.69
01308.HK	海丰国际	5.51	6.33	5.19	5.67
01777.HK	花样年控股	5.05	5.43	6.49	5.66
00062.HK	载通	5.66	5.81	5.48	5.65
00468.HK	纷美包装	5.78	5.98	4.99	5.58
01071.HK	华电国际电力股份	4.44	7.03	5.03	5.5

续表

证券代码	证券简称	2016 年股息率（%）	2015 年股息率（%）	2014 年股息率（%）	近三年股息率均值（%）
06823.HK	香港电讯-SS	6.5	5.46	4.39	5.45
00035.HK	远东发展	5.59	5.42	5.32	5.44
02388.HK	中银香港	6.77	5.16	4.32	5.42
00105.HK	凯联国际酒店	5.58	5.33	5.22	5.38
00017.HK	新世界发展	5.37	5.48	4.71	5.19
02007.HK	碧桂园	4.52	4.89	6.03	5.15
01368.HK	特步国际	5.06	4.96	5.29	5.1
01899.HK	兴达国际	4.27	6.33	4.71	5.1
01333.HK	中国忠旺	6.36	4.27	4.65	5.1
03618.HK	重庆农村商业银行	4.96	5.03	5.25	5.08
01963.HK	重庆银行	5.02	4.45	5.75	5.08
00086.HK	新鸿基公司	5.42	5.1	4.39	4.97
00303.HK	VTECH HOLDINGS	5.26	4.05	5.44	4.92
00373.HK	联合集团	5.06	4.53	5.08	4.89
00177.HK	江苏宁沪高速公路	4.91	4.51	5.21	4.88
00011.HK	恒生银行	4.23	5.9	4.33	4.82
00659.HK	新创建集团	5.14	5.17	4.06	4.79
00576.HK	浙江沪杭甬	5.42	4.38	4.57	4.79
00088.HK	TAI CHEUNG	4.69	4.83	4.7	4.74
01836.HK	九兴控股	5.6	4.4	4.15	4.72
00053.HK	国浩集团	4.68	4.72	4.4	4.6
00551.HK	裕元集团	4.97	4.55	4.11	4.55
03968.HK	招商银行	4.61	4.43	4.37	4.47
00043.HK	卜蜂国际	4.17	4.63	4.53	4.45
01361.HK	361°	4.23	4.28	4.76	4.42

第 9 章　港股小盘股陷阱

9.1　辨别老千股的主要特征

上市公司被分为好坏，一个非常重要的指标是看上市公司是否善待中小投资者，这是对于上市公司起码的道德底线要求。市道好时通过配股、供股等手段加大圈钱，市道差时或故意将股价压低，然后合股甚至私有化，这些做法显然损害了中小股东的权益。老千股多为小盘股，因此最容易引诱中国内地投资者上当，但是这些股票都有很明显的特征，只要留意辨别，就可以避免遭受损失。

港股的小市值股票一般指市值不超过 50 亿港元，或日成交量不到 1000 万港元，股价在 1 港元以内的股票（包括大多数香港创业板股票）。这类股票以新上市的中小股和创业板股票为多。根据过往经验，中资小型股上市后 3 年内为考验期，但大多数股票会出现不断走低的情形，有些上市以来至今未回到历史高点，由于新股上市大多进行包装，而且定价较高，因此这类股票一般较难把握。而创业板股票无论好坏，鲜有投资者关注，每日成交量只有几十亿港元，其中可供选择的投资标的不多。由于这类公司欺负中小投资者的恶例和教训太多，中国香港本地散户宁愿在牛熊证、涡轮这样的衍生品上投机，也不愿触碰老千股，加上机构不关注，导致了小市值股票无人问津、价格低残的局面。

对港股新股和次新股的炒作，手法和中国内地类似，无非是控制筹码，拉高引诱散户入场，然后高位抛售出货。这是 A 股有涨跌停板的限制，这个过程需要较长时间，而对于港股，一日之内便可以完成。

下面是一个极端案例：

2014 年 12 月上市的从事印刷电路板制造的恩达集团控股（01480），上市招股价仅为 1.23 港元，从 2015 年 2 月开始炒到 5 月初 10 港元左右，已经属于罕见的升幅。但在 5 月 6 日、7 日两天，分别上涨了 61% 和 94%，到达 27 港元高位。5 月 8 日的走势更是令人瞠目结舌，该股早盘一度狂飙了 236%（如图 9-1 所示），升高到 102 港元，在这个过程中吸引了一些散户入场，大多数人买入是以最低一手（2000 股），之后一路下跌了，收盘价 17.44 港元，比前一交易日跌了 42%，全日波动幅度接近 3 倍。如果散户"中招者"前一日以 27 港元买入一手，则次日收市时已经损失了 2 万港元，最不幸的应该是当日在 102 港元高位接盘的人，当日一手损失就达到了 16.5 万港元，当日有数百万股被移交到散户手中。事后调查流通股的 92.6% 已被部分人控制，加上大股东持股，其他可流通股票只有 4%，导致股价可以轻易被操控，这已经不是 A 股所说的风险，而是"凶险"。这还不算最严重的情况，另一只次新股在爆炒前，包括大股东在内已经持有流通股的 99.02%。

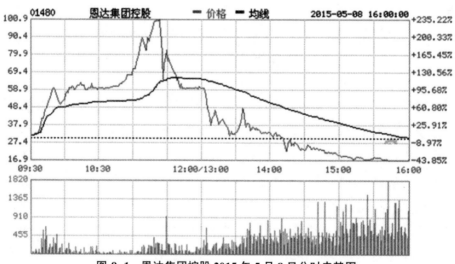

图 9-1 恩达集团控股 2015 年 5 月 8 日分时走势图

"老千股"一般具有几个特征，只要符合其中任何一项，都应回避：

（1）频繁配股和供股，发行可转债、认股权证等。

（2）发生过合股、拆股。

（3）账面连年亏损或业绩不错，但基本不会派息。

（4）高价收购大股东资产，或者收购亏损资产。

（5）大股东出售股票或质押股票。

（6）几年来多次更换控制人和经营业务（卖壳），喜欢炒作各种时髦概念。

（7）审计师曾无法出具意见或更换审计师、企业高管流动频繁。

（8）管理层基本被家族成员控制，薪酬过高，而且企业盈利一般或亏损。

（9）业绩不错，但股价长期低于净资产。

（10）主业不突出，主要是做股票投资和放贷。

（11）表面看基本面都不错，但市场上很少有消息和被关注。

（12）由知名"壳王"控制的壳公司，或名头看着很大，如中国字头非国企。

（13）曾经进行过私有化的再上市公司。

"老千股"上市公司有如此多的对付中小股东的手段，如何做出区别确实不是容易的事。而且即便某个上市公司过去没有此等劣迹，以后未必不会有。如果你以控股股东是好人、坏人来判断，那么是否有头有脸的人就不会做出此等事来呢？因为按照中国香港上市和收购条例，这些做法并非法规禁止行为，在商言商，实证无法确保什么人在利益诱惑之下完全不会这样做。商场之上没有道义可言，关键看大股东是否有意去做，或者这样做的收益和损失方面的比较而定。有些大股东可能会认为"出老千"的收益无法抵补负面影响或损失而决定不做，另外一些大股东也许真的是宅心仁厚，这个判断实在是不太容易做出。那些专业"壳王"则控制着至少上百家这样专门用来套钱的公司，普通投资者需要请教港股资深专家才能知晓他们都是哪些人。而除了那些知名的"资本高手"，未来也将出现更多的这类人物，又如何能够防范呢？

9.2　老千股的"财技"

上市公司是否有良心，在配股、供股这类再融资方面可以看得比较清楚。一旦上市公司通过概念炒作使得股价远超其内在价值，一些实际控制人会采取再融资的方式圈钱和大量增加股票供给，导致股价下跌，中小股东受损。对中小股民最有杀伤力的是合股与配股或供股合在一起做。此外，还有恶意私有化和并购重组等。通过典型案例，投资者可以了解和防范老千股常用的"财技"。

老千股的典型玩法是炒高股价，然后配股和供股，发行可转债等，不停地抛出所持有的股票套现，当股价特别低时，就通过合股提高股价，然后再重复上面的把戏。

下面我们介绍一下其中主要的"财技"。

配股和供股

配股也被当地人叫作批股，就是上市公司引进新的投资者，老股东可以拿出持有的部分股份配售给新的投资者（承配人），也可以由上市公司对新投资者发行新股。[1] 供股则是上市公司向每个股东提供购买新股的权利。港股每年召开股东大会时，董事会都会按惯例提请股东大会授权董事会在来年适当时间可增发不超过 20%的新股。

上市公司是否有良心，在配股、供股这类再融资方面可以看得比较清楚。一旦上市公司通过概念炒作使得股价远超其内在价值，一些实际控制人会采取再融资的方式圈钱和大量增加股票供给，导致股价下跌，中小股东受损。

二级市场投资者要么投入更多资金参与供股，要么放弃供股而遭受股权被大幅稀释的损失。这样，大股东完全可以在股价低迷时再打个八折配售 20%的新股给所谓的独立第三方或向全体股东供股。在向全体股东增发时，经常会大幅折价，相当于强制小股东去购买，如果小股东不买的话，损失很大，而且股价往往会暴跌。

配股的例子，如 2010 年底志高控股（00449）曾巨幅折让 82%增发 50%的新股，股价暴跌了一半。供股的例子也很多，2014 年 8 月 17 日中国仁济医疗（00648）公告称，拟以 0.27 港元的价格（8 月 14 日收盘价 0.57 港元，折让约52.6%）进行 2 供 1，涉及 3.39 亿~4.25 亿股，集资 9140 万港元至 1.15 亿港元，公司股价下跌超过 20%。

合股

合股也称为并股或缩股，即将原股份几股合并为一股。合股会使股价上涨，

---

① 由于上市条例限制，承配人少于 6 位则需公布每个承配人的资料，所以为回避这一点，一般配股会找到至少 6 个承配人。

而流通股数量大幅减少。合股之后，股价继续下跌，则小股东的投资基本归零。比如，一只股票在买入时为几十港分，之后跌到几港分，上市公司合股，比如10股或20股合1股，股价重新回到几十港分，然后继续下跌。这个过程可以多次反复进行。

对中小股民最具杀伤力的是合股与配股或供股合在一起做。这样的案例非常多。2014年6月11日，市场传出腾讯旗下产业投资基金可能有意收购星美文化（02366）。当天，星美文化股价上涨56%。次日星美文化澄清未与腾讯接触，同时宣布供股计划。先将股份2合1，随后进行1供8，发行22.5亿股新股，供股价0.35港元，这一价格较前期理论收市价折价83.33%。集资净额7.61亿港元。8月11日，星美文化公布供股方案后复牌，当天股价暴跌51.43%并以0.51港元报收，使得6月11日买入的投资者血本无归。

我们举一个有悠久出千历史的是福方集团（00885）。福方集团2001年7月上市，之后通过增发新股变更控股权，从2008年到2012年，每年都有多次的供股、发行可转债等再融资，在股价走低后再通过缩股提升股价，如此往复。更具欺骗性的是，每当出现业绩大幅亏损时，福方集团在并股前通常会削减股份面值，将削减预期所得财务利润用作抵消累计亏损。该股自2002年以来从未派息，但基本面颇具欺骗性，市盈率仅3倍有余，市净率不足2倍，每股收益1.22港元，负债率不足20%，净资产收益率高达60%。几年间福方集团通过这种手段将股本缩减了2万倍，而圈钱则高达数十亿港元。

另一家上市公司则惯用合股+供股盘剥股民。中国农产品（00149）曾于2003年10月、2010年9月及2011年6月先后三次进行股份10股合1股，而2011年那次在合股后进行了1股供30股。在2013年又将40股合为1股，再以每股0.465港元（较停牌前理论收市价折让近90%）进行1股供15股，发行11.06亿股。中国农产品股价急挫42.48%。如果投资者在2003年10月前持股4万股，中间不参与供股，那么最后就只剩下1股，而且这一股的股价也只值不到几毛钱。该股2003年10月前的复权价是2090港元。所以，股民如果坚持10年投资该股而拒绝公司供股再融资，投资最后资本被清零了。2015年4月，该公司再次故技重演，8股合并为1股，之后再折价2/3，以0.3港元供8股。

蓝鼎国际（00582）在2015年4月23日宣布股份将10股合1股，然后再以1股供10股的比例供股，发行187亿股新股，认购价为每股0.35港元，较公告发出前最后交易日收市价 1.45 港元大幅折让 75.86%。消息导致该股急跌，最低到 0.083 港元。蓝鼎国际主席仰智慧及关联人士是公司的最大股东，目前拥有 32.39% 股权，公众人士持股则高达 67.48%。如果小股东不满供股安排，全部选择不再供股，那么大股东在供股之后对公司的持股可以大幅增至 75%，具有绝对话语权。这种近似强盗掠夺的行径，按照现有的规则，是可以公开进行的，无论中小股东愿不愿意，最终结果都有利于大股东。

恶意私有化

私有化如果不顾及中小股东的利益，那么不管是用什么样高大上的借口，都无法掩盖大股东利用市场圈钱，再低价买回后转卖或择机下一次再圈钱，而不给中小股东提供应得回报的本质。但是境外的中小股东保护法律较完善，这类私有化也可能无法成功。引起较大社会反响的私有化案例，往往和名人有关联，我们下面各举一个成功和失败案例。

马云系的阿里巴巴（01688）2007 年以 13.5 港元、超过 100 倍的 PE 上市，当时市场关注其高成长，所以开盘价高达 30 港元，250 倍的 PE。5 年之后，阿里巴巴确实经营表现出众，利润翻了一倍，但股价却一路下滑到 6 港元左右，不及募集价格的一半，投资者损失惨重。这在中国香港市场是很少见的，因为有价值的股票通常会在价格上得到反映。股价下跌的背后隐情无人知道，最终结果是大股东在股价极度低迷时提出全盘私有化并退市。后来该公司重组后尝试再次上市，就难以获得市场支持，由于前车之鉴以及该公司特殊的股东治理结构，经过一番社会舆论激辩，该公司转往美国上市。

再举一个也是非常知名的人和机构的私有化未遂案例。2009 年的电讯盈科（00008）在股价 9 年跌掉市值 97% 的情况下，大股东李泽楷与二股东中国网通集团以每股 4.5 港元提出私有化公司的计划。一旦私有化完成，李泽楷与中国网通（后被中国联通合并）将分别持有 66.67% 及 33.33% 的电讯盈科股份。而两大股东在支付约 159.34 亿港元私有化电讯盈科后，可获得电讯盈科派发的约 181.34 亿港元特别股息，即在不花一分钱将电讯盈科纳入囊中之后，还将得到 22 亿港元的净现金股息。但这一如意算盘最终因中国香港证监会怀疑有人在投票中舞弊而介入，最终私有化未能成行。

收购重组

作为炒作题材，收购重组一直是资本市场最敏感的话题之一。A 股炒作概念和消息，收购重组估计排在首位，此外，还有符合政策支持方向、时髦新产品的进展、再融资申请得到批准、上市公司大比例送红股等。收购重组也是导致港股股价异动的主要因素，而且港股的收购重组的动静一般比 A 股更大。

A 股的收购重组案例中，很多是属于经营较好的上市公司收购其他公司，至少看上去有锦上添花的色彩。港股则主要体现为"救亡救难"性质的"买壳、借壳"，控股股东可能易位，公司经营方向发生明显改变。在这样大的清洗动作中，通常是将合股、配股、供股等再融资手段共冶一炉，所以破坏力更强。

我们先看一个被大家彻底揭露的惯犯"老千股"——威利国际（00273），注意该股也是沪港通标的。威利国际变身多次，之前曾用过"互联控股""华汇控股""首创"和"怡南实业"等名号。翻查该公司派息资料，除了少数几次派发红股和认股权证之外，没有派过现金红利。目前净资产收益率高达 34%，负债几乎没有，每股收益 5 港分。现任主席庄友衡"博士"[1]，自 2002 年起掌舵该公司。根据网上资料，威利国际从 1982~2007 年连续 15 年，年年亏损，一直从事金融地产业，之后也仅在 2009 年和 2013 年、2014 年盈利。在 2007 年能源股火爆的时候，该公司做了几笔收购，"进军"煤炭燃气。威利国际多年来不断进行合股。仅从 1999 年开始，就采取过 2 股合 1 股、5 股合 1 股、50 股合 1 股、25 股合 1 股、10 股合 1 股、5 股合 1 股，2011~2012 年甚至一年之内两次合股，分别是两次 5 股合 1 股和两次 10 股合 1 股，相当于将 1999 年买入的股份缩水了 1250 万分之一。如果 1999 年买入 1250 万股，按照当时价格每股 5 港分，共投入 62.5 万港元，在当时也算是个天文数字了，到今天却只剩 1 股了，1999 年的 62.5 万港元变为现在的 1 港元，这就是中国香港老千股的"厉害"之处。如今该股声称形势大好，开始盈利，甚至进行 1∶5 拆股，还会有新股民不知就里再次上当。

威力国际这类港股资深老千股的做法，非常具有"港范儿"，目前也是中国内地企业在港股借壳公司还没有完全掌握或者使用的"财技"。如果读者留意，应该经常看到类似 A 股操作手法的港股并购重组案例。如 2014 年 7 月 30 日昊天发展集团（00474）当日暴涨 93.43%，盘中最高涨幅冲至 119%，全天震幅达 116.79%，成交 1.43 亿股。当日晚间 22 时之后，昊天发展集团公布重组方案，

---

① 持有美国南加州大学石油工程学硕士学位及工商管理硕士学位。2007 年获得俄罗斯杜布纳大学颁授的石油工程学荣誉博士学位。

同时宣布开始从事证券买卖业务。翻查昊天发展集团近 5 年财报后发现，这已不是其首次扩充、变更主业：自 2012 年起，由煤炭开采业务转投天然气业务，后因天然气业务迟迟未见起色，又新开辟放贷业务和商品贸易业务，炒股是其最新发展方向。该公司 2014 年第三季度业绩显示盈利，净资产收益率也在 30% 以上，而市盈率和市净率都不足 1 倍。其派息记录显示 2006~2009 年每年有分红，之后无派息，直到 2017 年 4 月做过一次配股和送股。这类小型港股上市公司疑似老千股，但表面上更接近中国内地的小上市公司做法。

在港股中，小股票经常发生并购重组，这本身并不是一个好征兆，而且由于信息不对称，外部人很难了解到并购重组的真实目的，所以，建议大家尽可能回避有过并购重组经历的中小股票，如表 9-1 和表 9-2 所示。

表 9-1　2014 年以来港股借壳名单一览

序号	被借壳公司	股票代码	买家	时间
1	宏峰太平洋	08265.hk	璟沣有限公司	2014 年 1 月 16 日
2	真明丽	01868.hk	清华同方	2014 年 1 月 28 日
3	经纬纺织	00350.hk	中国恒天集团	2014 年 3 月 20 日
4	南华集团	00265.hk	东胜置业集团	2014 年 4 月 25 日
5	幻影数码	01822.hk	邦强医药	2014 年 5 月 8 日
6	唯冠国际	00334.hk	Rally Praise Limited	2014 年 5 月 30 日
7	Paladin Limited	00495.hk	Gold Seal Holdings Limited	2014 年 6 月 12 日
8	英发国际	00439.hk	深圳光启	2014 年 6 月 13 日
9	施伯乐控股	08260.hk	鼎盛行有限公司	2014 年 6 月 24 日
10	华脉无线通信	00499.hk	华青国际（青岛城投）	2014 年 7 月 10 日
11	中国绿能国际	01159.hk	迎彩国际	2014 年 7 月 25 日
12	玖源集团	00827.hk	Asia Pacific Resources Development Investment	2014 年 7 月 31 日
13	和记港陆	00715.hk	Oceanwide Holdings Internatioal	2014 年 8 月 11 日
14	新洲发展控股	00377.hk	辽宁华君国际	2014 年 8 月 14 日

表9-2 2014年以来被借壳的股票涨幅

序号	被借壳公司	股票代码	2014年以来涨幅（％）
1	英发国际	00439.hk	2421
2	中国绿能国际	01159.hk	638
3	玖源集团	00827.hk	249
4	幻影数码	01822.hk	194
5	华脉无线通信	00499.hk	182
6	宏峰太平洋	08265.hk	125
7	施伯乐控股	08260.hk	82
8	南华集团	00265.hk	44
9	和记港陆	00715.hk	33
10	经纬纺织	00350.hk	25
11	新洲发展控股	00377.hk	6
12	百利大	00495.hk	3
13	唯冠国际	00334.hk	−15
14	真明丽	01868.hk	−26

复杂的交叉持股结构

2017年6月27日，26只小盘港股的大幅下跌（20％以上）。汉华专业服务下跌了94.74％，中国集成控股跌幅达93.93％、隽泰控股下跌了91.43％，其他包括中国投融资、中国钱包、美捷汇控股等8只个股的跌幅超过了80％，跌幅超过20％的个股达到26只。这26只个股中，香港主板18只，香港创业板8只。从价格上看，这些个股均属于低价股，绝大部分股价低于0.5港元。

这些同一天暴跌的个股之间具有复杂的交叉股权关系。老千股的一个特征是股东结构不清晰，为了掩盖其少数行动人持有绝大多数股份的事实，这些公司往往交叉持股，而实际控制人则只有几个。由于流通股较少，平时也很少有交易。有时只是自买自卖，不了解情况的投资者一旦买入，就很难再脱手，变成掉入陷阱的羔羊，只能任凭那些控股股东宰割。

9.3 给喜欢炒小盘股的投资者建议

中国香港的小盘股被边缘化，供应量从理论上讲是无限的，人气不足加上筹码无限，失去了炒作价值。在这种情况下，假设中国内地散户一拥而上疯炒港股小盘股，短期内仍可出现中国内地类似的造富效应，但是很快就会被上市公司供股、配股等各种再融资摊薄收益，仍然改变不了"老千股"大股东赚得盘满钵满而散户最终得不偿失的结果。散户在"老千股"上得不到任何好处，也毫无优势可言，应该尽可能远离这类股票。

中国内地散户投资者太喜欢在小盘股上投机了，这是投资港股的最大误区和陷阱。

前文描述的案例已经充分揭示了港股小盘股的高风险。这种风险之高，与中国内地炒作小盘股是不可同日而语的。造成如此大差别的原因有很多，首先在于市场差别。如港股小盘股的无限量供应和基本不受约束的再融资，使得小盘股完全失去了 A 股那种"物以稀为贵"的筹码特征。其次是人气上的差别。以散户为主的 A 股，尤其喜爱价格低的小盘股，炒作小盘股的人非常多，加上单只股票的流通量有限，很容易把价格炒上炒下。而中国香港的小盘股被边缘化，供应量从理论上讲是无限的，人气不足加上筹码无限，失去了炒作价值。

在中国内地，小盘股的得益者主要是庄家和上市公司的某些内幕人，但由于再融资的限制，庄家只能通过操纵股价获利；在中国香港，这类股票的得益者是大股东（其实也是最大的庄家），其他庄家都会被打回原形。因为在中国香港股市规则下，基本不受约束的再融资就是大股东收拾中小股东和庄家的最有效武器，而大股东可以看到其他庄家和散户手中的牌。

散户在"老千股"上得不到任何好处，也毫无优势可言，应该尽可能远离这类股票。但是作为普通投资者，很难分辨出哪只小盘股是老千股或者以后会变成老千股。坦率地说，作为资本市场专业人士，也未必有这种分辨能力。笔者的建议只能是：

遵守严格的筛选标准

我们前面列举了一些"老千股"疑似标准，建议作为筛选标准，宁可错过，不要选错。另外，建议考虑市值、每日成交量、派息历史和股票近期的日分时走势，比如只选择市值 30 亿港元以上、每日成交量不低于 1500 万港元、日分时走势正常、过往 3 年有派息且控制人和主营业务没有明显改变的股票。这些信息可以在一些炒股软件或专业网站上查到，如 www.aastock.com。

细价股正常的分时图类似这样的"心电图"，如图 9-2 所示。

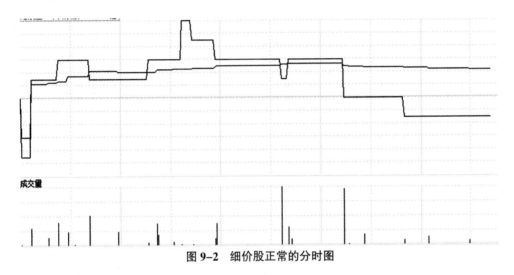

成交量

图 9-2　细价股正常的分时图

其特点是交易量不连续而且全日成交疏落，这样的股票基本可以断定没有较多的中国内地股民参与炒作，也不建议投资者选择。

当然，大市值股票也不一定就非常安全。按常理讲，一旦市值超过 100 亿港元，机构投资者开始关注，而且通常会买入作为组合的配置资产。如果机构投资者对于较大市值的股票不感兴趣，散户投资者应该留意，因为这些机构投资者的研究和信息可能更为准确，参考他们的观点，可以避免陷入不必要的陷阱。

汉能薄膜（00566）这只雄踞港股大盘成份股的中国内地"新贵"就是一个让香港机构投资者根本无法理解的案例。根据港交所披露的资料，整个 2015 年 2 月共有 6.1 亿港元资金买入汉能，而卖出金额仅有 1.7 亿港元，总成交 7.8 亿港元。步入 3 月后，这笔资金有愈演愈烈的趋势，在截至上周五的总共 10 个交易日内，汉能薄膜几乎天天稳居十大成交活跃股宝座，其中 3 月 5 日，在港股通中汉能成交额高达 8.28 亿港元，单日成交额已经超过 2 月该股在港股通中的整体成交额。数据显示，当天港股通总成交额为 14.9 亿港元，汉能薄膜已占据半壁江山，中国内地资金之追捧可见一斑。3 月 5 日汉能薄膜占到港股通成交额的 56%。在这只疑点重重却充满新能源概念题材的港 A 股身上，正在演绎着中国内地散户追涨收益翻了多倍，做空早早被追加保证金踢出局外，机构资金先是不屑于后来不敢染指的传奇故事。港交所数据显示，2015 年 2 月和 3 月两个月内，通过沪港通买入其股份的资金高达 30 亿港元。这只股票的拥趸者，当然也不只是中国内地股民，如大家都知道的那位香港知名股评人士，就一直在为其摇旗呐喊，如果以该人士开始推荐汉能薄膜开始买入，一年回报率已经高达 649%。

另一个例子更是令人惊讶。2009 年 6 月，旭光（00067）成功于港交所上市，主要从事天然芒硝产品的开采、加工及制造。2011 年 4 月，公司更名为旭光高新材料，当时更名的理由是董事会认为新名称将能更适当反映辨别集团正在逐步增长的业务及集团的未来业务发展方向。2014 年 3 月 25 日，著名美资沽空机构格劳克斯（Glaucus）发布的报告中，直指旭光 2011 年的 PPS 销售及盈利能力少于其财务报告所显示的 90%，并认为其芒硝产品的销售存在疑点；此外，格劳克斯还质疑旭光在上市时便提供虚假夸大的数据；而截至 2013 年 6 月底，旭光有在岸债务约 42 亿元，加上 2014 年 5 月 12 日，之前获得中投及中信资本购买的利率为 25.97% 的可转换债券 1.2 亿美元将会到期，因此格劳克斯认为旭光可能最后资不抵债，故给出强烈沽售评级，目标价为 0 港元。之后确实证实了沽空机构的这一猜测。但奇怪的是，这家上市公司在出事前的 4 年时间里，接待了很多券商研究员，得到投资银行大力推荐，甚至还向多家商业银行和投资银行贷了很多款（公司被申索债务约 9.8 亿美元），居然一直没有被识破骗局。直到 2017 年底，该公司实际控制人都无法联系到，公司一直处于停牌中，这一骗局才被识破。旭光发展轨迹如表 9-3 所示。

表 9-3 旭光发展轨迹

2014 年 3 月 25 日	格劳克斯发报告质疑旭光造假并予以强烈沽售评级，目标价 0 港元
2014 年 3 月 25 日	旭光股份盘中停牌，跌 7.4%，报 1.25 港元
2014 年 3 月 28 日	旭光公告延发 2013 年业绩
2014 年 4 月 1 日	Emerson Analytics 指控旭光夸大生产量
2014 年 4 月 4 日	旭光发澄清公告反驳格劳克斯之指控
2014 年 5 月 7 日	旭光就前一日有关主席及大股东卷款出逃传言发澄清公告

续表

2014 年 11 月 20 日	接港交所函件，获施加复牌条件
2014 年 12 月 2 日	公告与第三方商讨业务合作；拟进行债务重组
2015 年 1 月 29 日	遭兆丰银行提清盘呈请
2015 年 2 月 17 日	与一名白武士商讨可能重组计划
2015 年 3 月 13 日	遭港交所列入除牌程序第一阶段
2015 年 4 月 23 日	终止与潜在买家商讨重组
2015 年 9 月 17 日	被列入除牌程序第二阶段
2016 年 3 月 16 日	被列入除牌程序第三阶段
2016 年 9 月 23 日	与投资者订立重组框架协议
2016 年 10 月 24 日	获港交所准许于 2017 年 3 月底前提交新上市申请
2017 年 2 月 16 日	拟落实股本重组及债权人计划
2017 年 3 月 31 日	就反向收购提交新上市申请
2017 年 7 月 30 日	公布所有此前未刊发之各报告期业绩
2017 年 9 月 30 日	第一次新上市申请失效
2017 年 10 月 16 日	重新提交新上市申请

不碰老千股

这应该是一个必须遵守的纪律。在选择股票时，可以通过互联网和香港联交所等公开信息来源，查询公司和实际控制人的负面消息，对于涉及大股东个人道德、上市公司不当行为和经营管理混乱等信息应该注意，涉及这类公司不宜涉足。

对于中小股票或有疑问的股票，严格控制仓位

对于中小股票，建议了解是否有投资银行的研究分析报告（不包括证券分析师以个人名义公开发表在媒体上的分析和建议）。对于没有被机构研究覆盖的中小型股票，建议严格控制仓位，只做尝试性的投入，以免落入陷阱时损失过大。对于大股东高度控股的小型股，哪怕只是几千股的成交，都会被注意到，有时买入即被套，所以每次交易金额不宜超过 1 万港元。

寻求可靠的消息来源和投资建议

中国香港上市的企业只有约 1/3 的公司（大部分都是市值 50 亿港元以上的企业）有证券分析师跟踪和分析。市值低于这个规模的上市公司要么无人问津，要么就是"民间股仙"活跃的领域。这些人不仅在街头小报上有市场，即便在《香港经济日报》《信报》这类主流大报上也开设了专栏，每天神神道道地拎出几只小股票做所谓的分析和投资推荐。另外，也有专业财经公关公司组织的持牌分析师写一些软文，或者"豆腐块"大小的股票推荐，为细价股摇旗呐喊和助威。笔者还要重复一句老话"免费的东西不便宜"。中国内地人尤其喜欢免费和便宜的东西，特别青睐和轻信这类消息及推荐，真是随时都会掉入陷阱。笔者留意过，凡是在公开媒体给出的即便是持牌分析师的投资分析和建议（只代表其个人观点），基本都带有明显的鼓动投资者接盘的目的，而那个时机又很多是在股价上升到高位乏力再升或调整之后，一些民间大神们则喜欢把沉在市场底部多时无起色的小股票拿出来，套个新奇概念或子虚乌有、无法证实的消息加以推荐。

港股是中国内地散户眼中真正的"价值洼地"，相比深圳中小企业板和创业板股票来说，港股中的中小股长期被边缘化，股价低，只要避开那些有老千嫌疑的小股票，未来升值空间相当惊人。

中国内地投资者在参与港股投资时，要时刻了解港股市场结构上的变化，哪些类别的股票是由哪些投资者占主导地位，他们的投资风格如何，中国内地资金与境外资金的力量对比，是否有迹象已经进入某些具体的中小股份，都会对个股的走势产生重要影响。在不做这样分析的情况下，如果盲目炒作，极有可能被裹挟而事倍功半，因为港股每日交易并无涨跌停板的限制，错判形势可能导致损失惨重。

大部分港股投资者都对庄股（当地人称为"老千股"）有切身体会或认识，多数还是会尽量避而远之。所以，A股投资者进入港股市场，一个最大误区就是把港股市场理所当然地看作和A股市场一样，如此会遭遇重大损失和挫折。不建议投资者贸然进入这个"伏击圈"。

第10章 港股"老虎机"

港股投资者中也有喜好投机的散户群体，他们中的一些人更喜欢玩"牛熊证""涡轮"这类股票衍生产品。这类品种具有避险保值、降低交易成本的用处，对于专业投资者来说，通常是作为对冲工具。散户往往看重的是它的投机功能和比正股价格低的特点。很多人买涡轮仅仅只是因为可以在很短时间利用涡轮的高杠杆特性赌一个短期结果。

我们简单介绍一下这些另类投资标的的玩法，但不建议刚入港股市场的投资者尝试这类工具。因为根据经验，大部分人投资这类衍生品，结局不是全部损失（100%）就是损失大部分，而赚的时候通常可获利在300%以内。

10.1 另类投资标的——涡轮

权证曾经出现在A股市场上，A股第一张权证2005年8月上市，2006年沪深两市A股权证的总交易金额已达1.72万亿元（2222亿美元），超过中国香港（1.62万亿元）和德国。在具体的实施过程中，出现了严重损害中小投资者的利益恶果，最终导致了A股权证在市场上消亡。中国香港发行的涡轮是一种特殊的权证，是一个典型的零和对赌游戏。涡轮是有期限的，更需要我们找到精准的买入点。投资者成功概率很低，但是可以作为一个简便易行的对冲工具使用。

涡轮，这是权证（Warrant）的音译。当你持有某个权证时，你有"权"在规定的日期（称作行权日）以规定的价格买入/卖出某种资产。这种资产通常是股票，也有指数等其他资产。下面是一个与恒生指数挂钩的认购涡轮例子，如图

10-1 所示。

恒指法兴八二 [52週高] (28270.HK)

即時 港/A股 28270

恒指 ↑33,154 499 (1.53%) 期高水 108 成交 1,799億 國指 ↑13, 335 (2.51%)

| 收市價(港元) 購 ↑ 0.720 | 升跌 +0.070 | ▶成交量 | 手 0.00 | 買價(延遲) 0.710 | 前收市價/開市 0.650 / N/A |
| | 升跌(%) +10.769% | 成交金額 0.00 | 賣價(延遲) 0.740 | 波幅 N/A |

均價	N/A	溢價	-0.103%
引伸波幅(%)	26.900%	槓桿比率(倍)	7.68
對沖值	0.9668	實際槓桿(倍)	7.40
價值狀況 ❓	13.133% (價內)	行使價	28,800.000
認股證種類	標準	最後交易日/剩餘日數	2018-02-21 / 24
換股比率	6,000	資金流向	0.00
發行商	法興	過去30日正股歷史波幅(%)	11.142%
每手股數	10000	差價	0.010 / 0.010
相關資產	恒生指數(HSI.HK)	現價(港元)(延遲)	33,154.120 (+1.530%)

最後更新: 2018/01/26 16:08

图 10-1 与恒生指数挂钩的认购涡轮示例

认购证赋予持有人一种购买权利（而非责任），以"行使价"在特定期限内购买相关资产。认沽证赋予持有人一种出售权利（而非责任），以"行使价"在特定期限内出售相关资产。

中国香港发行的涡轮是一种特殊的权证，是以"欧式期权"为标准设计的一种特殊衍生品。其特色是必须在"行权日"行权。行权日之前只能持有，行权日之后的价值为零。涡轮采用现金结算而不是要求持有人买入/卖出股票结算。如果行权日的正股价格超过了行权价，则涡轮发行人将超过行权价的部分补偿给涡轮购买人。这实际具有对赌的意味，涡轮购买人与涡轮发行人赌"行权日"标的价格是否高于行权价。如果是，则购买人赚钱，发行人赔钱；如果不是，则购买人损失了这笔购买的费用。

这是一个典型的零和对赌游戏。事实上，绝大部分投资者会在到期（行权日）之前出售涡轮，也就是说，投资者只是把它看作是一种投资工具来博取差价。这种做法可能是有道理的，因为发行人实力强大，有足够多的方式在行权时降低自己的损失，甚至反而盈利或持平。因此，涡轮越是接近到期日，其内在的投资价值也越低。

认识涡轮

涡轮在香港交易所挂牌交易,买卖以"手"为单位进行,并于交易日后两天(T+2)进行交割。每只涡轮有一个 5 位数代码,如 17922,另外还有一个名字,如"中寿瑞银八四购 B(@EC)",其中"中寿"表明标的资产是中国人寿(02628.HK)股票;"瑞银"表示该涡轮发行人是瑞银证券。"八四"表明该涡轮到期年月是 2018 年 4 月,"B"表明该发行人同时发行了一种以上同 1 月到期但条款不同的中国人寿涡轮,B 以示区别;"@"表明到期用现金交割,而不是用中国人寿的股票来交割①。"E"表明是欧式②,"C"表明是认购证③。

我们再看一个认沽证的例子,18845 中寿法兴八六沽 B(@EP),该涡轮的港交所交易代码是 18845,标的资产为中国人寿股票,涡轮发行人为法兴证券,欧式认沽证。

如果投资涡轮,需要看清楚涡轮的相关条款,我们可以在网上和一些交易软件上找到,图 10-2 是 aastock.com 网站上的截图。

即時	港/A股	▼	中壽法興八六		恆指 ↑ 33,154	期高水 108		國指 ↑ 13,
🔍	18845	▶	(18845.HK)		499 (1.53%)	成交 1,799億		335 (2.51%)

收市價(港元) 沽		升跌		▶成交量	手	買價(延遲)¹		前收市價/開市	
↓ 0.250 ∨		-0.005		1.41千萬		0.250		0.255 / 0.237	
		升跌(%)		成交金額		賣價(延遲)¹		波幅	
		-1.961%		3.45百萬		0.255		0.237 - 0.250	

均價	0.245	溢價	9.605%
引伸波幅(%)	35.300%	槓桿比率(倍)	10.62
對沖值	-0.4686	實際槓桿(倍)	-5.00
價值狀況 ❓	0.188% (價外)	行使價	26.500
認股證種類	標準	最後交易日/剩除日數	2018-06-25 / 148
換股比率	10	資金流向	-14.07萬
發行商	法興	過去30日正股歷史波幅(%)	22.200%
每手股數 🧮	10000	差價	0.001 / 0.005
相關資產	中國人壽(02628.HK)	現價(港元)(延遲)	26.550 (+0.951%)

最終更新: 2018/01/26 16:08

图 10-2　aastock.com 网站上的涡轮截图

---

① 若用"*"则表明是实物股票交割。
② 若用"X"表明是特种或非传统型涡轮(具体见其条款)。
③ C 来自英文 Call,认沽证则用"P"(Put)。

除了看价格涨跌及成交量、成交金额这些常用指标之外，还有几个指标是和股票完全不同的，投资者必须了解它们的意义。

行使价

这是一只到期以现金结算的认沽涡轮（证），因此到期时和你结算的依据就是 26.5 港元，如果到期中国人寿的 5 日均价低于这个价格，则差价就是你赚的，如果高于这个价，则你将一无所得。

换股比率、每手股数

换股比率是 1 股正股或 1 点指数所需要的涡轮单位数。这里的 10，表示每 10 个单位的涡轮对应 1 股中国人寿。这个涡轮 1 手是 10000 个单位起卖。即如果你买 1 手，对应的是卖出 1000 股中国人寿的权利。但实际上，由于采用现金结算，这个权利是虚的，只用于结算时计算用。

最终交易日/剩余日数

这只涡轮在 2018 年 6 月 25 日是最后一个交易日，之后不能交易，直到 2018 年 6 月 29 日结算。这几天将根据收盘均价确定最后结算的价格。很多投资者不会等到最终交易日，就已经提前卖出了涡轮。因为持有到结算日的风险大而且投资者因为不能交易而很难控制。剩余日数越多，投资价值越大，价格也越高。

杠杆比率

杠杆比率反映资金投放在涡轮与正股的比例，其公式为：

杠杆比率=正股价/（涡轮价格×换股比率）

这个涡轮的杠杆比率是 10.62 倍，如果投入涡轮的资金为 1000 元，代表所控制正股的资金是 10620 元，投资者以杠杆比率来衡量涡轮的潜在回报，结果会不准确，因为涨/跌幅度与杠杆比率不同。

实际杠杆

即理论上正股（中国人寿）上涨或下跌多少，跟踪它的涡轮上涨和下跌的倍数。实际杠杆反映与正股变动的关系，其公式为：

实际杠杆=杠杆比率×对冲值

这个涡轮的实际杠杆是-5 倍，正股变动 1%，在影响认沽证价格的其他因素不变的情况下，这只认沽证的理论价格会变动-5%。投资涡轮时，投资者应该以实际杠杆作为回报/风险的参考，而不是用杠杆比率。

溢价

虽然涡轮不能以股票结算，但要理解这个概念，我们需要用股票结算的概念才能理解。10 单位涡轮相当于可以卖出 1 股中国人寿股票，现在以 0.25 港元的价格买了 10 单位这个涡轮，到期时可用这个权利，以 26.5 港元卖出 1 股中国人寿股票。那么成本是 26.5 − 0.25 × 10 = 24 （港元）。这个成本比当天收盘的股价（26.55 港元）低的部分[①]，就是溢价 （9.605%）。溢价率越高，表示你买的认沽涡轮离当时股价越大，盈利机会越大。当然，对于认购涡轮来说，结论正相反。

溢价的计算公式为：

认沽涡轮的溢价 = （认股证现价×换股比率 − 行使价 + 股价)/股价×100%

认购涡轮的溢价 = （认股证现价×换股比率 + 行使价 − 股价)/股价×100%

引申波幅

放在表的最上方，表明它很重要，但却不容易解释，我们放在最后说。引申波幅是指市场对正股在未来一段时间内波动幅度的预期。

这个指标是用金融学的 B–S 模型，根据历史不同幅度计算出来的"隐含波动率"，用来预测未来这只涡轮的波动情况。涡轮的发行价是由发行人以引伸波幅为基础计算出来的。假设其他因素相同，引伸波幅的变化与涡轮价格的变化是同方向的。引申波幅越大，意味着未来股价波动幅度越大，风险也越高。引申波幅最好不超过 30%。随着中国香港涡轮市场日渐火热，个股的机构发行人数量也越来越多。在相同的行权价和到期日的情况下，众多发行机构给出的引伸波幅也不同。在所有条件相同的情况下，引伸波幅的涡轮的性价比越高。

选择涡轮的要点

投资涡轮的难度要比股票高得多。首先，绝大多数投资者对这种衍生品不熟悉；其次，投资涡轮的基础在于对其背后的资产——股票、指数的走势和时点要有非常好的把握。

（1）对正股价格/指数点位和方向的判断。

（2）对正股价格/指数点位的波动幅度的判断。

（3）对正股价格/指数点位的波动时间的判断。

除了出于对冲的需要之外，如果投资者能做到对股票和指数的准确把握，显

[①] 注意由于港股网站报价有延迟，此处的 26.55 还不是当时准确的价格，需要用当时实际价格计算。

然是没必要投资涡轮的。唯一能解释放弃股票而投资涡轮的理由，应该是因为涡轮的杠杆高，而且价格较低，所需资金较少，也确实有一些散户投资者也是看中了这些特点而投资涡轮。

投资者除了应该了解涡轮的基本指标之外，还应该了解以下几个概念：

盈亏平衡点

投资涡轮是有成本的，投资者需要计算盈亏平衡点，知道关联的资产到达怎样的价格才能不亏不赚。对应认沽涡轮和认购涡轮需要分别计算。我们举两个例子。

以恒指法兴八二购 I（@EC）这个挂钩恒生指数的认购涡轮为例。$6000 \times 0.72 + 28800 = 4320 + 28800 = 33120$ 点，也就是说，恒生指数超过了 33120 点，购买这个认购涡轮的投资者才到达盈亏平衡点。我们看到当天的恒生指数是 33154 点，已经有盈利了。

街货占比

街货，也叫市场持货量，顾名思义，就是指散户持有的那部分涡轮，是收市后市场（即发行人以外）累积持有涡轮的份数。

街货/发行量=街货占比

分析街货有助于把握涡轮市场脉搏。通常投资者在选择涡轮时，多数只关注涡轮的行使价、到期日、实际杠杆、引伸波幅，而较少留意涡轮的街货及街货百分比。

街货会影响涡轮价格，投资者确实需要了解街货数据。当街货占比到 70% 的时候，说明市场对这只涡轮的需求很高。这个比率越高，市场的参与程度越高。市场参与程度的高低对投资人来说很重要，这样就可以很容易买入卖出。但是当街货占总发行量的比例偏高（比如高于 80%）时，发行人手上可以调控涡轮价格的货源偏少，此时涡轮价格有可能会被市场支配，表现会比较波动，甚至会出现涡轮不跟正股走的情况，所以买入这些涡轮的风险相对较高。

街货的增减由市场需求主导，其变化反映市场对涡轮的需求，而不是由发行人决定。涡轮随着上市时间越久，其街货会不断累积。由于参与的投资者较多，此类涡轮的交易通常会较为活跃。买卖这类街货多的涡轮时，投资者需格外小心，因为当涡轮街货占比达到非常高的水平时，参与者众多导致其价格变动受供求因素或市场情绪影响更大，有可能会和关联的资产价格走向出现偏离。投资者买卖此类涡轮，有可能会获得较高回报，但当市场走势逆转时，也会承担较大损失。

需要留意的是，涡轮总发行量是没有限制的。有时当涡轮经过多次增发，其总发行量会相当高。当总发行量增加，街货占比相对减少，这并不代表街货不高，所以投资者应参考涡轮街货的实际数量。一些街货比例高（80%以上）的涡轮，由于发行人缺乏货源，难以维持引伸波幅的稳定性。在供求失衡的情况下，涡轮的引伸波幅往往会出现偏高的情况，价格的变动较难预测。此外，比较不同涡轮的街货的高低，投资者要留意涡轮的换股比率。在其他条件一样时，换股比率低的涡轮，街货占比更高。街货数据可浏览交易所或发行人的网站。

这里给出一些可供参考的购买涡轮的要点：

（1）溢价率不要太大，不能超过+/-10%。溢价率太大，不容易达到盈亏平衡点。

（2）剩余日数尽量长，比如要超过 90 天，这样能给股票更多的时间达到预期价格。

（3）引申波幅最好不超过 30%。引伸波幅太大就意味着市场对股价向特定方向变化的期待太大，涡轮估值也会偏高。

（4）不要在股价上涨时购买认购涡轮，同样，不要在股价下跌时购买认沽涡轮。因为涡轮变化是按杠杆比率放大的，应该反其道而行之，去涡轮市场捡便宜货。

（5）个股公布派息消息前后，不宜投机涡轮。因为发行人在发行涡轮时，会将预期的股息计入涡轮的价格，如果派发的利息高于预期，除息后的正股价格就会低于预期。故此，涡轮价格第一时间便做出反应。此外，若除息日期与发行人所预期的有明显差距，涡轮价格也会受影响。

对投资者的忠告

涡轮其实是个人投资者一个较易使用的对冲工具。这一点我们在前面也有说过。但是，实际情况是，个人投资者更热衷于赌涡轮的涨跌，通过其中的杠杆效应，以小博大。但是，这其实更需要投资者对于特定的股票以及市场变化有更好的把握能力，而这却又正是绝大多数个人投资者最薄弱的地方。

买卖涡轮，第一个条件是需要你对市场、对个股或指数的短期走势有一个非常精确的判断。如果能够准确判断个股或指数短期走势，提前买入认购或认沽涡轮，则随着标的资产价格实现，在正常的市场供求关系下，涡轮能够达到类似的盈利水平，而占用资金却少得多。第二个条件是市场的供求关系要能够判断准确。这里首先要考虑发行人的控盘能力。买卖涡轮，就是投资者和发行涡轮的投行对赌。因为一旦你持有涡轮并通过行权获利，这笔钱不是公司给你的，而是发行涡轮的投行赔给你的。许多涡轮成交量非常小，投行对涡轮的定价有绝对优势，尤其是那些溢价高的涡轮，发行人控制价格的能力经常让许多 T+0 交易者亏损连连。涡轮常常出现这样的情况：很多时候涡轮跟跌不跟涨。另外，发行人设计涡轮时，采用大量数据和精确模型计算"大概率事件"。在不出现类似特殊事件时，发行人大概率不会输。所以，个人投资者在涡轮交易上，天然具有劣势。第三个条件是对市场热度的认知和把握能力。有时发行人也会失去对涡轮供求关系的控制，此时街货占比非常高，那么标的资产价格的变化会引发涡轮更大幅度的价格变化。此时投资者的收益和损失都会比正常时段放大很多倍。稍有不慎，投资在涡轮上的资金将化为乌有。

涡轮是有期限的，更需要我们找到精准的买入点。投资者成功概率很低，关键还是因为对时点的把握不够精准。投资者应该将大部分时间和精力放在对股票的基本面研究和整体市场行情上，一定要研究透标的物，而且涡轮更讲究波段操作。在涡轮交易过程中，一次盈利就可以覆盖前面的损失，但绝不是频繁交易。做完一波一定要休息一段时间，等待下一次交易机会的出现，这也是个人投资者非常难控制的关键。人性难免在获利时因激动而放松警惕，甚至骄傲自满，此时入市，后果往往不堪设想，导致前功尽弃。另外一点是审慎的资金管理，尽可能保护本金安全。

10.2 另类投资标的——牛熊证

港股市场还有一个类似涡轮的衍生品，也可以用于对冲，但用牛熊证对冲持股风险没有涡轮可靠。中国香港从 2006 年 6 月正式上市交易这种衍生产品。牛熊证的风险比涡轮更高，因为具有收回价，所以，一旦达到这个价格，牛熊证立即被收回，投资者的资金全部打了水漂。牛熊证作为高杠杆、高风险、高收益并且有限损失的产品，只适合短线交易和波段操作。

一般来说，对应同一资产的牛熊证的灵敏度比涡轮大，所以牛熊证的投机性也更强。

标准的牛熊证全称为可收回牛熊证（Callable Bull/bear Contract），是追踪标的资产表现的一种结构性产品，允许持有人在一定期限内，以某个指定的价格，向发行人购入（或出售）一定数量的证券、商品、外汇或金融其他产品，但如果在到期前标的资产到达某一指定水平（称为收回价，Call price），发行商将立即收回牛熊证（称为强制收回机制）并终止其交易。中国香港的牛熊证与涡轮一样，到期是用现金结算差额的，而不是用追踪的标的资产。中国香港的牛熊证多数是以股票或股票指数作为标的资产，牛熊证的期限一般为 3 个月至 5 年。牛熊证有牛证和熊证之分，投资者可以看涨或看跌相关资产而买入牛证或熊证。

牛熊证有两类：N 类和 R 类。

N 类牛熊证：指收回价等同行使价的牛熊证，不具有"剩余价值"。一旦相关资产的价格触及或超越收回价，牛熊证投资人没有任何现金收益。

R 类牛熊证：收回价有别于行使价的牛熊证。若出现强制收回事件，牛熊证持有人可收回少量现金款项（即剩余价值）。但在最坏情况下，可能没有剩余价值。

当 R 类牛证被收回时，其剩余价值为根据产品条款确定的结算价减去行使价的差额部分。

牛证的结算价不可低于相关资产在强制收回事件后至下一个交易时段内的最低成交价。当 R 类熊证被收回时，其剩余价值为行使价减去根据上市文件条款厘定的结算价的差额部分。熊证的结算价不可高于相关资产在强制收回事件后至下一个交易时段内的最高成交价。开市前时段及上午交易时段视为同一交易时段。然而，若出现结算价触及或超越行使价的最坏情况，则可能没有任何剩余价值。

认识牛熊证（如图 10-3 所示）

这是从 aastock 上截取的一只牛熊证报价信息。这是一只 R 类熊证，发行人为瑞银证券，挂钩恒生指数，到期日为 2018 年 5 月，现金结算。

我们了解一下牛熊证的主要指标。

恆指瑞銀八五熊E(RP) 68074.HK（牛熊證）

30/01 15:53 中金料國指3月或正式納入紅籌股 潛在股份包括騰訊及…

現價	0.113	升跌	0.000
波幅	N/A	升跌(%)	0.000%
成交量	0.00股	溢價	0.00%
成交金額	0.00	槓桿比率(倍)	N/A
每手股數	10000	正股價距收回價(%)	2%
類別	熊證	正股價距收回價	892.710
街貨量(%)³	12.00%	行使/收回價	33,650/33,500
街貨量³	3.00千萬	換股比率	10,000

图 10–3 恒指瑞银八五熊 E（RP）报价信息

行使价/收回价

在牛熊证上市时订立。对于 R 类牛熊证，会同时确定行使价（恒生指数 33650 点）和收回价（恒生指数 33500 点），即当恒生指数上穿 33500 点时，该熊证被收回，如果截止到期日都没有出现这种强制被收回的情况，则到期按照恒生指数实际点数与行使价 33650 点的差额结算。

对于 N 类牛熊证来说，只规定收回价或者同时给出的这两个价格是相同的，如下面这个由摩根大通发行的挂钩恒生指数的 N 类熊证。N 类牛熊证的收回价等于行使价。R 类牛熊证的收回价高于行使价（牛证）或低于行使价（熊证）。

最后交易日/剩余日数

和涡轮一样，牛熊证有自己的固定投资期限，并按指定日期到期。最后交易日为到期日前 1 个交易日（与涡轮到期日前 4 个交易日不同）。

牛熊证的最后交易日与到期日不同。如牛熊证到期前并未被收回，则可持有至到期，或到期前在交易所卖出。牛熊证有效期可以是 3 个月到 5 年不等。期间牛熊证的价值会随着相关资产价格的变动而波动。

牛熊证在发行时有附带条件：在牛熊证有效期内，如牛熊证的相关资产价格触及收回价，发行人即时收回有关牛熊证，原定的到期日不再有效。据此可以确定最后交易日——当牛证在标的资产跌到收回价时，交易就在当天或第二天停

止。如果收回价等于行使价（N 类牛熊证），则当天停止交易，牛证的价值就是
0，从而作废；如果收回价大于行使价，则第二天就是最后交易日，持有人就得
到剩余价值。熊证的情况类似。

投资者要留意的是，当牛熊证被强制收回后，即便标的资产反弹或者回调，
该牛熊证仍不再有效，投资者并不会因价格反弹而免除损失或者获利。一般来
说，在牛熊证联结的标的资产价格接近收回价时，牛熊证的价格波动幅度可能会
很大，甚至与相关资产价格的变动不成比例。在港股市场经常发生"屠牛证"或
"屠熊证"的情况，即当标的资产价格接近收回价时，市场会发生加速冲破收回
价的现象，导致贴近收回价的众多牛熊证被强制收回，之后市场有可能恢复到强
制收回前的价格。这是投机牛熊证时要注意的。

换股比率

与涡轮类似，以上例来说，换股比率为 10000，则每 50 万份该熊证就代表
一张恒生指数期货的数量，如果换股比率为 15000 的恒指牛熊证，每 75 万份代
表一张恒指期货；至于换股比率为 20000 的恒指牛熊证，每 100 万份才代表一张
恒指期货，以此类推。

街货量

牛熊证和涡轮一样，是投资银行作为发行人与投资者对赌的工具。街货指的
就是投资者手中持有的牛熊证数量，如图 10-4 所示。

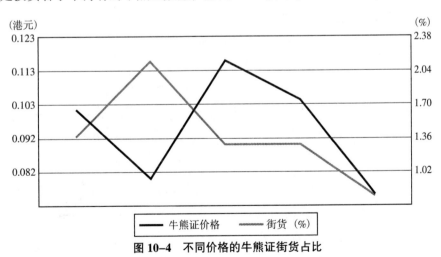

图 10-4 不同价格的牛熊证街货占比

有些网站或者交易软件可以提供这类信息，甚至提供不同价格区间的牛熊证

街货数量和占比。

投资牛熊证的要点

尽管牛熊证的有效期是 3 个月到 5 年不等，但从统计数据看，绝大多数的牛熊证在发行后的一年内被收回，而不是到期行权。其中有超过 90% 的牛熊证在发行后 6~9 个月内被强制收回，而只有不到 1% 的幸运儿能挺过一年。投资者买入牛熊证后，往往也只持有很短的时间，一般只打算通过标的资产的上升或下跌来赚取短线利，有不少投机牛熊证的人，甚至习惯于做 T+0 交易，而不持有牛熊证过夜。

牛熊证不适宜作为长线投资产品，甚至不适合作为资产配置。牛熊证作为高杠杆、高风险、高收益且有限损失的产品，只适合短线交易和波段操作。

在选择品种上，我们主要有以下几点建议：不挑选期限长于 1 年的品种；尽量挑选有效期符合自己预期判断的牛熊证；不要期望剩余价值，那只是海市蜃楼；尽量不要挑选距离收回价太近的品种，最好保持 5% 以上，否则市场的正常波动往往会吞噬你应得的收益；尽量挑选隐含财务费用率低的品种；发行商的资质很重要。

牛熊证本身具有以下的内在风险

一般来说，收回价和标的资产现价之间的差价越大，则牛熊证被强制收回的可能性越小；然而同时，差价越大，则杠杆效应越小，因为它增加了合约的发行价（即增加了成本）。牛熊证变动的百分比是要比标的资产变动的百分比高很多的；因此，一旦标的资产价格向投资者期望的相反方向移动，投资者必将受到比直接购买标的资产更大的损失。

在标的资产价格临近收回价的时候，由于其被强制收回的风险增加，其流通性会降低，所以牛熊证在此时的价格并不能实时和有效地反映标的资产的涨跌。

在成交量不高的情况下，就存在流通性风险，这也将影响到标的资产的价格能否得到合理的反映。

牛熊证具有期货的特点，因而是介于涡轮和期货之间的品种。用牛熊证对冲持股风险就没有涡轮可靠，因为它有被强制收回的可能。行使价不等于收回价时，第二天最为不利的是投资者很可能遭到发行人恶意做空（对于牛证）或逼空（对于熊证）。在被恶意做空的情况下，牛证的剩余价值在理论上可以为 0。逼空时的熊证情况类似。

如果投资者要选择牛熊证进场点的话,有几点值得关注:

第一,选择和现货有大概 500~800 点距离的标的。因为经常发生恒指开盘跳空涨跌一两百点,又慢慢回到前一交易日附近的点位。如果这个时候被回收,会非常令人惋惜。

第二,要避开街货量非常高的点位,尤其是最接近现货距离。因为牛熊证强制回收机制的存在,给了牛熊证发行商杀仓图利的机会。

10.3 机会、风险与挑战

2018 年是中国改革开放 40 周年,中国正在发生巨变。2018 年,美联储新任主席上任,美国经济快速恢复,市场对美联储新掌门是否会加速推出货币紧缩政策惴惴不安。世界都在紧盯着中美两国的动向。2018 年,也是全球经济告别旧康波周期的最后时段的开始。在衰退顶点和下一波新周期青黄不接的时刻,港股也面临着巨大的机会、风险与挑战。

港股在 2018 年开年火热的行情红火展开之际,遭遇美股大幅下跌的冲击,周一开盘曾经一度下挫到 886 点,在 32000 点以下开盘,确实超过了市场预期。这是港股牛市的一个不和谐的声音。一时人们议论纷纷,牛市心理开始动摇。

这是一次迟到的调整,但并不特别出人意料,原因是港股在整个 1 月都在不断超买,而一直拒绝调整。但是市场规律是不可违背的,这种大盘指数的扭曲必然会被调整,而且扭曲时间越久,扭曲程度越严重,则调整会愈加猛烈。没有一直上涨的股市。从调整看,大盘扭曲压力已经大多被释放。而正巧是在中国农历春节之前,资金无心恋战,在有意套现过年的情况下,短期内再出现大幅拉升的机会很小。

笔者判断春节前只要恒生指数仍在 31500 点以上运行,虽然低于 20 日线,也应该没有大碍,指出决定港股大盘走势的主要力量在于北水和 A 股上证综指走势。另外一部分外力来自美股,但只能影响到港股开盘点位。只要美国经济和股市本身没有出现大问题,比如经济衰退或股市崩盘,港股受到的影响是非常有限的。

我们可以看到，上周美股调整确实不是因为美国经济出现了问题，而是美股处于高位，经济数据良好，导致投资者担心美联储会加大货币政策调整力度。这种情况在美股上是经常出现的。而美股调整本身也是对之前严重超买和上涨过快的一个纠正。这种纯粹市场自身的应激性反应，随着投资者对美联储主席换届和对美联储政策的不确定性逐渐澄清，会重新恢复正轨。

港股历史上在 2 月并不看淡。原因是 2 月春节之后总有新资金入市，而且从这个月开始，一些上市公司开始陆续公布上一年度收益。A 股在春节之后也通常有新资金入市，因此，预期港股和 A 股在春节之后都会重拾升势，出现戊戌狗年开门红。

由于内地居民继续看好港股的投资机会，很可能在春节期间会有更多资金流入香港，备战港股新年牛市。而且港股新年开市时间早于 A 股，可能出现港股先迎开门红，A 股追落后的"你争我赶"的红火兴旺市况。

港股在节前会比 A 股收市晚 2 天左右，那么节前 3~5 个交易日应该是最好的布局节后市场的机会。经过这周的调整，前期上涨较多的股票大都有较大幅度调整，投资机会重新出现，而那些前期上涨幅度不大，但在这段调整时段抗跌性好的中小盘股、H 股，都值得收纳。我们继续看好以腾讯、中国平安、四大行、5G 通信、软件、教育、医药、环保为代表的龙头板块。预期港股在第一季度以波动上涨为主。昨天已经立春，投资者应该做好股市"春播"，精心布局，迎接春季行情。

而在这次由美国股市巨震引发的股灾之后，港股恒生指数经过"黑色一星期"已经跌落 30000 点下方，而美股已经做出一个"头部"形态，作者重新审视市场状况，做出审慎的整体判断。

这次美股暴跌可以说是提前没有任何警示，尽管 VIX 指数已经长期处于低位，而美股超买情况已经持续了一年以上，谁也无法提前准确预测回调将在何种情况下发生。虽然恐慌指数处于低位，意味着市场稳定度差，但是持续的市场上涨拒绝回调，已经让投资者麻痹了，从大量 VIX 做空衍生品被爆仓可以看出，似乎很多投资者认为 VIX 指数处于低位应该是常态。然而，市场终究是那个市场，这一次也和任何一次崩溃没有本质区别。

2 月伊始，短短一周之内，美国股市、欧洲股市、日本股市、中国香港股市以及 A 股市场相继跌到令人惊讶的低位。截至 2 月 9 日收市，美国道琼斯（24190.9004，330.44，1.38%）指数累计下跌 6.51%，标普 500 指数累计下跌 6.56%，纳斯达克（6874.4914，97.33，1.44%）指数累计下跌 6.41%——累计跌幅都在 6% 以上。道琼斯指数更是一周之内两次重挫超过 1000 点，刷新了 10 年来的单日下跌纪录。上证综指跌 9.6%，深证成指挫 8.46%，创下 2016 年 1 月初"熔断"以来的最大单周跌幅记录。而跟随 A 股的香港股市，恒生指数累计下跌 9.49%，创下 2008 年全球金融危机以来最大单周跌幅记录。

而这一切，并非因为新的金融危机来了，甚至引爆的主要理由有点令人啼笑皆非——美国经济数据出人意料的好！

表面原因是美国十年期长债飙升，导致投资者预测美联储在换了新掌门之后，会加速收紧货币政策。

为什么这次调整如此剧烈？

其实市场因为预期通胀导致政策收紧而进行的调整，以前多次出现，对于美国资本市场，本来是司空见惯的常态行为。

为何这次一个正常顾虑却引发美股"铡刀"式下跌，整个价格走势形成触顶形态？现在检讨技术层面可能有三方面因素：

（1）程序交易、算法交易触发抛售，导致大盘下跌，进一步触发一些被动型投资基金、对冲基金加入抛售，导致流动性枯竭和崩盘。

（2）股市与比特币的关联性加大。一些对冲基金选择比特币和比特币期货进行对冲，而比特币市场发生价格雪崩式下跌，这与比特币期货上线又有必然联系。

（3）由算法引发的抛售（笔者称之为机器羊群效应）和主动投资者的羊群效应叠加，出现踩踏，导致市场大跌。

表面看是一个预期引发的"血案"，实际却是因为衍生品和金融创新缺乏监管。不管市场因为什么因素导致闪崩，如果预设指标达到了设置的条件，量化交易中的自动操作程序会被触发，自动发出卖出指令，从而形成强制性的抛售。而这种抛售的体量是在瞬间形成的，一旦发生，就会引起爆裂的链式反应。瑞信董事总经理陶冬认为："真正将股市推下悬崖的，是 15 分钟内近 700 亿美元的成交量，令一场正常调整变成夺门而逃，进而演变成全球范围内的股灾。天量的成交量突然涌出，与 ETF 基金的集体沽盘有关，其背后是近年流行的算法程序发生共振。这些年主动性股票基金和对冲基金的表现普遍不佳，资金涌向被动型基金，尤其是 ETF。在过去三年中流入全球股市的新资金中，接近六成来自被动型基金，这是史无前例的。ETF 投资基本限于指数成份股，所以近年权重股表现特别好，而此更证明了 ETF 低成本优势比主动型基金选股能力重要，形成向上的自我循环。然而，自我循环有向上的日子，就必然有向下的日子。当市场调整出现某种接近算法程序中预设大手减持所设定的场景的时候，沽空盘就会蜂拥而至，而此又触发其他算法程序抛售，市场形成向下的自我循环。资金在跌市中夺路而逃、自相践踏，在历史上发生过不少次，甚至有几次比这次股灾更为惨烈，但这次调整的机械色彩最浓厚，速度也更快。"

在春节期间，美股以快速反弹的方式收复了丢失的一半阵地。美国投资者正在适应美联储加快加息步伐的预期，前期做空的仓位也接近完成平仓。美股似乎已经形成了不可避免的调整之后再下行的走势。

港股牛市能够走多远？这是中国投资者更关注的问题。

笔者一直以来的观点是港股进入牛市二期，这将是一个持续时间较长的阶段。但是，经过这次美股冲击，反映出全球市场仍难以抵御和隔离美国资本市场冲击的影响。而美股已经形成第一个头部，也许会有第二个甚至第三个头部，形成双重顶或三重顶，但是大势已定，美股开始进入震荡幅度较大的顶部区域。这将会对港股造成不容忽视的波动性。

这次是因为美国长债收益率上升而造成的冲击，但是这个趋势是不可阻挡的，也就是说，这个因素从此开始对美股产生明显的负面影响。唯一要区分的是速度的快与慢，而不是方向问题。

另一个要考虑的因素是康波周期。2018~2020 年，全球经济进入康波最后衰退阶段。目前尽管中美和欧洲经济向好，但结构性问题仍然沉重而不易在短期内解决。如果叠加各国央行收水和去杠杆，很可能酿成悲剧性结果。这个可能性很大，因为各国央行已经没有太多空间腾挪，而各国央行协调行动也因为博弈考量和各自的周期不同，很难实现。

这些是港股的危险和负面因素和任何一次危机一样，我们无法提前预测发生的准确时点。正如诺贝尔经济学奖得主、美国著名行为金融学家罗伯特·希勒所说，下一次危机可能在无征兆的情况下爆发。我想这次美股突然发生技术性崩盘，就是一个提醒和很具体的示范。

港股也有很多正面的积极因素。比如在香港上市的许多中字企业基本面在好转，北水更加青睐港股的投资机会，H 股即将开始全流通时点，以及港交所用"同股不同权"制度可以吸引更多新经济企业来港上市，这些都能继续扩大港股市场规模和影响力。但是，这些又都无法抵御类似美股崩盘这样的大型冲击事件的发生。

对于港股投资，应该做好两手准备。我认为机会可能在 2018 年，但风险也会在 2018 年开始出现，如果幸运的话，也许来自外部的重大冲击会延迟到 2019 年。也许这是一个短期的盛宴，但是参与者必须随时提醒自己：当下的世界，暗流涌动，并非太平世界了。不要狂欢，要牢记风险就在身边不远处。

美国能否吸取教训，对市场上占比可能近半的程序交易、算法自动交易、高频交易等进行监控和约束，是未来会否再次发生同类事件的一个重要线索。如果放开金融监管，下次恐怕引发的会是一场新的金融危机。

如果新一轮的危机来临，相信中国仍能安然度过，但是香港作为国际化市场，必然无法避免大风大浪的冲击，甚至导致这轮牛市提早收场。我们能够看到巨额债务的"灰犀牛"，也知道美联储和其他重要国家央行"收水"冲击的"黑天鹅"，这一切都已经超出了各国政府和投资者可以掌控的能力范围。

作为投资者，在这种高度不确定的投资环境里，该怎么应对呢？

股市投资既讲究科学，又讲究艺术，除此之外还要有技能。这三方面分别对应着估值、择时和风险管理。任何一种投资，最终目的无非是盈利，而且这里所说的"利"，并非指账面浮盈，不是"纸上财富"，而是指你实际从股票账户上转走的现金收益。用一句通俗的话讲，就是"只有装在你自己钱包里的才是你的钱"，那些账面浮盈很可能变成零，甚至变成浮亏。

我们平时看到太多炒股的人实际上没有"赚钱"。这是从收益变现角度衡量的。但是在大牛市的情况下，"赚钱"会相对容易一些，前提是投资者不要过分贪婪。这是因为，大牛市往往股价涨时多，回调时少，而且回调不深，整体上的财富效应明显。在不长的时间里，投入的本金已经会有相当可观的增值。而其中一些会被投资者兑现，用于消费，而且这种情况往往比较普及，这是投资者真正在"赚钱"。也有人不愿意将部分收益提取出来，希望投资越滚越大。只要市场仍能保持大牛市，这样做当然是可行的。但是很少有人能够预测股市何时到顶。而一旦市场周期转熊，下跌往往不仅猛烈而且持续，很可能把大部分甚至全部财富化为乌有。有些投资者出于不甘心，甚至在熊市下跌过程中继续追加资金，导致更大亏损或被套牢的结果。

港股与国际市场关联性更紧，估计 2018 年的部分时间会出现较大的市场震荡，这是在牛市中的波动行情，所以投资者仍需掌握这种情况下如何锁定收益和避免风险损失。最难"赚钱"的市道，其实是波动市。所谓波动市，就是上涨和下跌的趋势都不明显。当然，如何波动，这里面还有很多种不同的情形。

对于个人投资者来说，应对震荡行情，除了选股和择时，更应懂得止盈套现。在震荡波动中，重要的是低买高卖，踏准节奏，否则容易变成"坐升降梯"，眼睁睁看着收益在账面上上上下下，而投资者却没有把真金白银装在自己口袋里。还有一些人，将 A 股票上的盈利全部投入 B 股票中，这样做，除非能肯定 B 股票上涨，也很容易出现 A 股票上赚的钱，全部赔在 B 股票上。解决这个问题，重点在于及时套现，并将收益放在一边。投资者可以设定一个百分比，将超过这个比例的收益放在一边，不再用于买入股票。比如 10%，如果在 A 股上赚了 15%，在止盈套现后，将其中 10% 放在一边或者转入另一个现金账号，而用其余 105% 的资金继续投资。对每只股票都采用同样规则操作，直到确认波动市已经结束。

当然有些人会觉得这样做，资金效率不高。其实这件事要从不同角度考虑，在波动行情中，选股和择时都非常有难度，账面浮亏的机会远比账面浮盈高，如果不及时将部分收益套现和拿走，最有可能发生的情况就是劳心费力地白忙一场，这显然不是大多数人希望看到的结果。

附录 本书股票查阅表

股票代码	股票名称
00135	昆仑能源
00144	招商局国际
00151	中国旺旺
00165	中国光大控股
00168	青岛啤酒
00175	吉利汽车
00220	统一企业中国
00257	中国光大国际
00267	中信股份
00270	粤海投资
00288	万洲国际
00291	华润创业
00322	康师傅控股
00358	江西铜业
00363	上海实业控股
00371	北控水务集团
00384	中国燃气
00386	中国石油化工
00390	中国中铁
00392	北京控股
00410	SOHO 中国
00460	四环医药

股票代码	股票名称
00489	东风集团
00566	汉能薄膜发电
00656	复星国际
00683	嘉里建设
00688	中国海外发展
00700	腾讯控股
00728	中国电信
00753	中国国航
00762	中国联通
00813	世茂房地产
00836	华润电力
00857	中国石油
00868	信义玻璃
00883	中国海洋石油
00902	华能国际电力
00914	安徽海螺水泥
00916	龙源电力
00939	建设银行
00941	中国移动
00960	龙湖地产
00966	中国太平
00981	中芯国际
00992	联想集团
00998	中信银行
001044	恒安国际
001066	威高股份
001088	中国神华
001093	石药集团
001099	国药控股

股票代码	股票名称
001109	华润置地
001114	华晨汽车控股
001169	海尔电器
001177	中国生物制药
001186	中国铁建
001193	华润燃气
001199	中远太平洋
001211	比亚迪股份
001288	农业银行
001313	华润水泥控股
001336	新华保险
001339	中国人民保险集团
001359	中国信达
001398	工商银行
001619	天合化工
001800	中国交通建设
001880	百丽国际
001898	中煤能源
001929	周大福
001988	民生银行
002007	碧桂园
002018	瑞声科技
002020	安踏体育
002038	富智康集团
002186	绿叶制药
002238	广汽集团
002313	申洲国际
002318	中国平安
002319	蒙牛乳业

股票代码	股票名称
002328	中国财险
002333	长城汽车
002338	潍柴动力
002601	中国太保
002628	中国人寿
002688	新奥能源
002689	玖龙纸业
002883	中海油田服务
003323	中国建材
003328	交通银行
003333	恒大地产
003383	雅居乐地产
003800	保利协鑫能源
003888	金山软件
003968	招商银行
003988	中国银行
006030	中信证券
006808	高鑫零售
006837	海通证券
006863	辉山乳业

参考文献

[1] 郑磊. 新常态股市投资智慧——你不能不知道的行为金融 [M]. 北京：北京大学出版社，2015.

[2] 郑磊. 港股A股化 [M]. 香港：香港天窗出版社，2015.

[3] 恒生指数公司季刊.

[4] 格隆汇. 港股那些事.

后 记

这本书写到这里，想到写书过程中和一些散户投资者的互动，我知道，我这里所说的话，听得进的人自然会认真思考和从中汲取一些经验，而那些想着趁牛市大捞一把、一夜暴富的投机者，仍然会一意孤行，对任何谨慎投资的建议不屑一顾。我在这本书之前，出版了《新常态股市投资智慧——你不能不知道的行为金融》，提出股市如人生的观点，股市投资也好，投机也罢，其实都是一种人生历练。你游戏人生，人生亦会捉弄你。这种悲欢离合、盛衰轮替，早已是宇宙公理，只可惜大多数人参不透，或者即便理解也无法控制住自己的欲望和恐惧。世事如棋，执子者应该保持一致的策略和风格，站稳脚跟。涉险冒进，固然有可能功成名就，一夜暴富，但这种理念也终将其财富磨灭得一干二净。因为一个人的一生无法一直交好运，所谓"成也萧何，败也萧何"，这就是你所决定要走的路的必然终点，从这个角度上讲，也是命运使然。

任何一个人，固然有天命，岂非人事所定？中国在开放，人民币在"走出去"，资本在"走出去"，那是一片海，是波涛汹涌的汪洋，我在这里只有一句祝福：保重！切记，机会与风险并存，守住你安身立命的底线，才能真正体会到中流搏击的快乐！